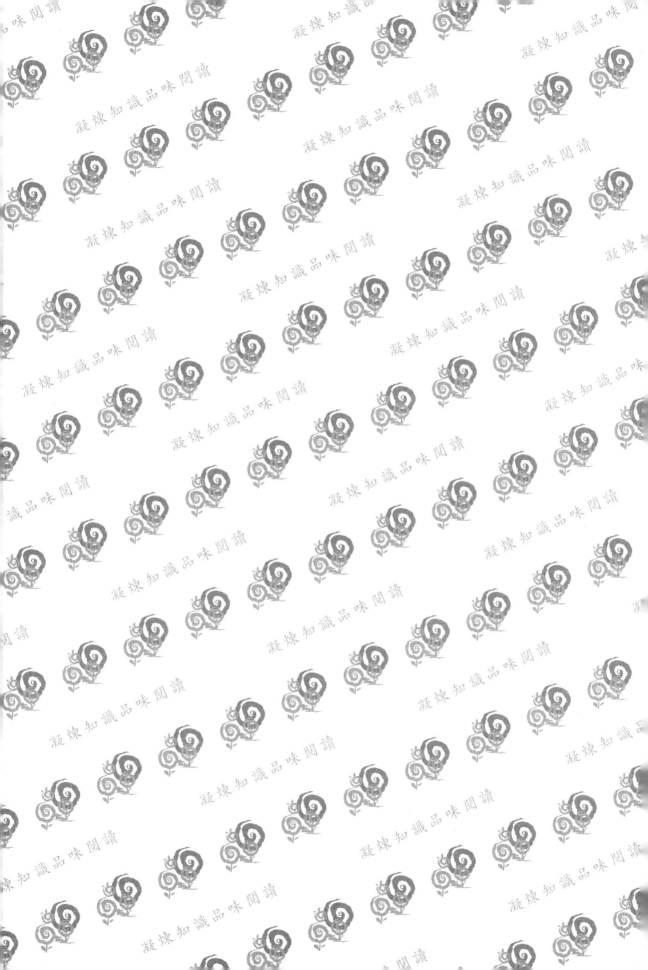

基礎經濟學

思維與運用 ——— 第五版

羅台雄 ——— 著

Economics

五南圖書出版公司 印行

序　言

　　這本書能寫成純粹是個機緣。多年前被指派於通識課程開授經濟學。這是許多教師不願意接手的工作，一方面在於難以找到適當的教材，一方面學生背景差異甚大，從理工科背景到文科、農科的都有，他們的思考方式差異甚大，如何授課是個問題，於是我被迫從無到有地重新整理例子和資料。這段時間延續了將近十年，中間接觸到許多朋友，他們得知我以教經濟學維生時，似乎是有點尊敬、又有點詼諧地說：「我學過經濟學，很難哦！都是圖形、符號，現在都還給老師了！」每次處在這樣的情境，我都產生些許的罪惡感。經濟學家不是強調有效運用資源嗎？但若傳授經濟學的人從中取得報酬，卻沒有讓付款者取得知識做回報，這種不道德的感覺令人心生不安；同時，也使我有一種警惕：這樣繼續下去，經濟學的知識是否會被社會所忽略？

　　基於這個認知，在整理這份教材時，我儘量將經濟學的觀念文字化，避免用圖形和數學公式，並以發生在周遭日常生活的事件為例，讓讀者能體會個人如何在市場經濟運作中扮演角色，並能在人與人的互動關係中做出正確的經濟選擇。個人希望只要有高中教育程度的人就能閱讀這本書，以達到宣揚經濟思維的目的。其次，我認為經濟學屬於社會科學的一環，應該重視的是人與人之間的互動關係，而各種互動關係是透過個人、廠商（包括公司、合夥等）、市場和政府等組織來顯現的，所以，這本書以各種市場為中心，描述這些組織如何在其中運作。呈現出「市場經濟」的特質。

　　最後，在敘述和運用相關的經濟觀念時，我有時會主動指出一些價值判斷的問題，這與主流經濟學的態度不一樣。目前學子在主流經濟學上第一堂課時，通常被告知：經濟學是一門科學，所以任何結果都應以數據或數學模型來推演，不應加入個人主觀的好惡判斷。這雖然讓人們可以客觀地討論經濟現象，但是否也使經濟的「理性人」成為「麻木人」？譬如，人們如何看待性交易、合法賭博等「不道德商品市場」？當台灣因為加入世界貿易組織，而出現農村破產或白米炸

彈客的行為時，經濟學家是否只強調市場開放所節約的「無謂損失」而對弱勢團體受到的摧殘毫無感覺呢？經濟選擇中，「好壞」的判斷經常涉及制度和文化的層面，故書中有時會指出，一些問題無法從經濟學中得到確定的答案，而是取決於個人心中的一把尺，希望讀者在閱讀這本書時有所體認。

　　這本書能寫成，我要感謝許多同事和朋友，他們有些提供數據和例子，建議並關心書寫的進度（雖然總是令他們失望）。同時，也感謝個人任教的東海大學對這份教材授予「創意教學獎」，使我有更堅定的信心來完成它。

羅台雄

謹誌於 台中 東海大學經濟學系

2006 年 12 月

第五版序言

　　第五版秉承初版的理念，寫一本人人都可以理解和感受的經濟學，故而這版加入經濟意識形態的觀點，並佐以事例，讓讀者體會這如何影響人們的選擇。這版也重整第四章行為經濟學的內容，讓傳統經濟學的理性經濟人（homo - economicus）變回有血肉和情感的智人（具有限理性和利他行為）。第八章加入自由競爭市場的運作現象、道德性問題和創新。在現今數位化時代，與之有關的經濟知識，如：數位產品的生產成本、訂價、銷售和網路效應等則放在各相關章節，以與實體經濟相比較。

　　在總體經濟方面，個人認為值得理解財政政策、貨幣政策或外匯政策的手段。除此之外，施行它們的時機和效果可能更令人注目。但這些政策的施行因各國狀況不同而有異（如：2022 年美國聯準會（Fed）連續升息，而日本央行紋風不動），故本書只提供一些事例來解說，而不是一套完整的模型論述。這可能是個缺失，就請讀者自行參酌。

羅台雄

東海大學退休兼任教授

Email:thlo155@gmail.com

2023 年 4 月

謝詞

　　感謝五南圖書出版股份有限公司編輯部同仁的編排和整理，大幅提升了本書在外觀和內容順序上的閱讀親近性。我也要感謝林易儒先生，他以法律人的身分提供許多財經法規的知識和見解，豐富了本書的內容；並做校閱的工作，減少本書的錯別字和提升文句流暢性。

目　錄

第二篇　企業與市場

第三篇　政府與經濟

第十章　政府與經濟活動

第四篇　總體經濟學

第十一章　衡量整體經濟活動：國民所得的概念

第十二章　失業與通貨膨脹

第十三章　貨幣與金融體系

第十四章　總體經濟政策

第十五章　富國、窮國與經濟成長

第一篇 個人與市場

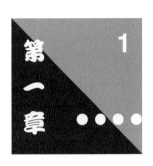

經濟問題與經濟學

1.1　經濟問題

　　人類亙古以來都處於不足的情況，經濟問題就是處理稀少性（scarcity）或不足的問題。會出現「不足」是因為：人的需求慾望無法被滿足。直到現在，仍有許多窮人無法得到基本的生活物質，而高所得的人呢？他們有些忙著追求更高的物質享受或地位，因為人的慾望隨時在改變，所以他們的需求也無法被滿足。[1] 一般人的經濟問題是：收入或時間不夠多，富賈有錢無閒，失業者無錢有閒，低收入者缺錢缺閒，這都呈現稀少性的問題。至於企業的經濟問題是：人才、資金的不足或無法擁有先進的技術或專利權。而一個國家面對的經濟問題則是：缺乏天然資源、人力資源或產出不足，無法提升民眾的生活水準等。

　　當面對不足時，人們被迫要做選擇（choice）。假設你每月只有 6,000 元可用，你計畫花多少錢買化妝品？用於打手機？用於生活費？因為預算有限，大部分的人都無法兼得想要的，所以，經濟問題也就是「如何做選擇」的問題。

- 經濟問題
  處理稀少性（scarcity）或不足的問題。會出現稀少性是因為：人的需求慾望無法被滿足。當面對不足時，人們被迫要做選擇，所以經濟問題也是「如何做選擇」的問題。

1　許多宗教都訓誡人們要節制慾望。其目的就是讓信仰者降低對物質的需求層面，從而解決經濟問題。

經濟的選擇問題極其複雜和多樣性。人們終其一生都在做選擇，譬如，大學畢業之後是要繼續唸書或就業？每月的收入存多少錢、花多少？是否要貸款買輛新車？是否要買醫療保險？年紀到了是否結婚？要生幾個孩子？機會出現是否要轉換工作？上述種種問題，每個人都會面臨到，也會根據自身的條件、偏好做出選擇。各人處在不同的經濟體系和文化體系，會有不同的處理型態。最常見的是以市場的運作決定選擇，這就是大家所熟知的**市場經濟**（market economy），它的基本特徵是讓市場價格運行，以誘使人們根據自己的判斷做選擇；另一個模式是**計畫經濟**（planning economy），這為以前的共產國家所採用，它以人為的指令做選擇，如由國家計畫委員會決定是否增建房屋或廠房、如何分派工作等。這方式經過前共產國家的實驗已證實是失敗的（原因於後面的章節敘述），目前只有北韓、古巴等少數國家仍採用之。

市場經濟型態又分混合經濟和自由經濟：

一、混合經濟（mixed economy）：主張市場運作有資訊不充分和出現所得分配不均惡化的現象，故政府可適度調控市場運作。在經濟方面的主張：對個人和公司所得課徵累進所得稅，以減緩所得分配不均的程度。於醫療市場：主張政府應建立強制性健保，讓中下層人民能得到基本的醫療保障。於勞動市場：政府應訂定最低工資率，以保障最低層人民的基本生活水平。必要時，可採行貿易限制或補貼來保護國內產業。在政府財政方面，在經濟衰退時，可以採取赤字預算（政府支出大於收入）。

擁護混合經濟的人在政治意識形態上屬於**自由主義**（liberalism）。

二、自由經濟：重視自由市場運作的產出和研發效率，認為市場是萬能的，能處理任何稀缺性的問題，主張政府儘少介

● **市場經濟**
以市場價格運行，讓人們根據自己的判斷做選擇的經濟體系。

入市場運作。在前面的議題上，皆採相反的主張。如，主張降低所得稅率（以促進私部門的獲利誘因，使經濟繁榮，增加就業）；認為最低工資率會提高低下階層的人的失業率，使他們未蒙其利，反而受害；政府財政必須維持平衡預算。在政治上意識形態上屬於保守主義（conservatism）。[2]

　　基本上，美國重視市場經濟的生產效率（民主黨為中間左傾，共和黨傾向市場自主）的問題；歐洲各國則混合經濟色彩較濃厚，較重視分派公平的問題。

1.2　值得學經濟學嗎？

經濟學的基本前提與目的

　　經濟學是一門學問，它建立一套分析的思維和工具，據以解釋人們在面臨經濟問題時如何做選擇。在看待人的選擇行為時，經濟學採取兩個基本的假設前提：「經濟人」具有理性與利己心。人有理性（rationality）意味，在做經濟決策時能夠衡量其導致的利弊得失（或稱之為合理化）。譬如，想在大賣場偷一條香菸，但因為很有可能被抓到，理性告知，這是不值得的，所以不會做。

　　另一個關於人的行為假設是：人是利己的（self-interest）。利己心就是以自己為優先。眾人努力工作是為了增加收入、改善生活，商家製作、銷售物品是為了賺錢，這些都是自利的表現。有人不免要問：自利不等同於自私（selfish）嗎？

> • **理性與利己心**
> 經濟學用以解釋人的行為時，採用的兩個主要假設。理性假設：人們在做經濟決策時能夠衡量其導致的利弊得失。利己心假設：人們的行為是以自己的好處為優先考慮，利己心不等同於自私。

---

[2] 美國的共和黨擁護保守主義，民主黨擁護自由主義。雙方在社會議題方面的主張有差異明顯。民主黨支持：槍枝管制、墮胎權、同性婚姻法、接納難民，而共和黨相反。惟在各黨內還有極端和溫和派的不同。如，民主黨內有進步派，共和黨內有茶黨。這不屬於經濟學討論的範圍。

其實這是一種誤解。「自私自利」是指先有「自私」才導致「自利」。2005 年 1 月媒體報導，有人大量販賣病死豬肉，賺取暴利，傷害消費者，這是自私自利的行為；若發生火災自己先逃生，或選購水果時挑選大的，這些都屬於人之常情，是「利己」的表現，不能說是自私，所以自利行為與價值判斷好壞無關。

理性和自利心是傳統經濟學的兩個主要假設。現實世界裡有不少「人的行為」明顯不符合這兩個假設。在違背理性行為方面，譬如，東西愈貴，愈多人搶購；因為網路的一個傳言，人們瘋狂地拋售股票，使價格降到不合理的地步。在違背利己心的假設方面，譬如，捐款給地震（不認識）的受災戶；看到報導：一個 12 歲的孩子要賣掉家裡種的芋頭才能籌到學費，你毫不猶豫地買了 100 斤（不可能吃完吧）。這些違反經濟理性和利他的行為，將於後文第四章「行為經濟學」中說明。

經濟學的內容

- 個體經濟學
  又稱微觀經濟學。以經濟個體，如家庭、企業、產業等為研究對象，分析其消費、生產、分派等經濟行為。

- 總體經濟學
  又稱宏觀經濟學。以一個經濟體系，如國家、區域經濟體（如歐洲共同市場）或全球為分析對象，研究其就業、物價、經濟成長、匯率變動或全球的變遷等問題。

經濟學研究的內容廣泛。依據研究的對象可區分為個體經濟學（Microeconomics）和總體經濟學（Macroeconomics）。個體經濟學又稱為微觀經濟學，是以經濟個體，如個人、廠商或市場等為分析對象來討論其消費、生產、分派等經濟行為。總體經濟學又稱為宏觀經濟學，它是以一個經濟體系，如國家、區域經濟體（如歐洲共同市場）或全球為分析對象，研究其就業、物價、經濟成長、匯率變動或全球的變遷等問題。

另外，若以分析的性質來區分，經濟學有「實是經濟學」（positive economics）和「規範經濟學」（normative economics）之分。前者主要是嘗試解釋實際的經濟現象，譬如，何以長期的家庭人口出生率是逐漸下降的？何以有些國家的經濟成長率較平均水準高？規範經濟學則涉及到「應該與否」的道德規範問題，通常這方面涉及到價值判斷，故容易引起爭

論，下面的例子可說明之。〈聯合報〉於 1997 年曾有一則報導：英國有個名叫米雪的 15 歲女童因爲昏迷被送到醫院，醫生拒絕對她施行救治，因爲這是她第五次吸毒送醫，醫生們認爲不值得繼續再將有限的健保資源花費在她身上，而應將這些資源用於實際的需要者，米雪最後在昏迷中死去，引起社會很大的爭議。這明顯是一個經濟問題：醫生被迫做這種選擇，顯然是資源有限所致，但他們的決定涉及到一個人的生死，任何人對他們是否應該這樣做，大概都有定見，這就是規範經濟學的範圍。

◆ 規範經濟學事例一

稀缺的病床給誰用？

　　新冠肺炎疫情期間，義大利醫院每日湧入數千病人，因為醫療設備不足，醫生最辛苦的決定是：如何分配病床或呼吸器給病患？（依據症狀嚴重程度來決定，一個床位被占用之後，後面更急需的人就無法使用）。

　　依據西方功效主義的觀點，若只有一台呼吸機，它應被分配給更可能有生存機會的人，而非那些生存機會較小的人。基於此，當一個家庭的父親和兒子都染病送醫，而呼吸器只有一台時，年輕的兒子應得到照顧（即使兒子願意讓給父親用也不被接受）。在東方，若兒子接受呼吸器可能被認定是不孝子。

◆ 即席思考

你接受人體器官交易嗎？

　　目前器官移植採取登記分配，有人無法等待（因為稀缺性）試圖購買取得。器官買賣最多的是腎臟移植，黑市以非法方式直接剝奪窮人、流浪漢、落單的旅客的器官，換到付錢購買的人身體。人體器官交易引發出許多違法和道德上的爭議，屬於規範經濟學的範圍。

規範經濟學事例二

政府該干預營養午餐的內容嗎？

楊志良先生（曾任衛生署署長）提出這問題（《聯合報》，2019 年 4 月 13 日）。

首先要問：地方政府推出國中小學生營養午餐的目的為何？目前台灣除了少數縣市外，各縣市的營養午餐是由學生付費，弱勢學生可申請地方政府全額補貼。

楊先生提出各國的情形來思考。在日本無資源稀缺性的問題，政府提供營養午餐是要讓學童了解均衡飲食的重要性，所以，有牛奶、水果等健康食物，沒有排富的規定（據報導。日本長期推動營養午餐包含牛奶，已見成效，日本人的平均身高增加了）。

規範經濟學事例三

美國公校營養午餐有意識形態嗎？

美國在歐巴馬執政時，其夫人蜜雪兒・歐巴馬從 2014 年開始推行美國公立學校提供的午餐以全穀物和更多蔬果為主，減少鈉和反式脂肪，把甜甜圈、巧克力餅乾等「不健康的零食」趕出校園，並依不同年齡層訂下卡路里限制。

川普執政後，讓低脂調味乳、白飯、白麵包、炸雞塊等都出現在學童的選項上。美國營養午餐的更動，顯示出不同的意識形態如何影響規範思考。民主黨的歐巴馬夫人認為，學童純以口感做選擇，缺乏辨識健康和垃圾食物的能力，故強制公立學校提供全穀物等午餐。川普屬擁護自由經濟的共和黨，認為人有自由選擇的能力和權利（即使學童也不例外），而美國校園營養協會認為，全穀物成本很高，且烹調無法發揮很多變化，如果孩子不愛吃，反而丟掉更多食物，造成浪費。所以將精緻食物納入選項中。

歐巴馬夫人認為，學童未成年不懂得正確的選擇和應培養兒童的健康飲食習慣，而川普的政策是基於不浪費和給出更多選項。兩人的觀點不同，源自規範經濟學的差別。

經濟學經過二百年的發展，與其他的社會科學形成密切的關聯；如，與政治學結合形成「公共選擇」、與法律結合出現「法律經濟學」、與社會學結合形成「社會經濟學」、與研究地球環境演變的「生態經濟學」；而管理學則是從經濟學分離出來的一門學問。

■思考題

1. 何謂稀少性？舉一個你體驗的例子。

2. 何謂經濟問題？1997 年台灣生產晶片的聯電公司宣布計畫在十年之內投資 1,000 億元來擴廠，台塑公司的王永慶先生認爲這產業不值得吸收如此多的資源。請問：你如何思考電子產業的投資是個經濟問題？

3. 在 2002 年朝野討論核四廠是否應繼續興建時，陳水扁總統問：這是經濟問題還是政治問題？請告知他答案。

4. 討論墮胎時有人贊成，有人反對，各有不同的理由。請指出各理由哪些屬於經濟問題。何者是實是經濟學？何者是規範經濟學的範圍？

5. 一般人認爲「自私」與「自利」是同義字。你認爲利己與自私是一樣的嗎？舉一個自利但非自私的行爲，另舉一個自私又自利的行爲（非以課本爲例）。

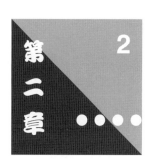

分工與市場：
生活水準提升的泉源

2.1　分工

　　人類從遠古以來就懂得分工。海邊的部落民族以貝殼、魚骨做成工具和裝飾品，森林的部落以木材做成器皿、工具，他們各自依據環境條件與專長來生產，偶然相遇，各自提出生產的物品來交換，使生活更豐富，這是一種分工的型態。

　　然而，社會是依據何種觀念在做分工呢？（這些標準可能受到各地文化或習慣的不成文約束，如回教基本教義派社會的女性不得外出工作）有下面三種說法：

　　第一個是絕對優勢（absolute advantages）的觀點。它認為，基於體力、智力的差異，使每個人適合做的工作不同。如打獵需要長途行走、追逐獵物、投擲尖銳標槍等，男性的體型經過長期演化，適合做這方面的工作；而女性則因有生育、扶養下一代的負擔，適合待在居處做縫製、耕種、採集作物等工作，這就呈現性別分工的局面（在台灣蘭嶼的部落，仍存在這現象）。現今由於工作的多樣化，有音樂天分者可成為音樂家、有演算能力者成為電腦程式設計師、喜歡教育的人可當老師。可知，個人的選擇是根據自己的絕對優勢（相對於別人的

- 分工
　每個人專業於一項工作。社會成員參與分工能提升社會的產出，因為分工呈現三個效果：絕對優勢、相對優勢和學習效果。

強項）而定。

第二個說法是**相對優勢**（comparative advantages）的觀點。前面的絕對優勢說法有個問題：若某人身體羸弱又毫無專長，是否就無法參與分工而生存呢？其實不然。即使他做任何事都不如別人，但因為每個人的時間和精力有限，再有能力的人也無法一手包辦一切的事物，所以，這人仍可以透過工作的參與，減輕其他人的負擔，這就是相對優勢的觀點。

社會普遍運用相對優勢來分工。如富裕的家庭忙於賺錢，沒時間整理房子，所以僱請管家來做；公司職員忙於處理事務，所以請工讀生遞送文件；總經理有專屬的司機替他開車，讓他於途中可思考決策。這個社會以林林總總的方式進行高度的分工，有效地運用人力資源，提升我們的生活水準。

即席思考

謝震武與陳明仁都有律師執照。謝震武擔任辯護律師的每小時收入比陳明仁高，但他現在選擇做節目主持人；陳明仁則任律師。因為：謝震武做節目主持人的收入遠高於做律師，根據相對優勢說，他當然會選擇前者。

但一個人的時間和體力是有限的，不可兼得之下，就必須釋出律師的工作給陳明仁。所以，兩人都能參與分工，這就能提升社會的總產出。

除了前述的個人專業分工之外，在市場經濟裡，制度設計處處可見到分工的現象：

- 企業分工：一個企業專做一項產品或服務。如，專作電腦主機板、音效卡的公司；專做汽車雨刷、汽車座椅、輪胎的公司等。
- 政治分工：制度設計人民選立委和議員，替人民監督政府行政單位的運作。
- 救助工作的分工：人們捐款給慈善機構（創世紀基金會、勵馨、兒福基金會、紅十字會等），請它們做助人和救濟的工作。

事例

國際賽事的組織分工

　　卡達主辦 2022 年世界盃足球賽花費了 2,290 億美元在基礎建設，包括球場鋪設、交通安排和建造酒店（提供參賽隊伍的宿食）和治安的維護等。

　　主辦單位國際足球協會（FIFA）負責廣告和球場內賽事的進行（球賽順序、徵選裁判、發出獎牌）並取得門票銷售、轉播權收入和贊助收入。FIFA 再與主辦國（單位）分配資金。

　　主辦國卡達得到的利益是旅遊和旅行業的復甦，並透過主辦世足盃，向世界呈現其軟實力，讓世界更了解卡達（無形收入）。在世界盃期間遊客購買合作品牌商品、飲料或任何東西都不會為東道國的稅收做出貢獻，因為那是免稅的。

　　除了前述的靜態利益之外，分工還有第三個效益，那就是**學習效果**（learning effects），這屬於動態的效果。由於人們專注於一項工作，熟能生巧，生產的效率自然提高，這是工作專業化的效果。譬如，經驗豐富的裁縫師，知道如何剪裁以使廢布損失最少；熟練的操作員，能很快地替換零件和維修；資深的工程師，會對生產的流程或設備的操作，提出改進意見。更進一步，由於不斷地學習和累積經驗，人們能發明、創造新的生產工具，從 18 世紀開始的工業革命到現今的數位革命，不都是人們累積經驗逐步而來的嗎？[1]

　　由前面的敘述可知，分工和專業化是社會進步的泉源，任何人都應參與分工的行列，對社會做出貢獻。一個社會分工的程度受市場大小的侷限：市場愈大則生產出來的物品或服務愈容易銷售出去，而且可容納多種物品的共存，這些使得分工更

1　澳洲 Monash 大學的華人經濟學家楊小凱教授，以嚴謹的經濟模型證明：經由學習效果推動的專業化效益，可解釋許多比較優勢的靜態分析所無法說明的經濟進步。請參閱楊小凱（2001），《楊小凱經濟論文集》（台北：翰蘆出版公司），頁 175-197。（按：楊小凱教授已經於 2004 年 2 月因病去世。）

加精細，生產效率的提升也愈快。觀察以前的農村，由於社會閉鎖，居民要自己從事耕作、縫衣、畜養家禽等多項事物，每日長時間的工作也僅能溫飽而已。因為它們各自隔離，無法形成一個連結的市場，故無法享受分工之利。之後道路開闢、有了通訊設施，使這些農村能與外界聯為一個市場，於是它們形成分工的局面，各自專門生產有競爭力的物品（如專門種植水果、養殖魚類等），再經由市場交易，換取其他需求的財貨，使生活水準有了顯著的改善。

2.2　市場經濟的制度特徵：貨幣與私有財產權

貨幣：有錢好辦事

・貨幣
人類發明的交易工具。其作用是節約運用市場交易的資源耗費。它是制度運作的基本要件之一。一種貨幣的價值取決於它的購買力（能買到的商品數量）。

前面介紹分工與市場的關係。有分工就出現市場以進行交易，有交易就出現商品的相對價格，也就是兩物品的交換比率，如早期人們以米換布，以布換鹽等。但這物物交換的模式在分工日益精細、商品種類和交易人數大幅增加之後，極無效率。譬如，甲製作鞋子，乙製作衣服，丙種植稻米。若甲需要的是稻米，而丙需要的是衣服，則他們兩人碰頭是無法直接交易的，甲要先向乙買入衣服，再以衣服與丙換稻米。這冗長的程序包括找尋交易對象、雙方商議交換的條件等，整個社會要負擔極高的交易成本，顯然不具效率。於是社會自然出現貨幣充作交易的媒介。

最早的貨幣是商品貨幣的形式，如貝殼、牛羊、糧食，之後有金屬貨幣（金幣、銀幣等）。但這些天然物品都有缺點：其代表的價值無法客觀認定（牛羊可大可小，金幣可能因為增多而使購買力下降），所以先後被放棄。目前各國都是由政府控制貨幣的發行並維持其購買力，讓民眾有信心，願意繼續持有和使用之，稱為法定貨幣（fiat money）。[2]

---

[2] 對貨幣的演進過程有興趣的讀者，可參考楊月蓀譯（1998），《金錢簡史》（台北：商周出版公司）。

事例

胡椒香料曾充當貨幣

　　在 15 、 16 世紀歐洲各國（主要是荷蘭、葡萄牙和英國）爭相從亞洲的印度、馬來西亞、印尼進口胡椒、肉桂和丁香等香料。在胡椒貿易的全盛時期，胡椒比黃金還珍貴。由於胡椒的用量大，交易量也大，曾被當時的人們用來做為貨幣，用於支付稅捐、嫁妝和遠航水手活者回來的酬勞。1588 年西班牙的無敵艦隊被英國打敗之後，西班牙國王傾全力以白銀償還欠款仍不足，最後取出儲藏的胡椒，才清償全部的債務。

　　法定貨幣的出現，使物品的價格可用固定金額單位來顯示，這就是所謂的**貨幣價格**，如 1 斤米價為 20 元，房價 1 平方公尺售價 15 萬元。有標準貨幣單位，使得交易方便進行，貨幣是人類獨有的發明（動物也進行交易，但牠們不懂得運用貨幣）。各物品有其貨幣價格，便利了交易的進行，但人們在做選擇時，仍是以相對價格來考慮。譬如，蘋果 1 個賣 10 元，橘子 1 個賣 5 元，而你每天只有 20 元的預算買水果，所以多吃 1 個蘋果等於是少吃 2 個橘子，你是在這兌換條件之下來考慮兩者的購買量，這顯示消費選擇是受到相對價格的影響，而非絕對價格。

價格、價值與稀缺性

　　一物品的價值可分為使用價值和交易價值。其擁有或使用價值是個人主觀認定的，而**交易價值**則是它經過交易之後顯示的市場價格，反映出社會對這物品的價值評估。譬如，你擁有一張初戀情人的相片，你認為其價值非凡，但其交易價值是很低的（幾乎沒人願意出錢買它）；相同的，有人從河裡撈到一塊奇石，他自認為值百萬元，其實那只是主觀的使用價值，其市場價格要經過交易之後才能被認定。所以，任何物品的**價格**反映的是它的**交易價值**（不是使用價值）。而一張古董郵票沒有使用價值，但因為稀缺，所以價格高昂。

　　一物品的價格高低，如何決定的？經濟學認為是取決於它

的稀缺程度。稀缺程度愈高，價格就愈高。中國的俚語「物以稀為貴」，很早就指出這點。

事例

哪些汽車牌照號碼，可拍賣到高價格？

交通部何以對特殊號碼的汽車牌照（如末位數為 8888 或 1234）採取標售的方式釋出，對一般號碼的牌照則用發行的方式？因為人們喜歡的號碼數目少，稀缺性使得其身價不凡。相同地，電視台對熱門時段（通常為晚間 7 點到 11 點）的廣告收費，何以每秒高達數萬元，而其餘時段的收費低很多？因為每日的熱門時段有限（大部分人都在下班後收看節目）。

• 私有財產權

市場經濟運作的基本要件。完整的私有產權包括：使用權、移轉權、收益權和基本保障權。私有財產權的存在，誘使人們努力創造財富，小心使用自己的資產，使有限的生產資源流向有效的使用方向。這些都提升人們的生活水準。

私有財產權：使你努力創造財富

市場經濟（market economy），簡單地說，就是以價格來使經濟體運作的一套體系。市場經濟能運作的基本制度前提是：存在著健全的私有財產權（private property right）。[3] 私有財產包括三大類：(1) 實物資產（physical asset），如房屋、設備、土地等；(2) 金融資產（financial asset），如股票、金融機構的存款等；(3) 智慧財產（intellectual asset）。

智慧財產：人類心智的產物，包括著作、樂曲、建築、工商業設計、電腦軟體等。

智慧財產權有兩大類：

一、產業財產權（industrial property right），包括：(1) 發明的專利權（patent）多見於工業產品，如產品的製造程序、

---

3 除了私有財產之外，還存在政府掌握的公有財產（如森林的木材、河流的砂石等）；和多人共有的團體財產，譬如，祖宗留下的一塊共有地。

食品、藥品的成分等；(2) 註冊商標（trade mark）是企業的商
品標示，多見於產品包裝和招牌。如，麥當勞的 *M*；(3) **產地
標示**（geographical origin）顯示產地來源，讓購買者可以辨
識。如，萬巒豬腳，美國富士蘋果，紐西蘭富士蘋果；日月潭
紅茶，大吉嶺紅茶；汽車爲原廠組裝或本地組裝。

　　二、**複製權**（copy right）：對象包括：著作、畫作、音
樂、影片、工商業設計、建築等。規範包括不得複製、剪接、
模仿、修改、於公共場合播放。

◆ **事例**

AI 的創作可以申請財產權嗎？

　　現今可以使用人工智慧（AI）輸入相關字詞後，由智慧軟體寫出一篇文章、創作出一
幅畫或創作出一首音樂。

　　意識到 AI 技術的快速發展可能衝擊目前的智慧財產保護法制，美國專利商標局在
2019 年 10 月提出三個問題：AI 演算法產生的成果中，若沒有任何人類的貢獻內容，是否
符合受著作權法的保護？何種方式的人為參與可讓參與者成為作者？AI 產生的成果侵害他
人著作權時，該由誰負責？

　　新的科技產品引導人們調整對私有產權的思考。

　　完整的私有財產權，財產權是一種社會所建立的制度，以
劃分財產的歸屬及運用，包括下面四個主要內容：

1. **使用權**：一項財產除非經過所有權人的允許，任何人無權
   使用它。
2. **移轉權**：產權所有人可將其財產賣掉、贈送或丟棄。
3. **收益權**：產權人擁有「運用一項資產衍生的收入」。
4. **基本保障權**：一種人身的基本保障權。任何人不得經由投
   票或政治程序，剝奪其他人的這項權利。

　　私有財產權在市場經濟運作裡扮演的角色是：它能提升社
會的資源使用和創造效率。這是透過下面的誘因機制而來：

　　第一、它保障了個人的財產，使社會不致淪爲掠奪的型態，人們不需耗費資源來保護自己的資產，而能專注於生產，創造出更多的財產，提升生活水準。觀察美國早期的西部開發，家庭要備槍自衛；台灣早期的漳州、泉州人爲搶奪用水、耕地之械鬥，都是產權劃分不明確所導致的資源浪費現象。

　　第二、因爲財產是屬於自己的，所以擁有人有誘因小心地規劃它的使用。可觀察到公用的設施容易損壞、學校教室無人，但電燈仍亮著，都顯示缺乏私有產權所致的資源無謂耗損。

　　第三、因爲勤奮工作和創新所累積、創造出的財產屬於自己的，所以人們才有努力工作和創新的誘因。這種激勵是資本主義社會快速成長的原動力。

　　第四、因爲有了基本保障權，使每個人擁有的財產與政治權利（或地位）分離，人們不會因爲政治狀況的改變（如政黨執政輪替）而使其私有財產受損。

　　私有產權不完整所肇致的資源耗損，可以下面的例子來理解。

▶ 事例

承租房屋擁有的產權

　　承租人對租來的房屋有使用權，但無移轉權，亦即你無權將之出售或拆掉。至於是否有收益權，如，將房子轉租或開業營利，取決於契約的規定；若你租的是住宅用，則你不能用來營業。

　　由於租約是短期的，承租人沒有誘因珍惜它，相對於自有房屋而言，出租房屋的門窗、馬桶等設備耗損較快，這是財產權不完整所導致的行爲偏差和資源耗損。

事例

共產計畫經濟下的資源耗竭

　　共產計畫經濟制度認為全部的資產都屬於政府的（state property）。社會的成員只擁有政府賦予的資產使用權。使用權多少是以政治地位來決定，基本上，他們沒有移轉權和收益權。這就誘使人們追求政治的權利，如加入政黨、與高級黨官拉關係等鑽營的行為，這對社會整體生產量的提升是毫無助益的。另外，人們取得資產的使用權之後，由於沒有基本保障權，不免疑慮這些使用權會隨時被取消，故肆意使用之。

　　這種短視的行為使得社會整體的資產總額快速消耗，國家日益窮困。缺乏明確的私有財產權，可說是計畫制度下經濟成長率低落的主因。

事例

同性婚姻法的財產權

　　目前各國對是否允許同性婚姻仍未有共識。台灣在同性婚姻法中關於財產權的部分是允許共有財產：在不違反特留分規定範圍內，協議互為遺產分配，且可互為醫療決定的代理人。這等於允許同性戀者擁有等同傳統夫妻關係的財產權。

事例

秘魯無財產權的死資產

　　在南美洲秘魯，許多住家為世代居住，政府沒有建立土地的私有產權制度，無地籍資料登記。這使得土地無法買賣和開發（做都市更新），住戶無法以房屋抵押融資，水電公司不願意提供自來水和電力（帳單無法寄送，不付款無法追討），許多住地淪為貧民窟，成為無生產力的死資產。

4　資料來源：赫南多‧德‧索托（Sato）：《資本的祕密》（2005），
　　台北：經濟新潮社出版。

■思考題

分工

1. 分工的絕對優勢說和相對優勢說有何不同？

2. 解釋：學習效果。寫出一個你體驗到的例子（運動練習，使用器具等）。

3. 舉個你見到的在職場分工的例子（提示：學校教員與職員之間的分工，醫師和護理人員之間的分工，保險公司銷售員和行政人員之間的分工）。

4. 曾任台積電公司董事長的張忠謀先生，在教書和企業經營管理方面的能力比許多博士都強（他經常發表半導體產業的相關趨勢文章）。這是否意味這些博士既無法教書也無法做經營管理的工作？

5. 1996 年 10 月發生中台禪寺接納未成年人出家，其親人抗議告發的事件。請你以分工的觀點來討論：若寺院接受未成年人出家是否會導致社會的退化？相關的問題是：若依照經濟的觀念而言，未成年人不應出家，則如何界定出家修行的適當年齡？

貨幣與私有財產權

6. 日本在二戰之後，物資缺乏。有家生產電燈泡的公司決定發給員工電燈泡做為薪資（讓員工以電燈泡換其他東西）。請問：以電燈泡作為交易工具會有哪些困擾（交易成本）？

7. 信用卡是貨幣還是交易工具？目前有各種支付寶（ApplePay，AliPay，LINEPay）等，這些是貨幣或是交易工具？

價值與價格

8. 美國 NBA 球員的年薪可高達美元 1,000 萬，而公立中學的教師年薪約 4 萬美元（台灣亦同）。這反映教師創造的價值很低嗎？你如何解釋這現象？

9. 下面是一段新聞：有偽鈔製作者將偽鈔以五比一的價格售出。這表示他的偽鈔價格是相對價格嗎？有些偽鈔的兌換比率為七比一，請說明存在差異的原因。

10. 每年有報導全球前十大企業的品牌價值（如，2021 年 Apple 9,471 億美元，Google 8,196 億美元），何以告示的是價值而不是價格？

私有財產權

11. 區分：金融資產和智慧資產。

12. 區分不動產和動產。長在樹上的水果是動產嗎？

13. 依我國法律規定，地主是否擁有地下礦產的財產權？美國的相關規定呢？

14. 完整私有財產包括哪四個項目？完整私有財產權的存在如何能促使經濟進步？

15. 你和你的堂兄弟妹共同擁有一棟祖先留下來的房屋。描述，你擁有的使用權，處置權和收益權（如房屋出租的收入如何分配）範圍。

16. 法律規定：贈與人同一年度內贈與他人的財產總值超過 244 萬的部分，要課贈與稅。你認為這合理嗎（是否侵犯私有財產權）？課徵遺產稅合理嗎（人死後國家將一部分財產收走）？

17. 智慧財產權包括哪兩大類？英特爾公司的 Intel Inside 是_____，麥當勞的 M 是_____，紐西蘭奇異果是_____。

18. 現今可以人工智慧（AI）的電腦軟體創作出產品（畫作、音樂、文章等），這些產品可以擁有智慧財產權嗎？

19. 仿冒張大千（已去世）的畫作侵犯哪項（擁有真跡的人）財產權的範圍？

20. 政府將一棟建築劃為古蹟之後，會影響所有人的哪些私有財產權（一般人不願接受前述的古蹟劃定）？

個人如何做選擇

3.1　行為受誘因所決定

經濟學認為，人們會做理性的選擇。也就是說，人們會衡量任何決策的好處與壞處，然後做出決定。要言之，就是人們的經濟行為受誘因（incentives）的支配，所謂誘因包括報償和代價兩項。報償包括有形的利益、無形的好處，而代價包括受到的懲罰，金錢、名譽的損失等。譬如，晚間開車闖紅燈的報酬是節省時間，但若有被拍照罰款的疑慮，就會遵守規則。相同的，大學的教師若讓選課的學生一定及格，則其修課學生人數會爆滿，但上課學生人數通常只是個位數。這是對誘因的合理反應：既然選課之後一定及格，又有何誘因另外花時間來上課呢（除非是有心想學習的學生）？

基於人的行為受誘因的影響，一般對行為的規範不是獎勵就是懲罰。譬如，成績優秀者可得到獎學金，而不及格的學生會被要求重修。看似簡單的法則，在運用上卻有各種變通。美國密西根州立大學的學生不整理宿舍，學校又不能懲罰住宿生。它想出以獎勵的方式：每學期提供 100 美元的獎勵金，願者與學校簽約，維持宿舍的整齊，並定期將宿舍開放以供檢查。這是獎勵與懲罰兩種方式的交替運用。另外，我國民法規定，撿到遺失的金錢或物品，可要求其價值的十分之一作為償還的報酬，若私自占有為侵占罪，也是獎勵誠實行為和懲罰侵占行為。

• 誘因
人們的經濟行為受誘因所支配。誘因包括報償和代價兩項。報償包括有形的利益（金錢、財富）；無形的好處（社會地位、權力等），而代價包括受到的懲罰，金錢、名譽的損失等。

事例

　　一個學生被教師發現考試作弊，他要求教師給該課程零分，不要額外的懲罰。這合理嗎？若教師接受，會出現哪些誘因的扭曲？因為知道考試會不及格才作弊，若只是給零分，對作弊行為無額外懲罰，等於鼓勵以後冒險繼續嘗試作弊：若沒被抓到，成績及格；若被抓到也仍只是不及格而已。

事例

哥倫布發現新大陸的主因

　　當哥倫布準備其冒險時，他遊說得到西班牙的王室資助。他先與西班牙王室簽署了利潤協定，由王室贊助資金，得以率領商船出發，找尋新市場。1492 年 4 月 17 日，哥倫布成功地發現新大陸（現今的南美洲）。

　　哥倫布取得下面的權力：一、擁有陸上（做為國王的代理人）和海上（做為海軍上將）的最高判決權。二、擁有所有西班牙派駐該地的公務員之提名權。三、國王從遠洋航海得到的一半收益歸於他，以及所有西班牙企業在這殖民地賺取的利潤的 12.5%。哥倫布的家族就這樣成為巨富。[1]

　　哥倫布成功開啟了海洋時代的到來（1500-1800）。這事件值得注意的一點是：哥倫布願意冒生命危險出航的誘因是來自致富的願景。這個希望最後能實現，是因為西班牙王室願意與他簽約，同時，王室也誠實地執行其諾言。這凸顯了西方國家很早就懂得運用契約來創造人們致富的誘因。反觀同時代的中國明朝，鄭和率領的艦隊是隸屬於國王的財產，鄭和的任何發現都要呈現給君王，他只能得到君王隨興的賜予；甚至在鄭和成功地航海回來之後，新的君王下令將商船燒毀，從此斷絕了中國與外界的海洋聯繫。當時的中國王朝沒有建立讓人民致富的誘因，國家經濟成長緩慢。

　　在日常生活裡存在各式各樣的誘因，採獎勵或懲罰方式或兩者兼具，依情況而定。誘因設計是經濟學和管理學的重要議題。

1　Detlef Gurtler（2004），《財富的歷史》，台北：晨星出版公司。頁 87。

即席思考

「為別人生產」不如「為自己生產」盡力

　　為自己生產就是擁有資產的收益權（努力的成果歸於自己），所以有強烈的誘因努力。而受僱於人就是替別人生產，受僱者的工作努力程度、生產程序、創新意願等都相對低落。

　　據說周公創井田制：假設 1 塊地的面積為 72 公畝。他將之分為 9 塊（每塊地面積為 8 公畝），分給 8 人每人 1 塊，中間 1 塊地為公地，由這 8 人負責輪流耕作，為公家之收成（如下圖所示）。

▲圖 3-1

　　經濟學家提議：不設置公地而是將整塊土地分給 8 人耕作（每人 9 公畝）。規定每人收成的 1/9 交給政府。你認為周公的方式，還是經濟學家的方式，能使政府取得較多的收成？

　　答案：依據周公的方式，公地的收成不屬於自己（參與耕作者沒有收益權），所以沒有人願意盡心力去耕作，其收成會很少（有書記載證實這點）。而經濟學家建議的方式是從各人的收成中收取 1/9 的比率，每個耕作者仍保有收成的 8/9，這足以產生誘因，使參與者努力地耕作，進而政府也可分到比公地更多的收成。這方式與目前企業普遍採用員工分紅的精神是一樣的。

　　以數學公式表示：在周公方式之下，政府公地面積是 8 畝地，假設每畝地的收成為 z 公斤，所以，其收成為 $8z$。在抽成方式之下，假設每畝地收成為 y 公斤，而政府抽取 1/9 為稅收，可取得：$(y \times 72)/9 = 8y$ 的收成。但 $z < y$，所以，周公方式之下的政府收入較小。

> ◆ 事例

何以 2000 年的車禍肇事率大幅提升？

下面是內政部交通局（2002）的網站所公告的最近幾年的車禍肇事率數據：

▼表 3-1

年度	汽機車數量（萬輛）	肇事率（每萬輛）	死亡率（%）
1997	153.5	2.1	1.8
1998	159.6	1.7	1.6
1999	163.2	1.5	1.5
2000	170.2	31.8	2.0
2001	174.7	37.3	1.9

有趣的是：何以 2000 年的肇事率比前一年急遽上升數十倍？是車輛數增加嗎？這不合理，因為汽機車銷售量是逐年增加的，其對車禍的影響不會突然累積爆發出來。理由何在？因為政府於那年規定騎機車要戴安全帽，這使得駕駛人誤認為有安全帽的保護而疏於注意交通安全，使肇事率提高，所以車禍的增加是政府規定戴安全帽所誘發的。但因有安全帽的保護，所以車禍的死亡率並未增加，這可由資料顯示。由此可知：任何決策都應將各種可能出現的誘因問題加入考慮，才能完善。

• 邊際分析

多一點或少一點的思維方式。這是根據：做選擇時帶來的好處（邊際效益）和壞處（邊際成本）來決定取捨。

3.2　邊際分析：一點一點地衡量

　　人們面臨的決策有不同的面向。一個是「要或不要」，譬如，是否要買個新手機？今年是否要出國旅遊？這決定之後，再考慮「多少」的問題，如要花多少錢買手機？這屬於程度的面向。在經濟學，選擇「多少」的問題以邊際的（marginal）觀念來思考。譬如，午餐一定要吃，問題在：是否要多吃一個荷包蛋？理性的思考模式是：思考多吃一個荷包蛋的成本和代價。做了選擇之後，得到的好處稱為邊際利益（marginal benefit）；而付出的代價稱為邊際成本（marginal cost）。以前面的例子，多吃一個荷包蛋的好處是得到蛋白質的營養，代價則是要多花 10 元。經濟的理性人只在：邊際效益不小於邊際成本

時，才會選擇吃荷包蛋。

　　許多人認為這麼簡單的消費都要思考，實在不值得。其實，經濟學就是訓練人們做理性的思考，而且一旦習慣之後，就會自動地以這方式判斷，對正確選擇有莫大的幫助。考慮下面的狀況：你到一家服飾店去買衣服，看到如下的標示：

▼表 3-2

衣服	一件	500 元
	二件	900 元
	三件	1,200 元

　　你如何決定買幾件？常犯的錯誤是：一開始就認定要買三件，因為這樣每件平均價格為 400 元，是最便宜的。這樣可能導致你做出錯誤的選擇。邊際分析告知：正確的決策應該是一件、一件地判斷其效益與成本，下面假設一些數據，以使我們可進行分析：

▼表 3-3

	邊際效益	邊際成本
買第一件衣服	550 元	500 元
買第二件衣服	400 元	400 元 （=900−500）
買第三件衣服	280 元	300 元 （=1,200−900）

　　買第一件衣服的費用增加額（其邊際成本）是 500 元，而擁有第一件衣服的利得是多少？這是個人主觀的判斷，書中的數據假設是 550 元（這是買入第一件衣服帶來的邊際效益），因為邊際效益大於邊際成本，所以是值得購買的。再考慮是否要買第二件。其費用增加是 400 元（因為買了第一件之後，只要再多花 400 就能買到第二件，所以其邊際成本為 900 − 500 = 400 元），再思考擁有第二件衣服的效益增加，假設是 400 元，則仍可購買。而第三件的邊際成本為 300 元（= 1,200 − 900），至於邊際效益呢？可能選項不多，所以主觀地認為

其邊際效益值只是 280 元，這低於其邊際成本，所以不值得購買。

　　若以平均價格來決定一定要買三件，可能第三件衣服是勉強搭配的，不合身或顏色不佳（所以其邊際效益值只有 280元），你買回之後，根本不會穿，它產生的邊際效益小於邊際成本，等於是以 1,200 元買二件衣服，這樣划算嗎？邊際分析告知：做決策時，平均價格或成本無關緊要，重要的是相關的邊際數值。

事例

為何在「一次付費吃到飽」的自助餐時，人們都吃得比點菜的多？

　　我們都經驗過，當消費「吃到飽的自助餐」時，總是「吃得過多」，有點消化不良。若是以單點，按每盤菜付費就比較節制，不致過度消費。這可用邊際觀念來解釋。

　　假設「好吃先生」來到一家自助餐店，先觀察他消費各盤菜的邊際效益。通常吃第一盤菜餚得到的效益很高，在表 3-4 中以 200 元表示（這是主觀數值）。吃第二盤菜餚得到的滿足感通常會比第一盤低，所以設定成 150 元。這樣繼續推論，就得到表左方第一行的數據。由於是自由選擇，他若吃到第六盤菜，因為覺得太飽而不舒服，所以這單位對他產生了負效益（－20 元），他應該是不會吃這盤菜的。

▼表 3-4

	邊際效益	邊際成本（自助餐）	邊際成本（單點）
第一盤菜	200 元	0 元	100 元
第二盤菜	150 元	0 元	100 元
第三盤菜	100 元	0 元	100 元
第四盤菜	60 元	0 元	100 元
第五盤菜	0 元	0 元	100 元
第六盤菜	－20 元	0 元	100 元

　　再思考他吃不同盤數的邊際成本。由於在進口處，他只要付出一個總金額（500 元）就可任意選吃，所以吃第一盤菜餚的費用為 0，吃第二盤菜餚也一樣，無額外的支出。故不管吃多少盤的邊際成本都是 0，這列於表中左方第二行。

　　運用前面的邊際決策：只要吃下去，所得到的邊際效益不小於邊際成本時，理性人會

繼續吃，所以「好吃先生」一直吃到第五盤（這時其邊際效益等於邊際成本，皆為 0）為止。

　　若是單點消費呢？每盤菜是各自付錢的，假設一盤菜定價為 100 元，「好吃先生」多點一盤菜的邊際成本是 100 元，這列於表 3-4 最右行。根據邊際決策，他會吃到第三盤就停止，因為這時邊際效益等於邊際成本，皆為 100 元，故單點的消費量通常少於「吃到飽自助餐」的消費量，圖 3-2 顯示兩種不同的收費方式之結果。

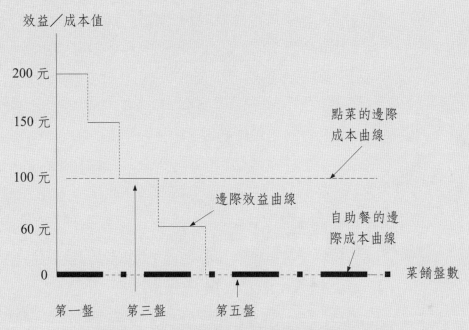

▲圖 3-2　自助餐與單點用餐的最適消費量比較

　　這例子顯示，人們的選擇受狀況條件的影響。經濟學定義「最適量」為：不會太多和也不會太少。所謂「太多」是：選擇最後一單位某物品產生的邊際效益低於其邊際成本，這是不值得的，如前面自助餐勉強吃到第六盤，出現嘔吐的負效益。而「太少」則相反：選擇最後一單位物品產生的邊際效益高於邊際成本，如單點時只吃到第二盤菜（假設無預算不足的限制）。依據這定義，「好吃先生」在吃到飽自助餐時，吃到第五盤和單點時吃到第三盤，都是最適的數量（經濟學的最適量並非一個絕對水準，而是取決於決策時的條件）。

　　在自然世界裡，動物也會運用邊際的概念做決策。王溢嘉先生於其著作《動物啟示錄》有個例子：北美洲的大山貓吃野兔，也吃馴鹿。由於體積龐大，當牠們在追一隻野兔時，若超過 200 公尺還追不上，就會放棄。[1] 一般的直覺認為：大山貓體積龐大，跑了 200 公尺

之後太累，不得不停止，其實這是錯誤的，因為牠們並沒有累得躺在地上，難以認定是否太累。正確的解釋是，依據邊際分析：先考慮大山貓追趕野兔的邊際成本，當追趕的距離愈長，牠會愈疲倦，表示消耗的熱量愈高，這顯示於圖3-3的邊際成本曲線（它是向上傾斜的）：在追到第50公尺時，熱量消耗假設為20大卡，而在250公尺時熱量消耗為50大卡。

　　牠抓到一隻野兔吃掉的邊際效益為所取得的熱量，假設為30大卡，不管追趕的距離是多少，能得到的熱量都一樣，故它是一條水平線。

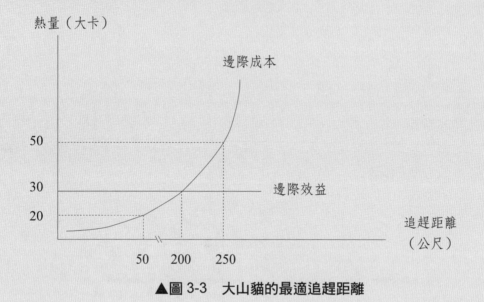

▲圖3-3　大山貓的最適追趕距離

　　依據邊際分析，大山貓會在追趕了200公尺時自動停止，因為繼續下去會得不償失（邊際效益小於邊際成本）。有人反駁這種看法，認為大山貓根本沒有理性思維的能力，我們認為大山貓的這種反應是經過長期基因演化得到的最適行為，這與經濟學的觀點吻合。

3.3　機會成本：選擇的代價

　　進行前面邊際分析時，最難掌握的是相關的成本和效益數值。一般認為，人們做選擇時對好處（效益）比較容易認定，但經常忽略可能付出的代價（成本），這導致人們做出錯誤的判斷。成本可能是直接的支出，也可能是無形的損失（包括時間、金錢、名譽等），下面介紹機會成本（opportunity cost）的概念。

機會成本

　　由於資源（包括金錢或時間）有限，許多選擇無法兼得，若做了某個選擇之後，被迫要放棄其他的選項，由此所導致的最大損失就是這個選擇的機會成本。下面的例子說明這概念。

　　假設小張高中畢業，考慮是要直接就業或就讀大學。若唸大學，他的成本包括學雜費、書籍費、住宿費等直接成本，假設每年為 20 萬元；另外，他必須放棄就讀期間無法工作所導致的收入損失，這是一項無形的損失，稱為**隱含成本**（implicit cost），假設每年為 24 萬元。這時他上大學每年的機會成本等於前兩項成本相加，為 44 萬元，四年的大學教育總成本為 176 萬元。一般人做決策時容易忽略隱含成本的存在，導致成本的低估。在前面的例子裡，若只考慮直接成本，則大學四年的費用只是 80（＝20×4）萬元，誤差很大。

　　請注意下面兩點。第一、機會成本是在當事人有選擇的情況之下才會存在。在前例中，若小張不上大學也無法找到工作（因為社會上失業人口很多），則他上大學四年的成本只有直接支出的 80 萬元而無隱含成本。第二、機會成本的大小隨狀況而改變，非一成不變的，下面的例子說明之。

狀況一

　　你排隊想購買 1 張演唱會的入場券，到現場時，發現很多人在排隊，你決定還是要等下去。排了 3 小時才買到 1 張票。這張入場券的取得成本等於：票價 2,000 元＋排隊的時間成本（假設可打工，每小時收入為 160 元）480 元＝2,480 元。

- 機會成本
  由於資源（包括金錢或時間）有限，許多選擇無法兼得，若做了某個選擇之後，被迫要放棄其他的選擇，由而所肇致的最大損失。機會成本包括直接的支出（直接成本）和無形的損失（隱含成本）。

狀況二

到演唱會當天，你在排隊入場，有人願意出3,500元請你轉讓這張票。這時你有了另外的選擇：賣出或進場看？若選擇進場看，則欣賞這場表演的機會成本是3,500元（不是以前的2,480元）。這例子告知：當選擇出現時，清晰地知道其對應的機會成本是很重要的，因為它會讓你做精確的判斷。

沉沒成本

- 沉沒成本

  過去的決定所發生的支出，無論現在做任何決定，都無法回收的金額。沉沒成本不應該影響現在的選擇決定。

人們在做決策時，常被過去（無法挽回）的決定影響。思考下面的狀況：你逛街時在一個地攤花1,000元選購了一個皮包。之後在不遠處，發現有另一個地攤也賣相同的皮包，你是否會詢價，做個比較？其實這是不必要的舉動，除非還想再買另一個相同的皮包。因為，若第二個地攤的售價較低，你會覺得難過，而你又不能退貨；若它的售價較高，你除了精神上感到安慰之外，有什麼好處？主要的考量是：你已經花錢買了這皮包，無論如何都不能減輕這1,000元的支出，所以聰明的人是不會再做比價的（即使比價只要隨口問一下，其成本很小）。這就是沉沒成本（sunk cost）的涵義。

經濟學定義沉沒成本為：過去的決定所發生的支出，無論現在做任何決定都無法回收的金額。譬如，你花3,000元買雙運動鞋，第一次穿因為有點緊、不舒服，但仍捨不得丟掉，就一直放在鞋櫃裡。這雙鞋既然是沉沒成本，是無法回收的，就應該丟棄。但人性總是不願面對這種損失，所以常做出不理性的行為。

事例

量販店好市多（Costco）採會員制（繳年費 NT1,350 元取得會員卡，才有進入店家購買的資格）。一旦成為會員之後，消費者有提高進入賣場購物次數的誘因，因為心理上認為，進場次數愈多，才夠本；賣場另外搭配大包裝，但平均單價比同行低的模式，在台灣年營業額為量販店第一位。其實，年費是沉沒成本的性質，但能吸引人們多消費。

　　沉沒成本的觀念告知：不要惦念過去的決定，這是無濟於事的。常言道：「千金難買早知道」，正確地反映了這個思考模式。

　　繼續前面演唱會入場券的例子。假設到了演唱會現場，你突然接到手機訊息，告知外婆病重，你必須立即回家探視。這時，你勢必不能入場觀賞表演，手中的入場券等於廢紙。你如何做決定呢？理性的選擇是：不管原價多少，立即將之出售，若能以 1,000 元賣出也好，你雖負擔了沉沒成本 1,480 元的損失，但至少回收 1,000 元。對買者而言，他能以 1,000 元進場觀賞，填滿空位，也是社會總福祉的提升。

3.4　跨時選擇：今天過了，還有明天

　　前面的論說都是以人們在一個時點做決策為範圍。實際上，人們做選擇時通常還要考慮它對未來產生的影響，這是**跨時選擇**（inter-temporal choice）的問題。

　　電影「彗星撞地球」的情節是這樣：天文學家發現一顆彗星朝地球而來，預計在一週之後有九成機率會擊中地球，導致地球毀滅，其情節是描述一些國家如何共同努力解除這項災難。但觀眾不妨猜想：若這消息被發布出去，人們還會繼續工作嗎？社會能繼續維持穩定嗎？這影片彰顯了一個無形的信念：我們會維持目前的生活步調，因為我們認為：明天、後天等都會和今天一樣正常地運作，不會出現重大的突變。這也告知，人們對未來的預期一定會影響現在的選擇。下面以人力資本投資、儲蓄和家庭理財，說明經濟學如何看待這問題。

* **跨時選擇**
  人們在「現在或未來」間的選擇。譬如，是否這幾年少消費、多存款，兩年後出國進修？是否要為老年的醫療支出預買保險？

人力資本投資

　　人力資本投資包括正規教育、在職訓練、職業訓練和專業證照。一個人在接受教育的期間無法參與生產，所以他犧牲了在教育期間的收入（見前面小張在上大學或直接就業之間的選

擇例子），這是他接受教育的成本。但完成一個階段的教育之後，因為累積了知識、技能並取得文憑，所以，相對於教育年限比他少的人而言，他的起薪會較高，而且以後的升遷速度也比較快，這是受教育的效益。[3]

　　除了正規教育之外，人們也可接受在職教育和職業訓練，這些都要投入資源。譬如，下班之後上英文補習班，其成本是花費時間和金錢，其效益是通過全民英檢或多益（TOEIC）檢定考試之後，能得到升遷或保住工作。每個人因為成本／效益的衡量不同，而做出不同的選擇。張先生年歲已大，認為不值得這麼辛苦（效益小於成本）；李小姐初入職場，願意辛苦做這項投資（效益大於成本）。經濟學指出，只要慎重評量利益得失，做出來的都是理性的選擇。教育除了有個人效益之外，還有提升社會的文化水平、創新能力和判斷能力，這些屬於外部效益，將於第十章說明。

> **事例**
>
> ### 牙齒潔白是一種人力資源的投資
>
> 　　普林斯頓大學經濟學教授 Alan Blinder 在一篇文章指出：有些工作要面對顧客，擔任這些工作的人，如傳播員、推銷員、模特兒、櫃檯服務員、空服員、教師等，他們每天刷牙的次數高於其他的工作者。因為，有一口潔白和整齊牙齒的人，敢於微笑面對顧客和上司，讓人覺得有親和力，對工作應徵、升遷和收入提高方面都很重要。這種經濟誘因使「刷牙」成為一種人力資本的投資。他以美國的一項調查資料分析證實：整體而言，刷牙次數和年紀、收入呈現反關係。
>
> 　　經濟學的解釋是：年紀愈輕的人，從潔白牙齒的投資中得到的報酬回收時間長，效益較大，所以，刷牙次數較多；對收入高的人而言，刷牙要耗費時間，壓縮了賺錢的時間，表示刷牙的機會成本高，所以，他們每天刷牙的次數較少。
>
> 　　在後續的研究中，有人發現：當一個城市的自來水中加氯，使得其居民的牙齒少蛀牙、能維持潔白。這些城市的兒童，長大後的平均年收入比一般的高，尤其是低收入家庭的子女最顯著。因為，一個低收入家庭的家長無法關照兒童的牙齒問題，或即使發現兒童蛀牙

3　還有一些效益，如，有大學文憑的人容易提升其社會地位，在婚姻方面容易找到匹配的對象等。

也沒有錢替他們治療。若居住的城市在自來水有加氯粉，等於自來水公司間接替這些兒童維持牙齒的健康。

　　這再度證實：「維持牙齒潔白」是一種高效益的人力資本。學者進而建議，政府應可強調刷牙的重要性，因為這項投資可減緩所得分配不均。這例子告知，有分量的經濟學家，經常從一些可能不起眼的研究中，得出重要的發現，並做出有意義的研究。

儲蓄

　　儲蓄的重要性來自兩方面：一、就社會整體而言，儲蓄率影響經濟成長。亞當‧史密斯（Adam Smith）認為：高儲蓄表示國民願意抑制眼前的消費，讓稀少性資源轉為資本累積，才能持續經濟成長，提升後代子孫的生活水平。二、就家庭或個人而言，有足夠的儲蓄才能應付未來事件的支出，包括：不知何時有重症或車禍等需用的醫療費用，天然災害如地震、颱風等的財產損失，失業之後沒有收入，每月仍要付的房屋或汽車貸款，下一代的教育經費和退休後的消費支用（依據目前的統計，退休後平均仍有十五到二十年壽命）。所以，現代家庭不免要做跨時選擇：在「現在支出」和「未來支出」之間做取捨。

　　經濟學研究現代家庭的儲蓄行為時，認為人們會理性地在目前與未來之間調配支出。考慮下面三個不同的例子：

- 一個教師因為終身收入是穩定的，所以會將每月收入的一個百分比做為儲蓄額，留做退休餘年之用。
- 一個足球明星，運動生涯只到 35 歲左右，這期間收入極高，之後急遽下降。所以，他應該在年輕時儲蓄大部分收入，做為退出運動生涯之後的生活費。
- 一個人若被升為經理，收入提高、工作穩定之後，他會提前消費，以貸款（反儲蓄）買入高價房子、房車等，以後逐年償還貸款。

事例

借款消費的代價

　　在資本市場發達的社會，人們除了付現消費之外，也可做貸款消費，如分期付款購屋、買車、服飾等（甚至有商家推出分期付款出國旅遊）。借錢買名牌服飾雖然有快樂，但付出什麼代價？李娜是個追求時髦的上班族，月入 3 萬元，她為了買個名牌皮包，向銀行以信用卡借入 10,000 元，貸款利率為每月 1 %，也就是每月利息負擔為 100 元。乍看不多，但整年下來付出的利息金額高達 1,200 元。若一直未還錢，八年後支付的利息等於 9,600 元（幾乎等於一個皮包）。在市場經濟裡，人們可提前消費，但代價可能是相當高的利息負擔。

家庭理財

　　家庭儲蓄不只是將錢存到銀行。長期而言，物價會上漲，所以，子女的學費、老年的醫療費會增加，退休金的購買力會被侵蝕。如何做出二、三十年後的資金需求是很困難的，故而，儲蓄與理財投資必須同時進行。現代的金融產業發達，金融機構（銀行和金控公司等）提供各種理財服務，信託投資公司有共同投資基金（mutual funds），保險公司有投資型保單、儲蓄險等，家庭可運用它們的專業做長期的財務規劃。

　　跨時選擇的成本效益觀念也出現於文化、宗教中。譬如，根據調查，相信有「來生」的人做壞事的機會較少，因為他們害怕今生做壞事，在死後會下地獄，或下一世會得到報應。而不相信有來生者，因為沒有「來生報應」的約制，所以做壞事之後還沾沾自喜。從這面向來看，許多宗教、文化告誡是採取「跨時報應」的模式來制約人們的行為。

3.5　時間就是金錢？

　　「時間就是金錢」（time is money）是一句勉勵人要珍惜時間的諺語。作家 Robert William Service（1874-1968）在他的一篇短文中提醒人們，人的一生能真正自由支配的時間只有

短短的十五到二十年（因為每天都要扣除吃飯、睡覺，探望親友、工作、交通等耗費的時間），無謂地浪費時間等於一種自殺。尤其在學習知識和技能階段的年輕人，更要珍惜那段寶貴的時間，因為它會在未來替自己創造金錢和財富。所以，不容否認的，時間就是金錢。

在經濟學家心中，若提到時間，大概指的是複利效果：第一年投資一筆錢之後，若每年報酬率是 8%，約十年這筆錢就翻一倍（不要小看這數據，若投入 10 萬元，9 年後成為 20 萬元，再 9 年成為 40 萬元）。但經濟學這種時間創造出來的價值概念迥異於一般人的時間概念，大概不容易被理解。本節嘗試從經濟學的立場，提出一些觀察，讓讀者體會時間觀念如何影響人們的行為和選擇。

人們如何衡量時間單位

知識交集

物理學的時間觀念是愛因斯坦的廣義相對論討論的時間與重力的關係。台大教授吳俊輝在《科學人》雜誌寫說：「空間中由於能量的不均勻分布（例如：腳下的地球就是極大質量聚集在一起的表徵），造成了時空結構的扭曲，而這個扭曲所表現出來的，一個是重力的產生（例如：地球的重力），另一個則是時間流逝的變慢」。時空扭曲愈厲害的地方，表現出來的重力愈大，其時間的流逝也愈慢！在電影「星際效應」（Interstellar）中的主角就體驗這情形：他降落到一個有重力的星球，另一個成員則留在原先的太空器內。他在那星球停留了一小時，回到太空船時，留下的船員已經過七年。

當提到時間時，人們腦中出現不同的時間計算單位。在高速公路駕駛的人會以每小時行駛的速度做計算單位；一家汽車公司的生產力是：平均 25.5 個人工小時可組裝完一輛汽車；一個教師的時間單位是一學期（十八週）或一堂課（五十分鐘）。社會上不同的人依其所處的環境，採用不同的時間計算單位來衡量事務，似乎沒有一個標準。

經濟學研究如何有效使用稀缺性資源的問題。如果時間是有稀缺性的，則值得關注的是：一個人在有限的生命時間裡，如何有效地利用之，來成就人生的使命。這可能是很難有共識的議題：第一、沒有人能確定掌握自己的生命長度。正由於生命時間存在高度的不確定性，所以，對待時間的態度就因人而異（宅人終日無所事事，不覺得在浪費生命；也有人每天工作長達十幾小時，努力維生）；第二、如何認定「人生的目標」無法有共識。

正由於存在前面的難題，所以，經濟學對「如何有效使用時間」也就避而不談，這可能是傳統經濟學的一個缺失。[4] 本節嘗試從行為的觀察切入，以初步理解時間在現代經濟運作的角色和產生的影響。

時間是稀缺的資源嗎？

我們每個人的生命時間（壽命）都是由上天給定的，而且是無償取得的，至於多少，沒有人可以確知。也就是因為無法確知生命時間何時終了，才會有人多方祈禱或求神問卜，嘗試掌握「我可活多久」這項資訊，以做後事的安排。既然我們每個人都希望生命活得愈久愈好，而這願望通常無法被滿足，時間應符合稀缺性的資源的定義。進而，它與任何物品一樣，應有價值和價格。

時間的價值

與前面對物品的探討一樣，我們區分時間的使用價值和交換價值（時間的價格）。先探討時間的使用價值。社會心理學家 Robert Levine 在他的書中指出，人們在本質上有自然時間

---

4 請查看任何一本傳統經濟學教科書的附錄，幾乎沒有提到「時間」這字眼。

和鐘錶時間兩種不同的概念。[5] 他指出，在第一次工業革命以前，人們對時間的認知主要依循自然環境的變動。大自然告訴我們何時播種、耕作、收割或為冷冬的來到而儲藏食物。[6] 那時的人最常用的字眼大都與自然有關，譬如，「天黑了就該停止耕作」、「雞鳴時起床」、「河水上漲到多高就可播種」等，這些呈現的都是自然時間的生活型態。至今，許多農耕地區、部落、島嶼、土著、退休人士仍採用這種概念。採用自然時間的特徵之一是生活步調緩慢，快速將事情趕快辦完是沒有必要的，停下來花時間與親朋閒談、關心自然的變化，才是重點。

鐘錶時間的概念來自工業革命之後。由於發明了鐘錶，人們可以將時間精確分割（年、月、日、時、分、秒），從而讓群體可以安排同步性和連貫性的集體行動。同步性的工作是同時生產和運作，如，工廠和公司安排員工上下班的時間（這樣才能啟動設備和辦公間來運作），買賣雙方約定交易的時間和地點，學校有上下課時間表等。這些都是有了鐘錶之後，人們才能做出的同步性安排。至於連貫性的安排，可以鐵路公司的運作來理解。它公告各車班的時刻，讓人們可預先規劃何時搭乘、何時到哪個地點、見到哪些人、完成哪些事，何時搭車回來；工廠則是安排輪班的時間；學校安排同一間教室不同的使用時段等。採用鐘錶時間的經濟社會呈現的共同特徵之一是：時間這項稀少資源的使用效率大幅提升，使大量生產、即時服務和即時通訊等經濟活動，成為生活的一部分。

瞭解自然時間和鐘錶時間的差異之後，自然可以理解

5　Robert Levine 著，馮克芸、黃芳田和陳玲瓏翻譯《時間地圖》（2009），台灣商務印書館出版。

6　中國的農曆有二十四個節氣(春分、穀雨、小暑、立秋……等)彰顯這情形。作者也提到，古代埃及的月曆有一張尼羅計尺，上面有垂直的格度，用來衡量尼羅河的漲退，做為播種時間的依據。

「時間的價值」取決於一個人採取哪種時間觀念。採取自然時間的人，「時間的價值」不是關注點，一切要順應自然，即使無所事事，讓時間流逝也不需有罪惡感。至於生活在鐘錶時間的人，精確掌握時間就非常重要了。我們都知道，上下班不能遲到；搭飛機或火車要算好時間；若是去面試應徵工作，絕對不可遲到；與長官或長輩見面，你更要提早到。在鐘錶時間的社會，一個人必須能精確掌握時間，才能成功地完成各項事務。

現代人如何提升時間的使用效率

在採取鐘錶時間的世界，時間的耗費是一項重要的成本，經濟社會自然會出現節約時間的經濟活動，下面提出一些可體會的事例。

• 何以排隊要抽號碼牌

許多組織和政府機構每天都面對大量的人潮，為了減少使用者等待的時間和等待的焦慮感，就出現安排抽取號碼牌。到大型醫院看診可先掛號（讓病人估計到院的時間），現場掛號則要抽取號碼牌；在銀行或郵局辦事也要先抽號碼牌；在長途客運搭車除了預購票之外，也要抽號碼牌以決定上車的先後次序。設號碼牌的目的就是要降低完成交易的時間成本。

• 鐘錶產業的盛衰和轉變

人類很早就想辦法計算時間。根據記載，最早是室內以沙漏、室外用日晷，來觀察時間。後來伽利略利用物體擺動定律，設計出以鐘擺來回擺動計時的大鐘。歐洲最早是將大鐘放在城市市集中的鐘樓上，定時敲響以報時，屬於公共財；之後出現座鐘和鬧鐘則是給家庭使用，最後出現的懷錶和腕錶則是給個人攜帶的計時器。

鐘錶最早是手工打造，由於數量稀少，價格昂貴，一般家

庭買不起。第一次工業革命之後出現機械化大量生產，價格下降，鐘錶普及，人人都可擁有一個（記憶所及，台灣到 1970 年代還不是每個人都買得起手錶），當時瑞士是製錶的工業王國。到 1980 年代日本發明了電子錶（石英錶），由於製作成本便宜，售價低廉，這使得手錶的使用普及全球，瑞士的機械錶工業也隨之衰退（瑞士後來有生產電子錶的 Swatch 手錶公司延續這產業）。到 1990 年代手機出現之後，它附屬的時間表使許多人不再攜帶手錶，一般性手錶的市場更進一步萎縮，於是特殊的專用性手錶出現，如，運動錶（有耐摔，耐熱等性能）、飛行錶、潛水錶（可防水和水壓）等。

在功能性手錶的發展到頂點之後，鐘錶演變成一種炫耀財，擁有限量發行的懷錶或手錶是富貴的象徵（若在高級宴會上，一位女性的手腕沒有戴腕錶，似乎不合禮儀和尊貴）。由於中低價位的鐘錶市場逐漸萎縮，為了產業前途，瑞士的鐘錶公司集資成立一個高級製錶基金會，每年發表新產品和新技術。知名的廠牌有勞力士（Rolex），百達翡麗、寶格麗等，它們打出的廣告是：時尚品味；售價動輒數十萬元。這時腕錶與時間的關聯性已是若有若無。

• 鐵路運輸的時間成本

中國內陸在 2012 年建築了一條從重慶經過中亞、俄羅斯、波蘭、到德國杜伊斯堡的中歐鐵路。首批載運惠普公司在重慶訂製的筆電四十萬台。與空運相比，這可節省一半的費用；以時間計算，鐵路貨運只要十六天，而海運要四十六天。

一個有趣的問題是：陸運比海運節省的三十天存在哪些效益？詢問業者都知道，這包括：商品及早上市能吸引顧客購買，維持市占率；另外，企業可及早回收投資資金來周轉（給付薪資、進貨成本、債息等支出）。開發這條鐵路能降低廠商的經營成本，吸引企業進駐投資。

• 科技與零時差全球運作

全球網路的出現，讓人們可以在「任何時候，任何地點」進行想要的活動（網路購物，傳送資料、即時通訊、觀看影片等）。這等於是讓人們從時間的限制中解放出來。美國的一些醫院就充分利用時差和網路科技來提升經營效率。它們與印度的醫師簽約，經由視訊與美國的醫師共同診斷病情。診斷完畢之後，當美國醫院於晚間休診時，印度正是白天，印度的醫師填寫完病歷表，傳回美國醫院於隔日使用。這樣能無縫接軌完成診斷的事宜，大幅提高醫院的經營效率。

時間的價格

我們經常在排隊和等待，包括買票時、結帳時、在醫院等看診時等等。在排隊時，每個人心目中都隱約有個最大的願意等待時間。譬如，到一家餐廳門口見到有十幾個人在等入場，可能你就立即決定換到另一家餐館。當人們將時間的耗費當成是一項機會成本時，市場就出現付錢來節約時間的交易，下面是兩個事例。

• 快遞的出現

美國的聯邦快遞公司（Federal Express）的廣告是：全球任何物件都能在二十四小時內送達。相對於以前，重要的文件從台灣送到外國要郵寄，費時可能一週，現在則是一天。快遞讓人們有了更多的選項，有人願意付出高於郵遞的費用來取得一天的緩衝時間。快遞公司的出現讓人們有更充裕的時間做事前的準備，飛遞公司股票價值反映的是：它為人們節約的時間價值。目前及時遞送已是眾人熟悉和使用的服務。

• 代跑族的工作

你在上班，無法親自送禮物給你的愛人，你可以出錢請代跑族替你專程送到。這不就是以你的金錢買時間嗎？其他的，如，公司總裁有祕書替他（她）安排大小事宜，總裁則專注做

重大的公司決策；大學教師和研究員僱用研究助理做基本的分
析工作。表面上這是一種分工，但也是利用他人的時間來提升
高層人士的時間使用效率。

事例

南美委內瑞拉代客排隊竄紅

　　2015 年 1 月 26 日《經濟日報》報導，委內瑞拉的經濟主要依賴石油出口，但國際石油大幅下降使其外匯收入遽減，缺乏美元等國際貨幣導致國家的幣值大貶，進口的民生物資漲價，去年通貨膨脹率高達六十四個百分點。

　　由於架上商品寥寥可數，許多超市和賣場都採限額購買，於是出現一個行業：代客排隊搶購的服務，專門替無暇採購的家庭或手頭闊綽的商務人士服務，到各個賣場排隊代購牛奶、砂糖、尿布和洗髮精等生活必需品。報導的一個例子是一位單身媽媽。她每天預先探聽各賣場的存貨資訊，於凌晨二時起床，通宵等待店家開門，整個月可進帳 13,000 包利爾（約 80 美元），收入不低於一些大學教授。她偶爾還會付錢給搶到前排的街頭小販，買下前面位置以縮短排隊時間（這當然是經過盤算的選擇）。

　　人類利用市場交易來提升資源使用效率（包括時間）有數千年的歷史，已演化成一種本能。

等待的時間與地位象徵

　　在「誰等誰」的社會互動中，經常見到地位高的人（譬如，主管、面試者，長輩）讓地位低的人等，以顯示他的地位和權力。譬如，在約見屬下時，主管通常遲到（可能他在處理另外的重要事務），晚輩拜見的長輩姍姍來遲。從有社會階層以來，地位高的一方就知道以浪費地位低的人的時間來提醒對方注意他的權力和地位。從經濟學的觀點，「讓人等」這種行為是一種社會無謂的損失（有人損失但無人有收益。我掉了一袋食物，是我的損失，但若被另一人拿去吃掉，就不構成無謂的損失），但因具有顯示社會地位的功能而至今仍在。

台灣的大學是老師等學生

　　目前在台灣的大學出現一個普遍的現象：在一堂課開始時（尤其是上午八點的課），沒有幾個學生出現，之後整堂課零零落落地出席，遲到的人臉上也沒有歉意，老師也不敢譴責。依據前面「誰等誰」的說詞，這是老師等學生，這反映出老師有求於學生的情形。

　　大學教育何以到如此不堪的地步？因為，入學率已達百分之百，一個高中生只要填寫志願就可入學。許多大學出現招生名額不足，這些學校唯有留住顧客（學生），才能收到學費生存下去。所以，主客易位，學生地位提升，教師地位下降。教育部既管制各大學的學雜費，又限制各校招生人數，導致大學收入完全沒有主控權，只能以各種偏激的方法來節省成本（如，一堂課的人數可高達八、九十人）和增加收入（配合教育部的要求，爭取教育補助款，寒假出現招收插班生），至於教學品質那就無法顧及了。

總結

　　從經濟學的觀點看，採自然時間觀念的人不認為時間是一種稀缺性的資源；採鐘錶時間的人則認為時間緊迫的、稀缺的、無所事事是一種罪惡和浪費。在時間是稀缺的社會，一切活動講求速度，於是人們演化出許多與節約時間有關的經濟行為並出現時間的交易價格。講求時間使用效率的經濟體有多種與時間有關的產業，如快遞、鐘錶、速食、即時通訊等，它們也提升了人們的生活水平。

■思考題

誘因

1. 學校鼓勵學生通過全民英檢或多益考試。獎勵方式：(1) 參加者補助 $500；(2) 考試分數達標者補助 $500。請說明，哪個方式有較高的成效？

2. (1) 何以服飾店、鞋店等給員工的薪資除底薪外，有業務獎金（依銷售金額給付）？何以飲料店、加油站等沒有給員工業務獎金？

   (2) Uber Eats 的外送員收入是以達成的送件量計算，這能推動什麼誘因？何以物流的司機兼送貨員是以月薪計算？

3. 澳洲曾為英國的殖民地。18 世紀英國將犯罪的人以船隻流放到澳洲。原採取外包方式：依據載運人數付錢給船長，這使得到達港口時（澳洲的 Hobart 港）有極高的死亡率。後來改為依據到達港口活存的人數付錢。何以後一方式能使死亡率大幅下降？

4. 根據研究，有宗教信仰的人，做惡事的次數少於沒有宗教信仰的，但做善事的次數不會高於沒有信仰的。這表示，宗教信仰的獎勵效果（較大 較小），而懲罰效果（較小 較大）。

邊際計算、機會成本、沉沒成本

5. 運動館或健身房有兩種收費方式：每次收 $200；每月繳 $1,500，可任意使用。你有工作，只能在每週星期六、日去運動館，你會選哪個付費方式？若你每週能去球場三次，你會選哪種付費（說明如何決定）？

6. (1) 服飾店廣告：每件售價 $600，買兩件打九折，三件打八折。描述你是如何決定買一件、兩件或三件？(2) 一家服飾店貼出：一件衣服 $499，第二件 +$1。你會買幾件或不買（說明理由）？

7. 在咖啡店點杯咖啡（或任何飲料），若加點一塊蛋糕就升級為大杯。你如何決定是否多點蛋糕？

8. 台灣日間部大學生的學費是統包制：每學期繳一筆錢（如 $55,000）之後，可在學分上限之內（如 25 學分）任意選課。考慮一門必修課，教師認真教學：

(1) 學生而言，修過這門課得到的效益是_____ + _____；不及格的損失是_____。

(2) 收學分費（每學分收 $2,000），修過這門課的效益與 (1) 同；若不及格，損失是_____ + _____。

(3) 從 (1)、(2)，哪種收費模式能讓學生更認真學習？_____，理由：

(4) 說明，何以在：統包制下，學生畢業學分數經常超過最低（128 學分）的要求，而採學分數的學生畢業學分數通常維持 128 學分。

9. 胡先生在市中心有一棟四間臥房的大房子，他將之出租，而租另一間小套房。以機會成本解釋這個決定的合理性。

10. 有位大學生在大三時考取公職，她決定休學去任職。該生認為三年繳的學雜費和時間是_____成本的性質。

11. 有報導，有大學生在與對方戀愛分手之後列出一張曾贈與對方禮物的清單，要求對方退還。你認為這可行嗎？

12. 在重修必修課時，有些同學堅持原教師（給他不及格的教師）的課，即使有其他的選擇也不改變。這是受哪個成本觀念的約制？

13. 一個有高學位的女性，她有工作。在考慮生育多少子女時：

(1) 生育一個子女的直接支出是_____，隱含成本是_____。

(2) 愈是重視下一代教育的家庭，生育的子女數（愈多 愈少）；高收入女性的子女數（愈多 愈少）。政府有育嬰補助和公托幼兒園。說明，這能減少上面哪項成本？

跨時選擇

14. 何謂人力資本投資？扼要說明投資人力資本的重要性。

15. 家庭和個人何以需有儲蓄？

16. 「善有善報，惡有惡報；不是不報，時辰未到」是一種跨時選擇（考慮未來）的觀念嗎？「信仰上帝，可得永生」是一種跨時選擇的觀點嗎？

時間與經濟效益

17. 扼要說明採自然時間和鐘錶時間社會的經濟活動有何不同。

18. 何謂同步性的經濟活動，例子＿＿＿＿＿＿＿。
何謂連續性的經濟活動，例子＿＿＿＿＿＿＿。

19. 採鐘錶時間如何推動人類的時間運用和經濟運作的速度，提升生活水平？

20. 新冠疫情期間，許多機構採取視訊上班（上課）。視訊上班可節省哪些成本？

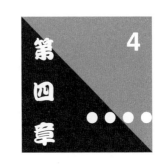

行為經濟學 （經濟學成為跨領域的學科）

　　前面提到經濟學的邊際分析指涉的是「多一點或少一點」的選擇。它在理解「人在各種替換之間如何做選擇」有顯著的貢獻。但在解釋人們進行「是、否」的選擇時，就顯得乏力，而心理學在這方面有精闢的分析和見解。最近新興的行為經濟學就是這兩門學問結合而成。行為經濟學家認為，傳統經濟學之所以無法解釋許多行為，是因為它的兩個基本假設與現實不符：一、人做決策時不是完美理性，而是有限理性（bounded rationality）；二、人不只有利己心或關心自己（self-regarding），還關心他人（other-regarding），包括是否公平，對苦難給予協助和做利他行為等。

　　本章第一節審視人的行為是否完全符合完美理性的條件、第二節介紹人在理性有限之下的行為、第三節介紹利他行為，第四節從演化心理學說明男女兩性在擇偶方面的行為差異。

4.1　重新省察理性行為

　　一般人認為，理性行為是：能「給個理由」（reasoning）的行為。所以，持槍任意殺人是不理性的行為；幾個人共同飲

酒，酒醉之餘，出現口角，一人拿石頭將對方打死，這也是不理性的行為。但社會科學研究人的行為，必須精確說明理性行為的判斷準則，若如前面般，以個別例子來論斷行為是否合乎理性，容易形成各說各話的情形，無法達成共識。尤其經濟學假設人是理性的，所以，清楚定義理性就特別重要。

與經濟行為有關的理性概念有兩個：「工具理性」（instrumental rationality）和「結果的理性」（rationality of ends）。

工具理性是由 19 世紀的哲學家大衛·休姆（David Hume）提出的。他主張：只要採取最好的方式來達成給定的目標，就是理性行為。所以，不用管個人的口味、喜好、厭惡是如何形成的，也不用管它們適當與否。知名的學者賽蒙（Herbert A. Simon，1916-2001）也說，經濟學的理性概念是：「在給定條件和約束的限度之內，實現指定目標」的行為模式。譬如，一個人，在收入有限的條件之下，如何規劃購買支出、儲存子女教育費等行為。

傳統經濟學認為：人具有工具理性的能力，可客觀計算做出決策。傳統經濟學課程普遍以數學為工具來解釋經濟現象，因為，數學推演很嚴謹，符合工具理性的精神。[1]

即席思考

請判斷，下面兩個行為，哪個是理性的、哪個是不理性的：

甲、在交易時，店家說：「很抱歉，根據你的出價，我無法供貨，因為會虧本」。

乙、在交易時，店家說：「我不賣給你，因為我們的政治理念不同」。

甲的說詞符合工具理性。因為商家以獲利為主，不做虧本生意。乙是堅持自己的政治意識形態，而放棄交易（和獲利），這違背廠商營利的目的，不符合工具理性。

---

1 這傾向也使主流經濟學有了黑板經濟學的惡名。

人的選擇行為符合理性嗎？

框架效應（framing effect）是一種認知偏差，最早在 1981年由阿摩司‧特沃斯基與丹尼爾‧卡內曼提出。其意義是：面對同一問題時，兩種在邏輯意義上一樣的描述，可能導致了人們做出不同的決策選擇。下面的例子說明之。

疾病方案決策實驗

美國正準備對付一種罕見的疾病，預計該疾病的發作將導致 600 人死亡。現有兩種對抗疾病的方案可供選擇。下面將這兩種方案告訴兩組受試者，讓他們做出選擇。

場景一：對第一組受試者（共 152 人）敘述下面情景：
　　　　如果採用 A 方案，200 人將生還。
　　　　如果採用 B 方案，有 1/3 的人可望不會死去，有 2/3的人會死去。
結果：受試者中 72% 選擇 A 方案，28% 選擇 B 方案。
情景二：對第二組被試者（共 155 人）敘述下面的情景：
　　　　如果採用 A 方案，400 人將死去。
　　　　如果採用 B 方案，有 1/3 的人可望生還，而有 2/3 的人無法生還。
結果：受試者中 22% 選擇 A，78% 選擇 B。

兩方案的內容完全一樣，只是不同的表述方式：在場景一中關注「生」，使大部分人選 A 案；在場景二中關注「死」，一般人都不喜歡死字，故大部分選擇 B 案。
相同結果的方案，因為描述方式不同，就會影響人們的選擇。可見人的選擇經常不符合理性條件。

結果的理性指的是：將結果的影響納入選擇的考慮中，而不只是考慮最佳的方式而已。結果的理性至少包括下面三個面向：

一、考慮到行為的長期結果和後悔可能

人有長期的預視和規劃能力，會爲未來著想。如，在選擇工作時，會考慮是否有前景（能學習到技能，是否有升遷機會等）；在開始有收入後，會存款以貸款購屋，存子女教育基金等。[2] 這些提升了人對未來的掌控力。人也演化出懊悔心理。譬如，購屋時，多方蒐集資訊（生活機制，交通便利性，陽光照射，視野、隱蔽性等）。這樣愼重其事是爲了避免事後後悔。

二、行為符合個人的道德感

人的一些選擇行爲是依據個人的道德感而定。每個人的道德感受個性、家庭背景和宗教、文化的影響而不同。譬如，有人願意多付錢買有碳足跡標籤的商品、拒買圈養動物的皮草、爲了減緩氣候變遷效應而改蔬食（牛隻排放的甲烷使全球氣溫暖化等），做不求回報的利他行爲等，都是源自道德感的驅動。

> **事例**
>
> ### 你願意為動物福祉多付多少錢？
>
> 《聯合報》2019 年 10 月 5 日一項報導：
> 目前生蛋母雞多是被圈養的，終身蹲在 A4 紙張大小的格子內。調查詢問：若改為放養或可伸展軀體的飼養方式（這使飼養成本提高），問受訪者願意加價多少來購買友善飼養的雞蛋。結果有 95% 的人接受 5% 以上的加價；其中 17% 的吃蛋者可接受 20% 的加價。另外，在購買友善飼養的鮮奶時，受訪者有 96% 可接受 5% 以上的加價；其中有 16% 可接受加價 20%。以道德感決定消費選擇符合結果理性。

三、採取行動能帶來真實的快樂（幸福感）

演化心理學告知，人的許多選擇是由情感所驅動的。能

2　腦科學指出，人腦演化出新額葉皮層，才具有理性思考、判斷、規劃等能力。

產生正向情感的行為誘使人們一再去做，快樂的感覺是其中之一。心理學家 Martin Seligmen 提出構成真實快樂（或幸福感）的三項要素：能產生愉悅感，這從一般的物質消費（食物、飲酒、看球賽等）可得到；有參與感（involvement），對親友、工作、愛情與嗜好深層投入的參與感；具有意義（meaning），包括可發揮個人長處，宣揚正道的宗教理念，為超越個人的目標而努力等。[3]

符合理性的選擇行為應兼顧工具理性和結果的理性。

事例

人們欣賞工具理性和結果理性

在電影「將計就計」（Entrapment）中，西恩‧康納萊（Sean Connery）與女星凱薩琳（Catherine Zeta-Jones）合作，經過精心的策劃於西元 2000 年第一天成功地偷盜銀行保險櫃的名畫，其情節令人拍手稱奇。這部片子得到大眾的欣賞，顯示聰明罪犯的策劃能力，主要還是肯定其工具理性的成分（當然還有演員的演技）。反觀，在台灣曾發生過，綁匪隨意綁架一個兒童，詢問才發現肉票根本是窮人家的小孩，只得將之放回。一般人覺得不可思議，認為不經過查證、規劃，就進行綁架，毫無理性可言。有人採取結果理性立場，認為偷盜和綁架都是犯罪行為，不足取，這種盜匪未被繩之以法的影片不該被宣揚。

傳統經濟學以「工具理性」的立場解釋經濟行為，並宣稱這符合價值中立，但沒有了結果理性的思維而侷限了其解釋能力。

心理學也研究人的行為，但它採取不同的方式：不事先建立行為的假設條件，而是觀察人的行為，再提出解釋，然後依據對這些行為的瞭解，嘗試預測、控制和影響它。因為，只當瞭解一個行為的成因之後，才能創造控制和影響這行為的因素。行為經濟學就是以心理學的實驗為基礎，觀察多數人在不

3　Martin Seligman《真實的快樂》中譯本，頁 50。

同情境之下的選擇，進而提出異於傳統經濟學的觀點。譬如，研究消費心理的專家觀察到，賣場的購買氣氛和店員服務態度會影響人們的購買意願，而不只是價格；所以，他們建議廠商如何重新布置賣場、員工如何向消費者提供建議等，從而提高銷售業績。

4.2　有限理性

西蒙提出有限理性（bounded rationality）的行為模式。他認為：人的心智和其運作的建構能力與範圍是有限度的，這使得人們無法具有完美理性的能力，因為：

- 人類擁有的計量和推理能力不足，尤其是面對複雜和高度不確定的情況時最顯著。
- 人的決策行為同時受「情感」和「理性」的交錯影響。
- 人們進行思考和決策要耗費琢磨成本（deliberating cost）。人腦演化出一種簡化決策過程的機制，以節省琢磨成本，使得人的行為不符合完美理性。

人做決策時本質上是想要完美理性的，但因前述因素的干擾，而實際上呈現理性有限的結果。下面說明。

一般人的計量和推理能力不足

宣稱一個人的「計量和推理能力不足」並非一種輕蔑的態度。因為，人在做決定時，常受心智認知的侷限，當涉及到邏輯推理和機率計算時，常會出現盲點和誤差，下面的實驗驗證這點。

2006 年美國賓州大學的心理學家做了一個關於人的精確計算能力的實驗：

在一家公寓內，放置一碗 M&M 巧克力糖，旁邊擺了一個小杓子，讓人們免費吃。晚上計算取食量。

第二天，又把碗裝滿，這回旁邊放的是大杓子，讓人們免費吃。再計算食取量。相比較之下，他們發現，擺大杓子時，人們平均的取食量多了 66%。

這實驗顯示，人們做決策時，採用的是自己認知的衡量標準：只知道吃了「一杓子」的糖果，但不會去換算大小杓子各有幾公克的糖果，所以，才會出現多吃的情形。相同的，我們在喝飲料時，是以一瓶計算，而很少注意到一瓶有多少容量。演化論指出，我們的祖宗只會約略估計獵物的大小，而不是以公克、公分等計算，後代的我們缺乏計量的能力是可以理解的。

◤ 即席思考

人們在購買零食時通常只看價格而忽略重量。譬如，袋裝葡萄乾 400 公克，售價 $110；另一塑料瓶裝的 340 公克，售價 $80。兩包裝相同品牌，哪個比較便宜？心算有點困難，請拿出手機計算兩包裝每元可買到多少公克。

錨定與參照行為

心理學家發現，當面對從未體驗過的多個選擇時，人們會找個參照點（reference point）做為基準，再將其餘的與之比較，做出選擇，這稱為錨定（archoring）行為。

參照行為的一個提示：人們在做未體驗過的消費選擇時，做出的決策常受參照點的影響，而參照點是由廠商決定的，這使得我們可能付出偏高的價格或做出計畫之外的購買支出。一個防範的建議是：「買東西時不要理會廠商的訂價或建議」，由自己感覺是否「物有所值」來避免這種誤差（也就是

回歸到理性判斷）。若是體驗過的物件時，我們會依據記憶來
判斷是否要買，這時不會出現參照行為。

事例

第一眼看到的價格很重要

　　瑪姬研發出一種新型的巧可力茶壺。這茶壺是以很薄的塑膠做成外殼，內層塗料是
（各種不同的）巧克力，沖泡時加入紅茶，讓巧克力慢慢融化，呈現不同的口感。

　　她的工廠製作一系列的茶壺，最低價是只泡一次的巧可力茶壺，售價美元 $1.3；其次
是以香草白巧克力為底，加塗兩層苦巧可力，可沖泡兩次的，售價 $2.55；最高價的是以
最高級的巧克力做塗料，售價 $6，禮盒售價 $25。她讓觀光客先參觀工廠的製作過程，後
帶到商店區去購買。

　　在商店區有兩個入口，北面入口先呈現的是低價位的茶壺，之後是高價位的茶壺。她
發現顧客觀看幾分鐘之後，大都選價位比較便宜的。在南方的入口區先陳列的是最高價位
的茶壺，之後是中價位到低價位的。她統計下來發現，從南區進入的購買金額比從北區的
多了 60%。

　　這告知，當顧客無法認定你的物品有多少價值時，第一眼看到的標價就被選為參照
點。在這例子裡，北區入口的顧客先看到 $1.3，以這為基本價值，做出選擇；而南區入口
的顧客最早看到的是 $6，較高的基準推動他們願意花較多的錢來買。

事例

　　在中國山東省旅遊途中，一個農民上遊覽車賣萊陽梨，每斤（500 公克）人民幣
$10，因為對當地售價不熟悉，車上幾乎無人買。後又有一位農民上車，賣梨子每斤 $6，
大家搶購，銷售一空。解釋如下：

　　遊客看到的第一個價格 $10 被視為是參照點，第二個價格 $6 讓人覺得低很多，所以
搶購。

　　即將開車時，看見兩個農民在分錢。農民沒學過行銷和行為經濟學，倒也懂得利用參
照點來促銷。

即席思考

一、茶葉行在擺設茶葉罐展示時，是從高價位的到低價位的，還是低價位在先，高價位在後？

二、你是一家鞋店的銷售員。你會先推銷三、四千元的皮鞋，繼而再推銷一雙兩百元的碳纖襪子；或先推銷襪子，再推銷高價的皮鞋？

答案：當然是前者。因為：人們在花了三千元之後，會覺得兩百元買一雙襪子不算貴，這是人們以參照點導致的認知誤差，可能回到家裡之後才察覺到不缺襪子。

選擇行為有情感和理性的成分

傳統經濟學認為人都是理性地從事計畫性的購買，包括，擬定預算金額、選擇購買對象、進行價格和品質的比較等，這些都不具情感的因素。但可觀察到，人們的選擇經常受賣場氣氛、流行風潮，甚至一時衝動的情感因素的影響，這些可能使選擇偏離完美理性的假設。

事例

消費受感官的影響

人的感官系統包括視覺、嗅、味、觸、聽覺這五感，都會影響一個人的情緒和選擇行為。目前許多賣場都有色彩設計和投放香味的機制，讓消費者覺得很輕鬆，解除購物時金錢預算的理性警戒。美國一家百貨公司在女裝部噴灑玫瑰香味，使銷售量一週內增加60%，在男裝部噴灑肉桂加蜂蜜香味，使銷售量增加一倍。

另一個是麥當勞的溫馨家庭設計，經由兒時歡樂的記憶，不少人成為麥當勞的堅固擁護者，慶祝生日、朋友聚會，都會毫不猶豫地選它。這些都是情感因素勾起的消費選擇。

「買得起、買不起」都是情緒

美國史丹佛大學教授 Brain Knutson 做過一個關於人們購買決策的實驗。他發現：當受試者看到一個喜歡的物品並想要擁有它時，腦部伏隔核（nucleus accumbens）的部位活化了，那是腦部主掌快樂的區塊（人接受獎賞、讚美和上癮時都在這部位出現反應）。所以「想買」是受情感的驅動。

　　然後讓受試者觀察價格，若他覺得價格太高，買不起時，其腦部理性的部位前額葉皮質活躍起來，抑制了他的購買慾望。[4] 同時，腦部掌管痛苦、壓抑等不愉快感覺的島葉皮質（insula cortex）區塊也活躍起來，讓他有怏怏不樂之感。

　　傳統經濟學認為：「這人沒有消費行為，所以，他的效用沒有變動」，這實驗證明那是空洞的說詞。[5] 實際上，人們在「想擁有」時是愉快的，而在察覺「買不起」時是不愉快的，所以，一個人在買或不買的選擇時，經常會經歷愉快和不愉快的感受。[6] 心理學認為人的選擇行為受「內心感受」的驅動，較為貼切。普林斯頓大學的心理學教授喬納森・柯恩（Jonathan Cohen）笑謔說，理性的經濟人（homo-economicus）是只有（理性）前額葉皮質而沒有（痛苦）島葉皮質的人。有人指出那是科幻影集「星際爭霸戰」（Star Trek）中虛構的瓦肯人史巴克（Spark）。

即席思考

　　在前面的事例中，若有人由於「買不起」的痛苦力量很大，忍不住伸手去搶，這是他的前額葉皮質的理性控制力道無法壓抑「想有」的直覺衝動，讓他觸犯了社會規範。請思考下面的情況：

若一個人很餓而出手搶麵包，你認為刑責應如何？

若一個人因為想要而搶別人的 iPhone 手機，你認為刑責應如何？

若一個人是有計畫地搶銀樓，你認為刑責應如何？

4　前額葉皮質層位於人腦的最外層，是人腦最後演化出來的部位，主掌規劃、理性判斷等功能，被稱為人腦的總指揮。

5　學過圖形經濟學的人可體會到，伏隔核的活化就是主觀效用的提高，而島葉皮質的活化就是所得預算限制起了作用。

6　這也顯示，何以非常富裕的人通常比一般人快樂。因為他們可買到任何想要的東西，常享受愉悅的感受，而少有痛苦的感受；常人則常體驗買不起的痛苦感受，少有買得起的快樂感。

效用、情感與快樂

　　心理學家 Kahneman 認為，經濟學對消費效用的理解，侷限於購買時的感受，過於狹隘。他建議至少可區分三種效用：

一、預期的效用（anticipated utility）：在決定購買前出現的效用。如，規劃旅遊、與戀人討論看哪場電影的過程，出現的滿足感。

二、體驗的效用（experienced utility）：又稱為使用（擁有）的效用，在擁有或消費一物品時出現的感受。如，今天被人讚美很亮麗，妳很高興，出現正向的體驗效用；在現場看球賽，球隊得分（籃球投籃得分、足球踢進、棒球安打等）的高亢心情。都是體驗的效用。

三、記憶的效用（memorial utility）：消費之後被記憶的感受，可能是美好的，或不好的。記憶效用使你決定以後是否再消費。如，記得某個餐館的食物很差，以後絕不再試；記得到某國旅遊的特殊經驗，而希望以後再去體驗。

事例

何以窮人買彩券而有錢人不買？

　　依據機率計算，購買彩券中獎的機率低於被雷打中的機率，所以，一個具（工具）理性的人是不會買彩券的。據調查，經濟學家、統計學家和數學家買彩券的比率很低，因為他們都懂得理性的計算。在世界各地，彩券的投注者大部分是中低收入者。經濟學的解釋是：他們無法體會中獎的機率很低（不懂理性的計算）。心理學詢問購買者，得到的理由是：除了想中獎之外，人們在買獎券到開獎之前心中有夢，心中盤算著：若成為大富翁要如何還債、如何改善家庭生活等，這是「期待的效用」的力量。大多數人是受情感的驅動而買彩券，不是由理性的計算來決定（由於大多數人的期望都會破滅，所以有人認為彩券發行強化了所得分配不均的程度）。

　　以上三種效用可能是正向的或負向的，但都會影響人們的選擇。

一、寫出過年時全家從準備到吃完年夜飯的（三個）效用。
二、寫出在新冠狀病毒疫情期間，你排隊購買口罩時的效用（好的和壞的感受）。

得失之間

　　心理學家很早就發現，相對於獲益，損失更吸引人們的注意；若是金錢，相同的一筆錢，損失帶來的痛苦程度大於獲得的快樂程度。由於重視損失大於得到，就出現損失規避（loss aversion）心理。下面是幾個例子：

1. 消費者對漲價的痛苦感受遠大於降價的快樂感受。
美國農業經濟學家 Putler 做過分析：1981 年 7 月到 9 月期間，美國雞蛋價格漲 10%，使購買量減少 7.8%；而同期的 10% 降價，購買量只增加 3.3%。這顯示，人們對漲價與跌價的感受是不對稱的：對漲價的痛苦感受大，所以採取積極行動，使購買量大幅減少；對降價的感受小，故購買量增加的幅度小。

2. 實驗讓一群消費者分兩組吃 Pizza：A 組從基本麵皮往上堆加佐料（香腸，起司條等）；B 組從滿堆佐料往下減少。結果：B 組模式的 Pizza 中佐料分量遠多於 A 組的。這是源自損失規避心理：人們捨不得已有的，往下減少的模式產生的痛苦感大於往上增加的快樂感，使得受試者留下較多的佐料。

　　人有損失規避心理的一個解釋是：演化讓人對損失產生強烈的害怕和焦慮感（草原時代的人類失去食物或飲水會威脅到生存）而想盡力避免發生損失。

　　由於損失規避心理，當人們一旦擁有一件物品之後，就會給予偏高的價值。下面的實驗證實這點：

- 大學教授發給一組學生每個人 5 美元的杯子。之後，問他們願意以多少錢賣掉。
- 另一組是沒有拿到杯子的學生。他們被問：願意花多少錢買這杯子。

　　實驗結果顯示：第一組平均要 7 美元才願意將杯子賣出，而第二組平均只願花 3.5 美元來買這杯子。傳統經濟學家認為：杯子就是杯子，理性的人應該賦予相同杯子一樣的評價。但這實驗顯示，人們對已擁有物品的評價會高於未擁有之前的，這稱為稟賦效應（endowment effect）。

> • 稟賦效應
> 人們對已擁有的物件賦予的價值高於未擁有前的。

　　當一個人對「損失」的感受程度大於「擁有」的感受程度時，就會不自覺地做出不符合完美理性的決策，例如：

- 許多人在調整股票組合時，寧願賣掉獲利正在成長的股票，卻不願意賣掉已經虧損的股票。因為繼續握有已經虧損的股票，讓他們可逃避承認損失。
- 買了電影季的套票，可任意看每場電影。有些人會盡力觀看每場電影，即使不覺得那場電影有吸引力也去看。
- 餐廳有集點數滿額十次送一份餐點的優待。許多人在累積到七、八點之後，因為不想損失點數而加快到那家餐廳用餐，希望能及早享受免費的一餐。

得失之間差距多少？

　　人對得到和損失一物件或一筆錢的感受是不對稱的。心理學家 Kahneman 和 Tversky 提出三個觀點：

　　第一、相同的金額，損失的痛苦程度約為獲得的快樂程度的兩倍。

　　實驗：問一群學生是否願意接受擲銅板的賭博遊戲時，發現下面的現象：

如果規則是賭輸（猜錯）要賠 20 美元，學生平均要求賭贏（猜對）的理賠平均額是 40 美元，他們才願意參加。[7] 由於擲銅板輸贏的機率是一樣的，於是他們提出：相同的金額或物件，損失的痛苦程度約為獲得的快樂程度的兩倍。[8]

損失厭惡的第二個特點是：**敏感度鈍化**。當收穫或損失的幅度愈大，人們的快樂和痛苦程度愈鈍化。下表顯示這兩個觀點。

▼表 4-1

金額	感受水平	感受變動幅度
+$1,000	+180	+80
+$500	+100	+100
$0	0	0
-$500	-200	-200
-$1,000	-360	-160

數據顯示的意義如下：假設 $0 為原始狀況。若贏錢 $500，美好感受度增加 100 單位；若輸錢 $500，痛苦感受度為 200 單位（為賭贏時美好感受度的兩倍）。若贏 $1,000，則美好感受度為 180 單位（增幅為 80 單位，因為美好的感受度會遞減）；若輸 $1,000，痛苦感受度為 360 單位（減幅為 160 單位，因為痛苦的感受度遞減）。

依據敏感度鈍化，有下面的行為建議：

7　意即，學生認為：賭輸的痛苦感是賭贏帶來的快樂感兩倍。這時，這賭局的效用期望值為零，是個公平的賭局，他們才願意參加。請注意，這裡並未將「能參加賭局」的過程效用納入分析，而是以輸贏的結果而論。

8　原提出的數據是落於 1.5-2.5 倍之間。

若有兩個好消息，要分開報導；若有兩個壞消息，要同時報導。

若是一個好消息和一個壞消息，先報導壞消息，再報導好消息，可沖淡對方的痛苦程度。考慮下面的對話：

「親愛的，有個壞消息：我的新車失竊了（損失了 60 萬）。但有個好消息：我中彩券 50 萬元。」。對方會覺得：好佳在，才損失 10 萬元。

「親愛的，有個好消息：我中彩券 50 萬元，但有個壞消息：我的新車失竊了（損失了 60 萬）」。對方會專注在損失上：真倒楣，若車沒有被偷多好，就不會損失了 60 萬元。

損失厭惡的第三個特點是：人們處在已經擁有時，會呈現厭惡風險的行為（以規避損失）；當人們在已經失去時，會呈現喜好風險的行為（願冒風險以取回損失）。

實驗：同一組人（150 人），要他們先在下面兩狀況之間做選擇。

情境一：先給你 $1,000，之後你必須在下面 A、B 做選擇：
　　A. 確定可另外得到 $500（確定最終會有 $1,500）。
　　B. 有 1/2 的機會可再獲得額外的 $1,000；1/2 的機會得到 $0（亦即，損失已有的 $1,000）。
情境二：先給你 $2,000，之後你必須在下面 C、D 做選擇：
　　C. 確定會減少 $500（確定最終會有 $1,500）。
　　D. 有 1/2 的機會得 $0（損失原有的 $2,000）；有 1/2 的機會輸掉 $1,000（期望值為 $1,500）。

情境一是先給較少的錢，之後有機會增加；情境二，事先有較多的錢，之後可能減少。

實驗結果：

- 在兩種情境裡，選 A 和 C 的人比率各為 84%、69%，他們滿足於確定有 $1,500，屬於安全至上者。
- 選 B 和 D 組合的人是賭性強的人，他們願承擔（喪失金錢）的風險來增加金錢。
- 也有部分的人選 A、D，如何解釋？根據前面的第三個特徵：他們在確定擁有時，會呈現厭惡風險的行為，所以選 A；當他們面對損失時，會呈現喜好風險的行為，所以選 D。
- 選 B 和 C 者的行為不一致性。因為他們在確定獲得時，寧冒損失的風險；在確定損失時，卻選擇安全握有。

心理帳戶

心理帳戶（mental accounting）是由心理學家 Tversky 與 Kahneman 和經濟學家 Richard Thaler 幾乎同時於 1980 年代提出的。

傳統經濟分析認為，人們看待一塊錢就是一塊錢，不管其來源或將來的用途，所以，手頭擁有的全部財富和金錢都有可互換性。Thaler 經由下面的實驗發現：人們將金錢以不同的名目在心中存放，各項目之間不會流通。

實驗

- 你花 10 美元買了一張電影票。在入場時發現電影票不見了，無法入場。你是否願意另外再花 10 元買票？
- 你決定去看電影，票價 10 美元。到電影院時，發現遺失了 10 美元。你是否還會買票入場？

實驗發現，在第一個場合受試者中，只有 46% 的人會再買票入場，在第二場合有 88% 的人會買票入場。經濟學家認

為，兩情境都是損失 10 元，所以，是否買票的比率應該一樣？但人們呈現的並非如此。這可以心理帳戶的觀念來解釋。第一種情境之下，許多人認為：若再買一張票，等於花 20 美元看這場電影，所以，拒絕買票；在第二情境之下，多數人認為，看電影的 10 元與遺失 10 元是兩碼子事，兩者互不影響，所以，會買票入場。可見，兩種情境都是少了 10 元，但不同情境之下，人們會做不同的選擇。

Thaler 認為一般人約略地將金錢置於三大項下：目前收入帳戶、資產帳戶和未來帳戶。這三帳戶是不能互通的，各有使用條件。

目前收入帳戶的金額被認定為是在規劃時間內的支用。譬如，每月薪資的入帳，被花在食物、水電等經常支出。

未來帳戶是為了將來的準備而設置的（如子女教育經費、退休後生活用等），若一筆金額被歸於這帳戶之後，人們會儘量不動用之。

意外帳戶：當人們意外地得到一筆錢，如統一發票中獎 2,000 元，會帶家人一起外出用餐或買件新衣服，因為這是意外收入，可全部花掉；類似的，抽到的獎金、公司發放的業績競賽獎金，都被視為是意外收入而即時花掉。

事例

台灣的彩券中獎人如何決定捐款金額？

在台灣，彩券中獎人通常會捐款給救濟機構。根據統計，平均的捐款金額會受到投注方式的影響：若是以電腦選號碼方式中獎的，捐款額會大於自己選號碼的。

心理帳戶的解釋認為：一般人若是電腦選號會認為那是上蒼的眷顧，屬於意外帳戶內，所以捐款會大方些（比較願意與窮人分享好處）。若是自己選號中獎，會認為那是自

己付出「努力成本」而來，故中獎金額被放入未來帳戶內，捐款會少些。

理性經濟學家認為，投注方式與捐款金額是兩回事，互不影響。而一般人卻是將捐贈金額與投注方式相連結，這是情感因素。

現在消費還是延後消費？

儲蓄是為了將來打算。但許多人對未來可能需要的支用採取忽略的態度，譬如，有些人不存退休金，而是用於當下。神經經濟學逐漸揭開了這個謎團。

普林斯頓大學的 Samuel McClure 教授在 2004 年進行下面的試驗：參與者可選擇立刻接受一張價值較低的禮券（如，10 美元）或延到兩週之後得到一張 12 美元的禮券。依據經濟學的說詞，理性的人應會選擇兩週後的禮券，因為報酬率高達 20%，是很可觀的，但仍有不少人選擇 10 元的禮券。

經過對這些受試者腦部的掃描顯示：選擇兩週後有 12 美元的人，腦部的前額葉皮質等區塊被活化了，這是腦部理性的部位，使他們能抗拒眼前的誘惑；而選擇 10 元禮券的人，則是腦部與情感有關的區塊（如，中腦多巴胺系統 midbrain dopamine system）被活化，使他們為了眼前的享受而行動。

這個實驗解釋了，何以許多人無法抗拒立即的消費，因為其腦部的理性無法駕馭「立即享受」的快感。基於這發現，目前很少用「短視」的字眼指責重視立即快樂的人。連帶的問題是：若重視眼前消費是天生的本能，那後天的教育是否可以減緩這種傾向呢？歐美許多國家在高中階段就開設理財教育課程，培養學生在初始階段就具有「如何花錢」的觀念，可見儲蓄觀念是可後天培養的。

習慣行為與理性有限

　　經濟學解釋人的行為時，假設都是出自於「理性的選擇」，不會討論人們直覺行為。如，手掌被火燙到，不必經過大腦思考就直接縮手，這是一種經由演化產生的直覺反應，以減少立即的傷害。但如何區分「直覺行為」和有意識的「選擇行為」是很重要的，因為它關係者經濟學的解釋能力。[9]考慮下面的兩個情境。

　　甲、一個人看到一條蛇在腳旁，會立即跳開，這是一種**直覺**的反應行為。大概沒有人會考慮：跳開的利益（不會被蛇咬）和跳開的代價（耗費體力）來做選擇。

　　乙、假設你被人追殺、躲在草叢中，發現一條毒蛇在你身邊，你可能會緊張地判斷：是否要移動身體？移動身體的代價是可能被仇家發現，而利益是不會被蛇咬（保持身體不動的效益與成本則相反），這是理性介入的選擇行為。

　　在乙的情境中做決策要耗費琢磨成本（deliberating cost），而甲的情境則沒有。以「是否耗費琢磨成本」為判斷的準則，來區分「理性選擇行為」和「本能行為」是可行的方式之一。

　　但這涉及到一個問題：相同的情況，每個人願意花費的

9　若誤將直覺的行為視為理性行為，可能會誤導觀察的結果、做出錯誤的論點。芝加哥大學的 Gary Becker 教授在《解讀偏好》一書中，將吸食毒品認定為是屬於經濟人的理性選擇行為，令人難接受。不少吸毒者一心想戒毒，卻受制於生理的反應（要戒除嗎啡、海洛因等強烈毒品很痛苦，會出現全身癱軟、口吐白沫），毒癮發作時，瘋狂地要打一針是一種「自救式的直覺行為」，而這種行為不斷重複，最後是終身沉淪。這個觀察可驗證：一個人的「直覺的行為」和「理性選擇行為」可能是衝突的。

「琢磨成本」可能不同，有些人再三思考，他負擔了高的琢磨成本，但可能呈現過度思慮的情形；另一些人則輕易就做出決定，因為「不要想太多」，但可能做出錯誤的決策。面對相同的選擇問題，不同的人出現不同的反應，有人憑直覺反應，呈現情緒的行為模式，有人慎重行事（閱讀專業書籍、諮詢專家，或達到杞人憂天的地步），呈現理性的行為模式。這也顯示，人是有差異的，並非傳統經濟學宣稱的同質性。

琢磨成本的存在可解釋習慣性消費行為。經濟學家艾瑞利（D. Ariely）認為，消費習慣是：根據自己之前的行為而認定某些事務是好或壞的行為法則，那是一種自我因循的態度。[10] 一般人何以習慣到固定的店家用餐、到固定的美容院整理頭髮或到一家大賣場採購而不去另一家（即使它們離你家相同的距離）呢？極大的原因是，這些店家一開始就成為我們的起始選擇（也就是錨定點），而且首次消費的感覺也不錯，所以以後就成為習慣的消費對象。

習慣性行為可節省人們在做決策時的琢磨成本（不需東想西想），讓省下的腦力用於更深層的思考（如發明、投資理財、解答難題等）。雖然一些習慣行為使你違背效益極大的目標，但它是有功能的。

人的行為未必處處符合經濟學的完美理性說詞，許多行為都是在個人習慣的籠罩之下被採行。也由於習慣的影響力很大，如何養成積極的習慣成為值得注意的問題。[11]

---

10 Dan Ariely（2008）。*Predictably Irrational*。中譯本：《誰說人是理性的》，天下文化出版公司。頁58。

11 有興趣的讀者，建議參閱游伯龍《習慣領域》，二版。台北：中時出版公司。

4.3　利他行為

傳統經濟學主張「人是利己的」，以此為出發點，解釋人的經濟選擇行為。但我們也關心別人，會施捨遊民、捐款給地震的災民和難民、在社區做義工、替偏遠地區的兒童補習功課等，這些都與「人是利己的」的說詞不符。

行為經濟學是先觀察人的行為，然後給出合理的解釋，既然利他（altruism）是可觀察到的行為，有必要瞭解和解釋。

哈佛大學動物學家魏爾森（Edward O. Wilson, 1929-2021）將利他分為三種型態：親緣利他（kinship altruism），互惠利他（reciprocal altruism），和純粹利他（pure altruism）。[12]

親緣利他

親緣利他是對有血緣或親屬關係的利他。在人類這是很普遍的行為，如，在農業時代，發生饑荒時，有食物的人會與親人或族人分享；在親人急需用錢時，拿錢給他，照顧或扶養兄弟的子女等。[13]

互惠利他

互惠利他是「你對我好，我對你好」的行為模式。動物界的猩猩、猿猴會相互抓蝨子、清梳毛髮就是互惠利他的表現。互惠利他是一種利己利人的行為。

---

12 見生物學家 Edward O.Wilson，2002。《論人性》。台北：時報文化出版公司。

13 在親緣關係裡，子女為財產殺害親長、兄弟姊妹相互欺騙、仇恨的情形並不少見。這非本書的議題，所以，在此專注於親緣之間的利他。

事例

吸血蝙蝠的互惠利他

　　早期，人們觀察到吸血蝙蝠的一個奇特行為：外出吸到血的蝙蝠回巢之後，會與衰弱留在巢內或沒有吸到血的蝙蝠分享血。有些人被感動而提倡這種純粹利他行為。但後來生物學家觀察發現，事實並非如此。這是互惠利他的行為：一隻蝙蝠給同類血時，它會記住對方的味道，在以後自己肚子餓時，會要求對方給血做為回報，若對方拒絕，它會記在心裡，以後拒絕與它交往。可見，吸血蝙蝠之間是以血為工具，進行長期交易關係，這與人與人之間建立長期互惠關係是一樣的。

　　人類最常見的互惠利他行為是合作（cooperation）。[14] 人在採集和狩獵時代就懂得合作，如，圍捕大型動物時需要數人合作圍捕才有可能成功；在外尋食時，幾人一起才能抗拒獅、虎、豹的侵襲。到農業時代，雨水來到，為了搶耕，農人會相互支援，秋天收割為免延誤，也是大家共同協力。

　　現代的社會存在各式各樣的合作。在家庭裡，夫妻必須要多方面分工合作，包括支配收入、分配家務事、子女教養等，才可能有和諧的生活和成功撫育下一代。[15] 在學校，當老師要幾位同學合寫一份報告，他們就要分工合作。在職場，公司通常組織團隊（如，生產團隊、參展團隊、研發團隊等），多人一起合作才能使工作及時完成。至於各種籃球賽、足球賽、賽車等更是依靠團隊的表現。合作是一種「利人利己」的行為表

---

14 合作的英文字意是共同運作（co-operation）。只要兩人以上一起運作，就是合作。許多事務一人無法單獨（或有效率地）完成，譬如，搬運重的木材、家具、採收成熟的水果、限時內完成大學入學考的作文閱卷、電腦軟體的設計等。

15 社會心理學研究人在家庭、工作場所、社區、工作單位等各種場合的合作行為。經濟學研究人類如何演化出合作的行為，見 Robert Axelrod 的著作《合作的演化》，另外一本值得閱讀的是 Matt Riley《德行起源》，時報文化出版。

現，「是否懂得合作」是很重要的一種情緒智商，影響的是能
否生存的問題（在職場不懂得合作，會被踢出團隊之外，無法
生存），而不是經濟學重強調的「效用或利益最大」的問題，
前者比後者更重要。[16]

即席思考

不借出筆記是不合作的行為嗎？

　　在學校，同學之間借筆記（或作業）是常有的事情。但卻出現一些怪異的說法：若甲
拒絕借筆記給乙（與他不熟悉），乙就向其他同學宣稱他很自私，不願與人分享筆記。

　　這是一種占別人便宜的心態。筆記的內容是個人的心血，屬於智慧財產權，所有人沒
有義務讓不相關的人分享，這也不構成自私的行為。

　　若兩人是好友，平常就在一起唸書、一起休閒、相互鼓勵，那甲會主動借筆記給乙，
以顯示兩人相互之間的友誼。這是一種長期的關係。

純粹利他

　　純粹利他是耗費金錢、時間等資源做有利陌生人但不求回
報的行為。在日常生活中，可見到許多純粹利他的行為，如，
送車禍受傷的人到醫院、捐錢或物資給難民或公益團體、做義
工輔導弱勢家庭的兒童、在網路上安慰苦難的人、解答問題
等。更高尚的純粹利他，如，修女德瑞莎收容印度孤苦無靠的
老人和病患，高雄陳樹菊將終身賣菜的收入全部資助貧窮學生
等等，其心懷令人動容。

　　純粹利他行為要耗費資源（時間、金錢或體力）但沒有
得到任何利益。傳統經濟學逃避這方面的議題，因為與「任何
人的行為都是利己」的說詞相衝突。然拜神經科學的進步，現
已證實，當從事「純粹利他」行為時，人腦會分泌出一種神經

---

16 在團隊裡，一個人要懂得察顏觀色、要知所進退、要體認個別成
　　員的個性，才能有效地進行合作。

傳導物質血清素（serotonin），感受體是腦的愉悅中心（由伏隔核、腹內側前額葉皮質、眼眶額葉皮質層、邊緣系統的前扣帶迴皮質層構成）。純粹利他行為產生的愉悅感與享受食物、性愛、得到金錢、觀看美的事物等一樣，能活化人腦的愉悅系統，出現正面效用。行善的人享受到內在的報償。[17]

事例

分享與競爭

　　許多人認為「競爭」的觀念是不好的，因為它強調爭奪、你死我活、為了自己而犧牲對手，進而認為一個社會應該宣揚「付出」或「施捨」的觀念。2008 年 8 月有一篇刊載於〈道德週刊〉的文章，作者（為高中教師）詢問學生：假設在參加推甄大學的考試時，一個陌生人向你請教一個考題的答案，你是否會告知他？學生回應是：不會完全告知，因為這會影響到自己被錄取的機會。這位教師認為這個學生基於競爭心態，產生自私心而不願意與人分享，所以寫文章希望人們能實踐「分享的道德觀」。

　　這位教師主張無條件施惠的觀念是否有意義？它是否能提升社會的進步？下面是一些論點。首先，要求不認識的人免費告知答案是一種「占別人便宜」的心態。若社會大眾都可以成功地以這方式來獲得，就沒有人願意花心血追求真相、累積知識。從這點而言，「無條件的施惠」反而讓一些人產生貪念：希望別人付出努力而我來分享成果，這會導致社會的退化。[18] 其次，學校以考試來篩選，就是要選出高學習能力的人，而高能力的人將來對社會貢獻也大些。若這個應徵者替別人解答問題反而導致自己落選，就表示：他的行為使推甄制度失靈，讓一個不適合的人被選上，將會導致社會的進步緩慢。

　　基於前面的分析，有些經濟學家認為「無條件施惠」的「純粹利他」行為容易引起貪婪心和依賴心。推展到解決貧窮問題方面，他們主張扶貧而非濟貧（見本書第十一章）。[19]

---

17 Mirian Boleyn-Fitzgerald。*Pictures of the Mind*。中譯本，洪蘭譯《心智拼圖》，遠流圖書公司 2010 版，頁數 182。

18 共產主義國家早期推行的強制共享措施就是這種寫照。其後果是大家的生產意願低落，也就沒有什麼東西可分享的。

19 在如何扶貧方面，最為人們津津樂道的可能是 2006 年諾貝爾和平獎得主 Yunus。他建立微型貸款銀行，協助窮人創業。見其

施捨（charity）是純粹利他的一種。經由自願捐贈的實驗，發現一些關於施捨的特徵：一、人們對自己身旁人的捐助金額遠大於對遠方不相識的人。神經科學家認為，這可能是我們的祖先是在一個人數少、且關係很緊密的社會中演化出來的，我們會演化出對自己身旁人的關注和道德感，會幫助常見到的人（親人、朋友、同事、鄰居），但捐錢給遠方不認識或關係很遙遠的人，可能不在我們的情緒迴路上，這使得我們對「他們需要救助」的道德感微弱許多。[20] 二、心理學做下面的實驗，(1) 給人看到一個非洲難民飢餓的圖片；(2) 給人看到有關非洲飢餓的統計數據。實驗發現，在 (1) 項得到的捐款高於 (2) 項。這顯示，人們對特定個體的感動大於整體模糊的感動。三、研究的另一個發現是，受試者大腦的愉悅神經在做公益時反應愈大的人，捐款的金額愈大。這表示，利他行為和其他任何得到報償的行為（如，得到獎金、稱讚）一樣，是可以訓練的，人們奉獻的神經迴路可透過學習和教育來形成和強化。[21] 這也揭示一些道德諺語，如，日行一善、不以善小而不為，有其道理。

最後，社會還存在兩種極崇高的利他行為：捨身救人（如，衝入火海或跳入海中救人）和匿名捐贈器官（通常是腎臟）給需要的人。做這些利他行為的人要承受極大的危險和肉體傷害，而且他們與受益者不相識、也不會見面，那是何種內在的力量推動的呢？這是個有趣且重要的議題。[22]

著作《窮人的銀行家》，台北：聯經出版公司；《打造富足新社會》台北：博雅出版公司。

[20] 同註 17，頁 181-186。

[21] 正道的宗教，如佛教、基督教等，都訓練和強化其信眾對人的苦難的感受和悲憫心，進而採取救助的行為。

[22] 捨身救人，如奮不顧身衝入火場中救人，在地震時以身體護住學童，以致犧牲的女教師等。在美國有個自願組織，讓人登記捐腎臟給等待換腎的人。這種損己利人的行為令人敬佩，但不易推

4.4　兩性擇偶差異

　　經濟學解釋人的選擇行為是以一個「代表性個人」為基礎。實際上，「代表性個人」代表何人無從察證（大概是經濟學家想像出來的精靈）。所以，傳統經濟學也認為男女性的經濟行為是一樣的。其實，男女性重視的事物差異很大，在選擇行為上自然也不同。這節嘗試從（演化心理學的）生育資源成本的觀點，解釋兩性擇偶行為的不同。[23]

　　演化的**性擇理論**（sexual selection）認為，女性終身做出能生育用的卵子最多只有二十幾個，她投資生產一個卵子要耗費極大的身體資源。而一個男性終身生產的精子高達數億個，他投入生產一個精子耗費的資源微不足道。

　　由於女性從事**親職投資**（parental investment）於卵子的成本相對高很多，所以，演化使得她小心謹慎地使用這個高成本的資源。故女性在選擇要與之繁殖的對象時，重視的是：對方的品質（所謂的**雌性選擇**）。而男人的精子量多、不值錢，他們要的是交配的機會，目的是希望將後代的數量放大（所以，**雄性之間會激烈的競爭**）。不同的考慮使得兩性在擇偶方面表現出不同的行為模式。男性喜歡年輕的、外表健康（如，臀圍和腰圍比例適中，皮膚亮麗）的女性，因為這些外在條件與生殖能力有高度的相關性；男性也有到處播種的傾向（尤其是有錢男人）；另外，男性還要確保生育出的是自己的後代，他們非常在意女性的不忠，會緊密地監察與他交配的女性。在女性方面，男性的年齡不是考慮的因素，她要的是能提供撫育下一代資源的人（以提高成功繁衍後代的機會）。男女性對繁衍後

　　　　展。這種極端利他的研究，請閱讀 Abigail Marsh (2020)。*Good For Nothing*。中譯本：《恐懼的力量》，台北：奇光出版社。

23 作者對演化心理學的興趣源自國立台北教育大學張榮富博士的介紹和啟發。感謝他對這一節的內容提供建設性的建議。

代的關注點是不同的，他們的結合具有互補性（或協同效應，synergy effect），演化心理學認為這是家庭組織出現的理由。

結論：男性追求後代數量放大，很在意配偶不忠；女性追求能成功繁殖後代，最在意男人無法實現親職投資的承諾。演化心理學對兩性的擇偶行為差異提出的見解，豐富了我們對人的行為的理解，其基本精神仍是經濟學的成本效益觀點（只是推演到更深沉的基因因素）。[24]

上面是從演化心理學的觀點解釋兩性在擇偶方面的態度差異。另一個兩性之間明顯存在的差異是工作的酬勞。根據資料分析，在許多行業都出現的一個常見現象是：女性的平均薪資低於男性的。社會科學對這現象有三種解釋：

- 兩性在人力資本的投資不同，包括技能、訓練和教育等，這些影響到他／她們的生產力和收入。
- 性別差異使男女性各自選擇不同性質的工作，男性多半選擇藍領職業（製造業、卡車司機、機器操作員等），女性選擇粉領的工作（幼兒教師、護理、祕書等）。這種兩性職業區隔使得收入出現差異。惟現今這種差異已經不存在。
- 因為性別歧視：雇主對相同職業和能力的女性，給付低於男性的待遇，升遷機會也較低。

演化心理學家提出另一個解釋：既然女性在意的是成功繁衍下一代。這種先天的機制使一般女性變得比較不願追求地位（因為與提高她們繁衍的成功率無關）、比較不具侵略性和競爭性，而男性比女性更傾向專注於追求高收入和地位。不少女

---

24 演化心理學的中文書籍似乎不多，個人推薦《為什麼美女總是生女兒》，台北，三采文化出版公司；楊照《還原演化論》，台北：麥田出版公司。

性不願接受升遷，因為成為主管要犧牲子女的福祉（要減少照顧和陪伴下一代的時間和精神）。若這屬實，經濟學的誘因觀點可以解釋兩性之間的收入差異：男性大多追求高收入，而一般女性有比賺錢更重要的目標（照顧下一代）。請注意，演化心理學也同意：一些傑出的女性比一般男性更專注於工作成就而有高收入，所以，它認為兩性收入的差異是個人自願選擇的結果（內在偏好、價值觀、欲望等）而非性別的差異所致。[25]

　　演化心理學從男女天生的性向差異，對兩性行為提出不同於社會科學的解釋，他們的觀點也被大眾接納。

---

25 經濟學認為人是一樣的，所以，無法解釋性別收入差異。女性主義主張性別歧視說。演化心理學則主張個人屬性說。對演化說的一個反駁是：女性之所以傾向照顧子女而犧牲追求地位，是因為：許多男性逃避責任，不願協助養育子女。這與演化心理學的說詞並不衝突。因為，那也是個人因素（有許多成功的女性背後是男性支持的）。

■思考題

1. (1) 區分工具理性和結果理性。

   (2) 有人在婚姻或情感關係結束階段，不願放手，採取激烈的手段傷害對方（縱火、毀容等）。這是哪個不理性行為？

   (3) 何謂衝動性購買行為？它何以常是不理性的？

   (4) 有個人在與人爭吵時，憤怒地罵對方：神經病，被告公然侮辱罪。這是哪種不理性？

2. 一位女性在報紙副刊提到：她到鞋店買鞋子。因為男性店員以單膝跪著替她服務，鼓吹她試穿，讓她覺得不買會不好意思。最後竟然花了 5 萬元，遠遠超出預算。這個購買是受情感因素所致嗎？是衝動購買行為嗎？

3. 舉出一個你在消費時感受到不愉快的例子。舉出一個你沒有花費支出，卻感受到快樂（愉快）的例子。

4. 說明：參照點如何影響一個人的購買選擇。舉出一個你體驗的例子。

   (1) 人們在判斷身體健康狀況時，如何選參照點（提示：所謂的高血壓如何認定？標準體重如何認定？）

   (2) 當人們說：這人很高時，他們採取哪個參照點為來判斷（按：奧地利人平均身高179公分，台灣約174公分）。

5. 2011 年 7 月 3 日《聯合報》一篇短文，作者寫到：她公司旁的早餐店老闆娘其子女皆已工作，沒有家庭負擔。決定要花 6 萬元買個名牌皮包犒賞自己。作者認為：她的親朋不多，幾乎沒有交際機會，從實用的觀點，沒有場合用得上名牌包包。對方說，即使放在衣櫥，在睡前拿出來摸摸也好。

   作者認為擁有名牌皮包有何種效用？老闆娘從名牌皮包得到的是哪種效用？

6. 所謂嗜賭症是有賭就好，不計輸贏。有此症狀的人在賭時享受的是哪種效用？（傳統經濟學認為人參與賭博是要贏）

7. 新冠疫情期間，口罩和疫苗缺乏。請描述：

    你在排隊買口罩時的效用（感受）；

    你在考慮打哪個品牌的疫苗時的效用；

    你在排隊打疫苗時的效用；

    你在打完疫苗後的效用（感受）。

8. (1) 解釋：損失規避。

    (2) 考慮下面兩種失去錢的情況：

    - 你回家發現口袋掉了 1,000 元。

    - 你拿一張統一發票去領獎 1,000 元。櫃台告知你：那張發票已經過期，無法領獎。

      你認為哪個情境的痛苦程度較高？（提示：考慮稟賦效應）。

    (3) 許多購物有七天的鑑賞期（期間不滿意可退貨）。實際的平均退貨率很低。七天鑑賞期運用什麼效果吸引人們放心購買？

9. 有篇文章的作者描述他在賭場打工看到的奇怪現象。有個賭客小心翼翼地將賭場提供的免費餃子包起來，似乎想帶回家再吃。那盤餃子不值 100 元，但在賭場出手一次都是數千餘元。他認為，這種花大錢、存小錢的行為很可笑。你如何解釋這行為？

10. 有一則報導：有個高中生學測分數可以進入清華或交通大學。他選擇進入一所私立大學，因為該校提供每年免學費，另給 50 萬元的獎學金。評論：這學生的選擇是否短視？

11. 說明：親緣利他和純粹利他的不同。

12. 何謂互惠利他？舉一個你與人合作的例子（寫報告、參加團體賽、新產品設計、意外事件調查等）。

13. 依據演化心理學說明：在擇偶時，何以男性競爭，而女性選擇。

14. 說明：目前男女性工作收入差異的幾個解釋理由。

第二篇　企業與市場

商業組織與金融資本

5.1　三種主要的商業組織

　　在市場經濟體系裡，經濟活動是透過各種組織來完成，包括營利的商業組織、政治組織和非營利事業。政治組織是由各級政府單位所構成，它對經濟活動有很大的影響力，譬如，對公司、民眾課稅，對企業進行各項管制，或直接提供服務（如自來水、電力、公車服務等）。非營利組織包括教育、醫療單位、文教基金會、環境保護團體、宗教團體、社區團體等，它們提供一些被政府或私營企業忽視的服務項目。商業組織以追求利潤為目標，主要的組織形式有獨資、合夥和公司三種，它們是主導經濟活動的主力，構成所謂的私有部門。在市場經濟裡，商業機構提供了大部分的就業機會，構成主要的產出和服務，它與每個人的生活息息相關。本章說明商業組織的特徵和經濟角色，至於政府部門和非營利組織的經濟角色，在第三篇說明。

　　在理解各種商業組織時，有個重要的觀點值得注意，那就是：各種不同形式的商業組織能並存，顯示它們各有優缺點。因為市場是個競爭的環境，一種組織能在其中生存，必有特殊的優點，但其他的商業組織也存在於同一市場中，表示它們有其他的優點。故而，在觀察、比較各種組織時，應該掌握一個

- 商業組織

  與政治組織、社會組織不同，商業組織是人們發明的運作模式，用來完成經濟活動（生產、銷售、設計等）。商業組織種類繁多，目前的三種主要形式為：獨資事業、合夥事業和股份有限公司。

原則：基於優勝劣敗的法則，它們能並存，顯示各有不同的優缺點。人們在歷史上曾經嘗試過許多不同的組織形式，許多組織因為無法勝任演化的競爭法則，已被淘汰。下面介紹的獨資、合夥和股份有限公司型態被人們採用達百年以上，可見它們有些特點值得瞭解。

獨資事業

獨資（proprietorship）事業是一個人出資並進行管理的工作。這種組織形式通常見於小型的零售店、餐飲店或服飾店等。獨資的優點是：由於一人主導，故企業可快速做決策，表示它的決策成本很低（這就是人們所謂的「寧為雞首，勿為牛後」的觀點）。獨資有兩個缺點：第一、由於個人的資金有限，資本主能動用的專用性設備就受到侷限，如買不起特用的生產設備；資本主也可能缺乏某方面的專業知識（他可能擁有生產的知識，但缺乏財務或行銷的知識），又僱不起專業人員，故經營效率不高。第二、由於仰賴獨資事業為主要收入，若出現經濟不景氣或產業衰退，其收入就隨之下降，表示他們承擔很大的經濟風險。

獨資事業的其他特徵是：會隨企業主的死亡或轉業而消滅。另外，業主在結束事業經營時，若有債務要完全償還（也就是負無限責任）。

• 合夥事業
其組織特徵為：數人出資共同經營、管理。每人有否決權。合夥人共同承擔虧損，而其負債是無限的（必須全額償還）。

合夥事業

合夥事業（partnership）是由數人出資，共同經營管理。可分為一般合夥（general partnership）和專業合夥（professional partnership）兩大類。一般合夥事業若出資人數不多，則它與獨資一樣，通常無法取得足夠的資金來使用專用的設備或專業人員，故它通常見於小型的服務業或製造業，如家庭成員共同經營的加油站、餐飲店或小型工廠等。

　　至於**專業合夥**，如律師、建築師或會計師事務所等，則是由具專業素養的人員組成，它們不需用到鉅額資金來購買專用的設備，主要是仰賴成員的**專業知識和技能**，其他人無法模仿或複製，勝出者能維持競爭優勢。

　　合夥事業的決策是由合夥人共同決定的（每個人都有否決權），故決策成本較獨資的為高（所謂的人多口雜）。常見到合夥人之間因為理念不合，如增資以擴大事業或僱用某個員工等有爭議，導致合夥人的離去或合夥事業的解體。[1]

　　在風險承擔方面，一般合夥事業與獨資一樣，由於合夥人大部分只能專職於單一的事業，故它們承擔經濟波動的能力不高。在專業合夥方面，它們是以**多樣化經營**來降低經濟波動的風險，如會計師事務所的幾個合夥人，同時在航運業和營造業進行財務簽證或稅務簽證，如此當營造業不景氣時，可依賴航運業的收入來彌補。

　　合夥事業的利潤分配是由合夥人共同決定的，他們也要共同承擔**虧損**，而其負債也是無限的。

上市股份有限公司

　　公司可分為：股票上市、不上市，和債務有限、無限四種。這裡要討論的是股票上市的股份有限公司（limited liability corporation）。「股票上市」是指：公司發行的股票經過證券管理委員會的審核，才能在股票市場公開買賣；而「**負債有限**」是指：若公司倒閉，股東的債務只限於出資額（不必另外出錢償還債務）。

----

* **股份有限公司**
  一種商業組織型態。由股東出資、持有股份（股份制），投票時一股一票。「有限」是：當公司倒閉時，股東負擔的債務只限於其出資額，不須另外出錢償還其負債，這是「有限負債」的特徵。

1　對合夥人之間如何協調這一問題有興趣的讀者，作者建議參閱蘇銘（1990），《怎樣當老闆》，台北：聯經文化出版公司。

　　透過股票上市，一家公司得以向社會大眾募集大額的資金，就有足夠的財力來使用專門的設備和專業人員。所以，股票上市公司的規模，遠比前面兩種商業組織為大，經營也比它們有效率，這是它的第一個特點。目前各種大型的家庭用品製造商、航空公司、銀行等，都以公司型態來運作。

　　擁有一家公司股票者就是該公司的股東，**股東主要權益**是：有權出席股東大會，可票選董事會的成員及分享公司賺取的利潤（依據股權比率）。由於股東的人數眾多（有時高達上百萬人），若每個人都參與公司的決策，組織要負擔很高的決策成本，導致公司的營運癱瘓。為了避免這情形，公司法規定：由股東大會推舉董事會的成員，董事會成員平均是 10-15人，全體董事必須握有公司 5% 以上的股權。董事會推舉董事長，聘用高階經理人進行管理，這樣的安排可降低集體決策成本。這是公司組織的第二個特點。

　　一公司的股東人數眾多，若有經濟的波動使公司利潤下降時，各股東分攤虧損；另外，股東個人可經由握有多家公司的股票來分攤經濟的風險（也就是做資產組合），所以公司承擔風險的能力比獨資或合夥為高，這是它的第三個特點。[2]

　　最後，人們可在市場自由買賣股票。這表示，即使股東變動，公司也可存續下去，故理論上，公司是可永續存在的法人。若一家公司經營不善，累積負債大於資產，它就要宣告倒閉（或由其他企業購併），這時股東負擔的債務只限於其出資額，不須另外出錢償還其他負債，這是「有限負債」的特徵。這種設計鼓勵人們願意出資做股東，以使公司能聚集大額資金來進行專業性的生產。

2　資產組合的基本原則就是：不要將全部的雞蛋放在一個籃子裡。至於如何分散風險，屬於財務管理的專業範圍。

▼表 5-1　三種主要商業組織的比較

判斷準則　組織	問責性 *	所有權人角色	負債責任	流動性（變現能力）	規模成長潛力
獨資	直接監督	擁有剩餘收入 #	無限	自有資金為主。只能頂讓變現。	小
合夥	相互監督	合夥人共有剩餘收入和經營權	無限	同上。	不高 **
上市公司	董事會監督	所有權和經營權分離 ***	有限（少採無限）	高（發行股票、公司債和向銀行貸款）	高（利用資本市場集資）

* 　問責性（accountability）：當發生事件，由誰負責的認定。因為組織是分工（分層負責，每個層級都有主管負責），組織建立起良好的問責性，能清楚查知責任所在。

\# 　剩餘收入即繳完企業所得稅後的利潤。

** 　在專業合夥人方面，重視專用人力資產，需要長時間招募到合格的合夥人。

*** 公司的經營權掌握在董事會（由大股東構成）手中，董事會與小股東共有所有權，但小股東無力影響公司的決策。

　　表 5-1 將上述三種商業組織的優缺點做簡單的比較，在現實社會裡，還有很多其他的組織形式，在此不多做說明。[3]

5.2　金融資本：股票和債券

　　前節提到各種商業組織有不同聚集資金的方式。若是獨資和合夥的事業，它們的利潤、成本等資料，無須透過獨立營業的會計師簽核，所以，外人無法客觀地判斷它們的經營績效。由於資訊的不對稱，獨資和合夥事業通常難以說服外人投資，只能運用自有資金。至於公司組織就不同，它們的會計資料要經過獨立的會計師簽證，並受到金管會的查核，故其經營資料是公開的，為人們所信賴，所以，它們可以透過資本市場來聚集資金。

• 金融資本
包括股票、債券（公司債、公債等）金融工具。廠商發行金融資本以聚集資金、進行實物投資。

3　對其他商業組織有興趣的讀者，請參閱羅台雄（2005），《現代管理經濟學：組織管理的經濟觀》3 版，第 8、9 章（台北：雙葉書廊公司發行）。

　　公司通常以下列三種方式來取得長期資金：在股票市場發行股票，於債券市場發行公司債或向**金融機構**取得貸款。長期資金被限定只能用於「實物投資」，如興建廠房、辦公大樓或生產設備等。企業進行投資就是累積資本財，使社會的生產力（和就業）能持續提升。

　　一般人若購買上市公司的股票或債券就是進行「**金融投資**」。公司債和股票的性質不同，說明如下。擁有公司債者是公司的**債權人**，公司債券記載面額、債息和借款償還的條件（如每季付息數額、借款期限等）。公司必須按條件付出利息，否則就是違約。若公司破產，債權人有優於股東受償的權利。故知，擁有公司債的收益為債息，它是穩定的收入，而承擔的風險是發行公司可能倒閉，無法償債。

　　若是擁有某公司的股票，則成為它的**股東**，有權利出席股東大會，討論利潤的分配狀況。公司利潤計算如下：

營業收入 － 成本 ＝ 稅前利潤
稅前利潤 － 營利事業所得稅 ＝ 稅後淨利
　　　　　　　　　　　　　＝ 保留盈餘 ＋ 股利

　　其中的股利就是股東的收益（依擁有的股份，可能以現金或股票方式發放）。由於公司的利潤受其經營績效和經濟環境的影響，故股東在購買股票時，對公司未來的利潤是無法確知的，這表示股票的收益是不確定的，這是它與公司債的一個重要區別。

　　就收益的穩定性而言，公司債優於股票。但經濟學告知：效益是要付出代價的，所以，公司債有不利之處：它的長期平均報酬率比股票的為低。如前所述，債券收益是穩定的，故購買時就能計算出握有期間的每年報酬率，而股票的報酬率取決於利潤，但公司的每年利潤無法預測（這就是擁有股票的

風險性），要對兩者進行比較，只得取其長期的平均值。假設
觀察五年的期限，債券的報酬率為固定的 4%。而某一股票的
報酬率（以每年的股利除以買入的價格）如下：

▼表 5-2

年期	報酬率
第一年	10%
第二年	4%
第三年	0%
第四年	6%
第五年	8%

依據上面的資料，若李小姐於第一年初投資 100 元。五年
期的收益為：

$10 + $4 + $6 + $8 = $28

平均每年的報酬率為 5.6%（＝ 28 元／ 5）。這值通常大
於債券的平均報酬率。這是基於「高風險、高報酬」的道理：
任何投資的風險（成本）與預期報酬率（效益）之間，應該是
呈現正相關的。若購買股票的風險大於債券，則它長期的平均
報酬率就要高於債券，否則不會有人願意購買股票。下面將握
有公司債券和股票的權益做一比較，以助於瞭解。

▼表 5-3　債券持有人與股票持有人的權益比較

	公司債券	股票
身分	債權人	股東
公司倒閉之受償順序	優先	無
投資之收入	債息收入（確定性） 長期平均報酬較低	股利（具不確定性） 長期平均報酬較高

依據投資的風險與報酬率應呈正相關的道理，下面將幾種
常見的金融投資做個比較（買政府公債因有政府擔保，所以風
險很小，但仍有市場價格波動的風險）：

• 投資的風險與預期報
  酬率
  市場有許多投資工
  具，如定存、買共同
  基金、買股票、買房
  地產等。基本的原則
  是：任何的投資，其
  風險與報酬率之間會
  呈正相關。也就是：
  高報酬、高風險。

	預期平均報酬	風險
定期存款	最低	最小
買政府公債	低	較大
買公司債[4]	中	居中
買股票	高	最大

即席思考

市面上有些投資公司推出保本型的投資。若是 95% 保本，約定如下：投資人出資，到期時（如二年）保證可取回總投資額的 95%（若出資 100 萬元，到時至少可取回 95 萬元）。另有 100% 的保本投資。你認為何者的預期報酬率較高？何者有較高的風險？

一般人也可能購買共同基金（mutual fund），這是投資人集資委託投資信託公司的基金經理人代為理財。由於社會進步，從前人們的資產只有土地、房屋、黃金等，目前的資產種類大幅增加，包括不動產（房屋、土地），金融資產（股票、債券、外幣等），和黃金、珠寶、古董等資產。這些資產各有其交易的市場，呈現市場經濟的多樣化風貌。

4　公司債又有多種類型，如無擔保公司債（由信譽評等佳的公司發行）、有擔保公司債、可轉換公司債等，各自的風險與報酬率不一，但基本精神相同：違約風險愈大，報酬（票面給付的利率）愈高。

■思考題

商業組織

1.　比較：獨資、合夥和上市公司的組織特徵。

2.　依據書中提到的觀點（資產專用程度、決策成本等）判斷：自營的便利商店和大型的連鎖便利商店（如統一 7-ELEV-EN），你認爲何者比較可能是獨資，何者可能是公司的型態？

3.　公司發行在外的股票，何以無義務買回？公司可主動買回股票（稱爲庫藏股），其目的何在？

金融投資

4.　比較購買公司債和股票的權益差異。

5.　共同基金是投資信託公司發行的一種投資方式。它先募集資金，成立之後由基金經理人操作，可能專門投資於債券或股票（稱爲債券型或股票型基金）。判斷：兩者預期報酬率的大小，和風險的大小（也就是每日淨值波動的幅度）？（提示：請參考報紙財經版關於各種基金的每日淨值。）

企業的運作

6.1　生產和成本

生產就是將生產要素轉換為商品或服務。生產要素包括勞動、自然資源、資本財和企業家精神。說明如下：

一、勞動（labor）

包括參與生產的勞動人數和技術水準。人們受僱於企業，提供勞務以賺取工、薪資收入。至於技術水準則是人們由教育和在職訓練而累積的人力資本（human capital），這些隱藏在勞動力身上的技能和知識影響到企業的生產力。

二、自然資源（natural resources）

包括石油、土地、礦產、森林、海洋資源等，它們的特徵是天然稟賦的，一個國家擁有的自然資源總量短期內是無法增加的。自然資源可分為不能再生的，如石油、礦產等；和可再生的如森林、水資源、海洋漁類等。

三、資本財（實物資本；physical capital）

包括機器設備、廠房、辦公室、挖土機、貨櫃等生產、運輸和儲藏的工具。它們是人們構建出來，用以生產物品或勞務的器具。

● 生產

將生產要素轉換為商品或服務的經濟行為。生產要素包括勞動、自然資源、資本財和企業家精神。它們共同對生產做出貢獻，缺一不可。

四、企業家精神（entrepreneurship）

是企業家發揮創新和管理能力，將前述的勞動、資本財和自然資源連結起來，透過對商業組織，如公司、合夥等的協調和監督，使商品或勞務能有效率地被提供出來。

目前的生產都是透過廠商來進行的。企業使用生產要素，就要負擔成本，故生產和成本爲一體之兩面。下面介紹企業生產的性質和成本的內容。

• 總生產成本
企業在一時段內發生的費用（總生產成本）分爲：固定成本（年度內有義務的支出，與產量無關）和總變動成本（與產量成正關係的支出），包括，原物料費用、能源費、人工費等。

固定成本與變動成本

成本是企業提供產出和服務的花費。企業掌握成本資料是很重要的，因爲這涉及到企業應如何訂價、是否虧損、是否要繼續經營的問題。分析將成本支出分爲固定和變動成本兩大項：

固定成本：與生產量多少無關的支出，通常是在一段時間內（年），有契約義務的支出。主要項目爲：

- 租金：承租的辦公大樓、廠房的租金和店面的租金。
- 折舊：使用機器、運輸設備、伺服器等來生產，設備會耗損和老舊，將耗損的部分以金額顯示，爲折舊費用。
- 利息：向銀行貸款和發公司債的利息支付。
- 董事會成員的薪酬。
- 正職員工的薪酬（薪資和企業負擔的健保、勞保費）。
- 其餘：廣告費、專利權使用費等。

另外，一些生產要素的使用量則與產量呈正關係，如操作工人的工作時數、原料、組件和能源費用等。支付給這些生產要素的費用，隨產量的增加而上升，稱爲總變動成本（total variable cost, TVC）。下面兩個例子說明這兩項成本的特徵。

開一家餐館的成本（以一年計）

- 固定成本：店面租金，創業成本：廚具設備、裝潢，其餘冰櫃、桌椅、餐具等設備費（分數年攤提）。
- 變動成本：食材費用，員工薪酬，水、電、瓦斯費。

前面的成本觀念是關於製造業的，下面是舉辦演唱會成本的例子。

某歌星辦演唱會的成本

音響租金	NT$3,500,000x2
2,200 片 LED	5,000,000x2
貨櫃海運費用	6,000,000
燈光	2,000,000x2
特效	2,800,000x2
舞台（租金）	25,000,000x2
道具與雜項	8,000,000
樂手、舞者的酬勞	5,000,000x2
贈品（麥克風）	150,000x2
動畫軟體	1,000,000
2 套新衣服	1,000,000
煙火	3,000,000x2
兩場總計成本	$97,900,000
兩場總計票房預計收入	$120,000,000（預計 900,000 人）

決策：只當估計的票房收入不小於前述估計的成本時，才值得舉辦。

按定義，總生產成本（total cost, TC）等於固定成本加總變動成本。而單位平均成本（average cost, AC）是總成本除以產量數（在一段時間內），故：

$$單位平均成本 = \frac{總成本}{產量} = \frac{固定成本}{產量} + \frac{總變動成本}{產量}$$

$$= 單位固定成本 + 單位變動成本$$

由上面的公式可知，**單位固定成本**（average fixed cost, AFC）隨（年）產量的增加而下降，因為固定成本為一不變的金額，當產量增加，每單位產出負擔的這項金額就下降。

至於**單位變動成本**（average variable cost, AVC）則很難預測其升降的方向，要瞭解它如何變動，須先說明生產的情形。生產要負擔如原料、能源、人工等成本，將它們加總，除以產量，得出每單位產出負擔的變動成本，即：

$$單位變動成本 = 單位人工成本 + 單位原料成本$$
$$+ 單位能源、雜項成本等$$

再就各細項目來觀察。按定義，單位人工成本等於總人工費除以總產量，這可改成下面的式子來表示：

$$單位人工成本 = \frac{總人工費}{總產量} = \frac{總人工費／工作時數}{總產量／工作時數}$$

$$= \frac{每小時平均工資率}{每小時平均產量}$$

事例

速食店時薪員工何以快速工作？

通常速食連鎖店為了節約成本，會僱用時薪工做三明治、漢堡等。台灣的最低工資率（2015.7）為每小時 120 元。速食店主通常只願花 1 小時的時間訓練新進的員工，就讓他們上工。假設甲組合一份三明治的時間是 5 分鐘，乙要 7 分鐘。這意味著甲的生產力比乙為高：他每小時可組合 12 份、乙只有約 8 份。故而，店主僱用甲生產一份三明治的人工成本約為 10 元（120/12），而僱用乙則要 15 元。店主當然增加甲的工時，而減少乙的工時（有些雇主以這方式讓乙自動辭職），這樣才能降低（一份三明治的）單位變動成本。

在速食這種行業裡，有許多時薪工在競爭，一個人要保住工作，就必須擁有快速完工的能力，否則會被淘汰。低技術人力資本市場的競爭是殘酷無情的。

上式最末項的分母「每小時平均產量」就是平均生產力（average productivity）。因著產業的不同，衡量生產力的方式也不一樣，前面的例子是以小時來衡量平均生產力，如這工廠整年的工作時數為 5,000 小時，產出量為 300,000 打成衣，則每人工小時的生產力為 60 打成衣。在百貨業習慣以每平方公尺的營業額來衡量其生產力，而農業則以每畝耕作面積的收成量來衡量之。

- **生產力**
  衡量企業生產能力的一種方式。採用平均的觀念，如每小時組裝的汽車數量、百貨店每平方公尺的營業額，每畝耕作面積的收成量。

6.2　廠商的生產模式

在長期裡，企業有足夠的時間來改變生產規模，如增加生產線，擴充營業面積或耕作面積等。近代的生產模式源自 18 世紀開始的第一次工業革命，以**大量生產**（mass production）為主，其後演進成**多樣化生產**（diversity）。這種演變都是企業為了提升其生產力的結果，下面要敘述其發展及影響。

大量生產

在第一次工業革命之前，企業是以**手工生產**（craft production）為主。人們利用夾具、鉗、鎚、銼刀等工具，打造出車輪、手錶、金屬器具、火器等。其生產特徵是以個人（技師）的技術為本，學徒在一旁觀察、學習，將一項產品的各個零件不斷修改，使之能嵌合，故任何產品都是獨一無二，並無標準化可言（製作者被稱為師傅，涵蓋技能、手藝等，有其地位）。

工業革命之後，人們製造出標準化的生產工具，如 1765 年 Hargreaves 發明了紡紗機，1789 年 Maudslay 發明了金屬車床等。在 1798 年，Whitney 先生產標準化的零件，然後以組合的方式快速、大量地製造出毛瑟槍，這是大量生產的起始。在這方式之下，學徒不再學習技能，而只是操作特定的設備，手工生產的方式逐漸沒落。1881 年美國人**泰勒**（Fredrick Taylor）把知識應用到工作的研究，分析工人的動作時間及程序，形成**科學管理**的基礎，使得工人的生產力大幅增加。工人被訓

- **大量生產**
  又稱規模經濟。當企業大量生產，其單位製作成本隨之下降的現象。出現規模經濟的原因是：廠商的設備專用化（模組化）、零組件標準化、工人的動作簡單化、工廠的職位細分化。

練成可互換的機器人，他們不須對工作有判斷的能力，也不必質疑工作的性質和貢獻，管理當局制定一切的標準，並控制工作的所有層面，形成所謂的**泰勒模式**（Taylorism）。集前述觀念之大成的是亨利·福特（Henry Ford），他將之用於汽車的生產，形成大量生產的典範。福特的生產特徵可歸結如下：

1. **設備專用化（模組化）**：當時一輛汽車要用到大約 600 個組件，為了生產，裝配廠先訂製一系列專用的沖床、模具，如碾壓金屬板、製作車身的沖床設備等，使用這些專用的設備，能提高生產的速度和精準度。

2. **零組件標準化**：為節省操作時間，工廠事先大量製作（或訂製）標準化的零組件。標準化的零組件可互用到各型號的產品上，降低各組件的單位成本且加快生產的速度。

3. **動作簡單化**：每個現場操作的工人只做一個簡單的裝置或鑲嵌工作（當時操作的平均循環動作時間只要 2.3 分鐘），故無須予以訓練且不會出錯，這樣可降低新手的訓練成本和重做成本。

4. **職位細分化**：除了現場操作工之外，還設置各類專業工程師，如設計工程師只做新設備的設計，機械工程師專門製作生產用的器具，工業工程師則專作工廠的布置，還有控制工程師、維修工程師等。經由在單一職位的長期工作，每個人都擁有專業的技能，使工廠每個員工的技能水準提高。

　　經由上述的安排，各專用組件快速地被設計、生產出來，然後以輸送帶和裝配線將各生產程序連結，完成最終汽車的生產。這就是所謂的**福特模式**（Fordism）。這方式的發明，使福特汽車公司於 1914 年就生產出 248,307 輛 T 型車（在這之前，全美國的每年的汽車生產量才 6 萬輛），到 1923 年更增為 210 萬輛。這使得汽車的售價下降達 30%。[1] 泰勒模式

1　見李裕崑譯《臨界生產方式》第 2 章（台北：中華企業顧問管理公司）。

和福特模式的採用，使工廠能大量快速地生產出單一類型的產品，在 19 世紀中葉的製造業，如鐘錶、小型軍火、棉製品、鋼鐵等相繼採用這種生產方式，呈現大量生產單一產品的局面。

企業採行大量生產的好處是：單位產出的成本隨產量增加而下降，稱爲規模經濟（scale economies）。這源自於兩個力量：

1. 年產量增加，可分攤固定成本：譬如，設置一個生產晶圓體的工廠費用爲 400 億元，若年利率爲 8%，則單是利息負擔每年就高達 32 億元。在這情況之下，年產量若是 200 萬片晶圓，則每個晶片負擔的固定利息成本爲 1,600 元，若年產量爲 1,000 萬片，則單位利息成本降爲 320 元。

2. 企業進行大量生產，可享受到單位變動成本下降的好處：這來自下面幾個因素：

   (1) 一個企業的廠房的規模擴大後，可使單位產出負擔的人工成本下降。這是源自前面提到過的大量生產之特徵：設備專用化、動作簡單化、組件標準化和職位細分化。規模大的企業以相同的工資僱用員工，但每人的生產力可大幅提升，於是每單位產出負擔的人工成本就下降。

   (2) 企業經營規模擴大後，由於大量買進零組件或原料（製造業廠商）和商品（大型販售業者），可與對方議價（對方因爲能量產，也願意降價），取得較大的折扣或較長的資金周轉期限，這可降低其單位產出負擔的進貨成本。

▶ 事例

數位產品的單位成本

數位產品（digital products）：任何可數位化的資料，如遊戲軟體、金融資訊，圖像、影音，新聞報導，文書資料等。其特徵是：高的製作成本（一次性支出），很低的單位變動成本（複製一張光碟片的價格；若以網路傳輸爲 $0）。

亦即，單位成本＝（軟體製作成本／銷售量）＋複製成本（0）。

故而，數位產品公司追求使用率／點閱率最大化。當使用者或點閱者愈多，流通的資訊也愈多，能吸引愈多的人使用，這稱為「網路效應」。[2]

成本特徵加上網路效應，使得網路產品呈現大者恆大的狀態。最終市場只存在一個或兩、三個企業。

例子：全球手機作業系統：Android、iOS。電腦作業系統軟體：Windows、Mac OS。全球通訊軟體：LINE，微信（Wechat），LinkedIn。入口網站：Google，YouTube，Facebook，Twitter，Instagram 等。

即席思考

消費的規模經濟

- 搭計程車時，若滿座何以是最佳規模？請以數據顯示這種消費的規模經濟。
- 舉例說明：何以三個人構成的家庭和一個單身的家庭，在每人相同的生活水準之下，前者每人的消費支出會較低（這是家庭消費的規模經濟）。

因為以大量生產的方式可提升生產的效率，取得規模經濟之利，目前的企業大都採用這方式來提升在市場的競爭力，如電腦、手機等資訊產品，電視機、洗衣機、汽車等家電的生產都是典型的代表。

企業規模擴大後，難免產生負面效果，那就是企業各部門之間的協調、溝通困難度提高、員工管理困難、高階層級決策不良等問題會出現（這取決於各個企業的本質和管理者的能力）。這使得企業產出的單位成本（為單位生產和管理成本加總）逐漸提高，稱為規模不經濟（scale diseconomies）。

- **多樣化生產**
  企業利用既有的設備、技能來擴展產品線或服務種類。多樣化生產因為提供多種選擇，能擴大市場範圍，而成本增加不大。

多樣化生產

除了大量生產之外，企業也提供多樣化的產品和服務。

2　當你的親友都用 LINE 聯結，你也被迫使用這個軟體，無法使用微信或 LinkedIn。這是推動網路效應出現的力量。

企業利用既有的設備、技能來擴展產品線。如統一食品公司原
先生產果汁飲料，利用累積的知識，輕易地進入健康飲料、休
閒飲料等的生產；學校利用日間部的設施和師資，加開夜間部
（或在職進修）的學程也是一例。[3]

　　企業採行多樣化生產有何利益？一方面，它增加產品或
服務的種類時，成本增加不大（因為利用既有的設備或人力
資本）；另一方面，產品多樣化可擴大市場的銷售範圍，滿足
不同的顧客群，使營收增加。多樣化的出現其實只是反映了前
面提到的邊際觀念：當增加一項產品或服務導致的「收入的增
加」大於「成本的增加」時，企業就會採行之。

◆ 事例

企業多樣化經營的呈現

　　企業以不同的方式呈現產品多樣化，以吸引消費者。下面是一些常見的例子：

- 依據顏色：服裝公司推出設計、材質一樣，但顏色、尺碼不同的衣服。同款汽車有紅、白、銀、黃等顏色。
- 依據型號：鞋公司推出不同型號的運動鞋。
- 依據包裝：可口可樂有鋁罐裝、寶特瓶裝和玻璃瓶裝三種包裝。
- 依銷售路徑：品牌化妝品在百貨店設專櫃，也在平價藥妝店銷售。
- 依據品牌：家庭衛生用品公司 P&G 的洗髮乳有潘婷、飛柔、海倫仙度絲等。
- 依據容量：同款手機容量有大小（256GB，128GB）之分。

　　多樣化讓消費者有更多的選項，提升消費福祉。

　　多樣化的極致是**客製化**（customization）：替個別客戶量
身製作的小量多樣生產模式。如：眼鏡行替個別顧客測近視
度數、挑選鏡架；在網路銷售造型蛋糕、禮品；安排慶祝兒童

3　多樣化生產又稱為範疇經濟（scope economies）：若同時生產一系
　列產品的總成本小於個別生產相同數量產品的成本加總，就是有
　範疇經濟的現象。

生日活動的會場（布置，餐飲、音樂等）；高檔轎車的方向盤
包覆皮件和座椅皮件有多款可供選擇；台積電可依據每個客戶
需要，製作不同的晶片（軍事用、手機用、車用和電器用品
等），它實現的是大量客製化。客製化以滿足個別獨特性的需
求來吸引顧客。

即席思考

多人合吃午餐有多樣化利益嗎？

　　假設一個餐館提供 80 元的中午簡餐：一道菜（有多種選擇）、一碗湯與一碗飯。以經
濟術語解釋：當三個人一起用餐時，他們會分別點菜，然後合吃，而不是各吃各的？（大
家一起吃、可以聊天、效用較高，是社會因素，非經濟考慮。）

　　目前企業面臨的競爭壓力，主要是來自科技的快速進步和
全球市場的形成。這使得新產品快速出現，產品的生命週期縮
短，而全球市場的形成，使任何的企業都必須面對全球企業的
競爭。以照相機爲例，它原先是機械裝置，其後而有了自動感
光相機，現在則有數位相機和有照相功能的手機。這些新產品
的出現，不只對相機製造業者（如 Nikon、Canon）產生衝擊，
也影響到底片沖洗業。這些變革使廠商面臨高度的需求不確定
性和時間壓力，不斷快速研發、推出新產品成爲企業生存的必
要手段，而這也讓消費者有了更多的選擇。

6.3　企業如何做決策

　　經營企業無時無刻不在做決策。包括僱用、解僱員工、進
貨、如何訂價等等，原則似乎簡單：任何決定只要收益增加大
於成本增加就值得做。但在實際採行時有各種變化。下面藉由
幾個簡單的事例，來說明它們決策的思維、眞實的運作，再身
歷其境自然能理解。

> 事例

企業的決策思維

一、農家如何做決策

　　農產品市場通常是完全競爭市場，亦即，個別農家對產品價格無影響力。考慮一個有 10 畝地的農夫。他首先要考慮的是如何分派種植面積於不同的作物上，如菠菜或花椰菜。如果花椰菜目前的市價高，則多種它；市價低，則種菠菜。

　　耕作面積一經決定，至少在耕作期內，只要沒有天災，作物的收成量幾乎是確定的。他只能以多施肥、除蟲害的方式來提高產量。這時他要考慮的是：多施 1 公斤的肥料是否值得？以邊際效益和邊際成本的觀點，若多用 1 公斤肥料導致的收入增加（收成量增加換成收入金額）不小於 1 公斤的肥料成本，就值得施肥。

　　假設到收成時，花椰菜的市價很低，每公斤只能賣到 6 元。農人請人收割花椰菜一天要花費 1,000 元，而只能收割到 150 公斤花椰菜。這時，依據邊際分析，因為收割的費用（1,000 元）大於收割的收益（900 元 = 6 元 ×150），所以他會放棄收割花椰菜，讓其腐爛。在台灣曾經發生過菜農放棄收割香蕉、花椰菜、青芒果的例子，都是在這情況之下，農人所做的理性決策。

二、金礦場是否開張？

　　澳洲有許多金礦場因為含金成分低，在每英兩（ounce）黃金低於 250 美元時，不值得開採而被封場，因為開採出 1 英兩黃金的成本大於售價。但最近金價上揚（曾高達 1 英兩 1,600 美元），有些含金量低的礦場原先是被關閉的，現在也被重新開封，提煉黃金。這顯示：金礦場的開封與否，仍是以邊際效益和成本來考量。

三、金飾的生產

　　黃金飾品如金葉、耳環墜片等是由金匠以手工打造的，其原料為金塊，金塊價格由國際市場決定。而黃金飾品的售價還受到金匠手藝的影響，有高超手藝者，能將金飾打造得很薄、具有美感，其售價也高。

　　當金塊價格不斷上揚時，被打造出來的金飾愈來愈薄。因為金飾店寧願僱用手藝高超的金匠將金塊打薄，以壓低金塊的成本負擔。這顯示：若某種生產要素的價格上升（這裡是金塊價格），廠商會以另一種相對便宜的生產要素來替代（這裡是金匠的手藝），以減輕成本的負擔。

四、企業是否接受訂單的考量

　　龍祥企業生產充氣娃娃。它接到一筆訂單，買方願以 130 元的單價採購 20,000 個，它如何決定是否要接單（請注意，購買價格是對方訂定的，它是價格接受者）？

　　首先，它先要成本會計部門計算：增產這 20,000 個導致的成本增加額，假設為 2,400,000 元。這表示：就這批貨而言，每單位的變動成本為 120 元（=2,400,000 元 /20,000）。

由於對方出價每單位 130 元，表示生產這批貨的邊際收益為 2,600,000 元（=130 元 ×20,000），大於邊際成本，所以，它可以接單生產。

企業可能虧本生產嗎？企業在做廣告時，常宣稱虧本賣出的字眼，你相信這可能嗎？以前面龍祥企業為例。它決定接單時，並未將公司負擔的固定成本（利息、辦公室租金等）計算進來。因為這項支出與產出量無關係（也無法節省），所以不是決策項目。

假設龍祥企業每年固定成本為 3,000,000 元，平均每月固定成本為 250,000 元，若生產這批貨剛好要一個月的時間，等於每單位產出要負擔 12.5 元（=250,000 元 /20,000）的固定費用。故而，這批貨的單位成本為 120 元 +12.5 元 =132.5 元。這數值大於對方的出價 130 元，所以，接單生產是有虧損的。

若不接單呢？假設這是唯一的訂單，不生產就不會出現變動費用。但這個月仍要負擔固定費用的損失 250,000 元。

若接單生產，則這個月利潤額為：

$$130 元 \times 20,000 - (250,000 元 + 120 元 \times 20,000) = -50,000 元$$

由於這虧損小於不接單生產的虧損，所以，接單生產還是較佳的選擇（即使出現虧損，但相對於不接單而言，其虧損較小）。

決策法則：只要（一批貨的）銷售收入能負擔總變動成本，就值得生產，不必考慮固定成本的負擔。

效益最大化、支出最小化與利潤最大

一、基本觀念

效益最大化：顧名思義，是利用現有的資源，以達成最高的目標（或效益）為原則，不在乎支出或預算多少。

例子一：有社會地位和名望的人，希望很體面地替子女舉辦婚宴，並不在乎花費多少錢，所以，選擇在知名酒店舉辦豪華婚宴，自費宴請親朋好友。

例子二：某高中為了打響知名度，成立資優班，採小班制，以優厚的待遇聘請名師授課。

支出最小化的含意是：在達成既定的目標之下，耗費最小的資源或儘量節省支出。

例子三：舉辦婚宴時，希望在來賓吃得飽的前提之下，儘量節

省費用。所以，在餐點中加入炒麵或炒米粉等。

例子四：學校爲了節省電費，規定氣溫在攝氏二十六度以上才
　　　　開冷氣，這不影響教學品質(若爲了省電而規定教室
　　　　或實驗室的電燈只能開一半，影響教學品質，就不是
　　　　成本最小化)。

例子五：2021 年 11 月底報導，教育部將以招標方式，購買 2
　　　　億元的平板設備給偏遠地區的國中、國小學生使用。
　　　　有些資訊老師指出，希望不要買到廠商銷售不完的庫
　　　　存機或特製機（一些組件，如記憶體或電容器的規格
　　　　縮減）。請問：廠商得標之後，設計特製機，目的是
　　　　成本最小或效益最大？

例子六：當一個餐飲業者取得學校營養午餐的承包權之後，他
　　　　會採取支出成本最小，還是效益最大的作爲？

二、企業一定追求利潤最大化嗎？

　　傳統經濟學認爲，營利企業是追求（年度）利潤最大
化。依定義：

年度利潤 = 年度營收 − 年度成本支出

　　所以，企業追求利潤最大化必須能極大化營收和極小化成
本（節省成本支出和創造營收）。

　　根據觀察，獨資和合夥企業追求利潤最大化當無疑慮。
但當道的上市股份公司呢？傳統的論點認爲，股東是上市公司
的所有人（stockholder），公司應爲股東創造最大的獲利（股
利），就是追求利潤最大化。但現今的觀念認爲公司經營應
照顧與公司運作有關的利害關係人（stakeholder），包括股東
（出資人）、債權人、受僱者、供應商、顧客和環境影響。這
是考慮到公司平衡各方權益的社會責任。[4] 在環境影響方面，

4　譬如，公司若經營不善或倒閉，會影響受僱者及其家庭的生計。

可以下面的例子來理解。

例子一：為遏止巴西濫伐熱帶林，雀巢（Nestle）、H&M 拒購雨林產品（資料來源：《工商時報》2019/12/27）。巴西雨林濫伐問題日益嚴重，迫使許多食品生產商、零售商與大宗商品交易商開始調整供應鏈。食品大廠雀巢與快時尚品牌 H&M 相繼宣布停止採購來自雨林濫伐地區的商品。雀巢近日宣布，該公司已停止從美國農產品貿易商嘉吉（Cargill）手中採購巴西大豆，原因在於它們無法追查這些大豆是否產自濫伐林地。H&M（快時尚公司）於 9 月時表示，除非供應商能證明它們的牲畜並非在巴西濫伐地區飼養，否則不會向這些業者購買皮革商品。美國服飾巨擘威富集團（VF Corp.）旗下擁有 Timberland 與 Vans 等知名鞋子品牌，約 5% 皮革供應來自於巴西。基於相同理由，宣布禁用巴西皮革。

當消費者環保意識抬頭，更多企業就更仔細檢視產品原料來源與生產方式，雀巢與 H&M 拒購有環保疑慮的原料是很好的範例。這顯示了企業關注環境問題而調整與供應商的關係，利潤不是唯一考量因素。

例子二：2022 年初爆發俄烏戰事。網路紛紛對俄羅斯發出指責，並要求在俄羅斯經營的企業退出其市場，否則將抵制對其產品的購買（稱為取消文化，cancel culture）。付諸實現的跨國公司有三百餘家，包括 Apple，Google，Facebook；Nike，愛迪達；迪士尼、Netflix、YouTube；福特、富豪（Volvo）、通用汽車、波音公司、麥當勞等。退出俄羅斯顯示這些企業必須滿足消費者對它們的道德要求，不再是以利潤為唯一考量。

■思考題

1. 製造業如何實現規模經濟？規模經濟如何反應到產出的單位成本？

2. (1) 在製造業和服務業（遞送、外送、櫃台服務、航運等）何以速度至關重要？

   (2) 超商和超市如何實現規模經濟？它們如何實現多樣化？

3. 銀行增加分行何以有規模經濟？網路銀行出現之後，一些銀行縮編實體分行，是否減損規模經濟效應？銀行業務如何多樣化？

4. 現代報業以實體和數位化方式發行。說明：兩方式的銷售對象為何，兩者如何取得收入？

5. 數位商品（如，Netflix 的網路電影，電玩遊戲）如何實現規模經濟？

6. 寫兩個你體驗的客製化生產，如配眼鏡、個人接單替企業設計（手提袋、服裝等）圖案。

7. (1) 寫出：出版一本書的固定成本項目和變動成本項目。

   (2) 解釋下面的現象：若印刷 1,000 本，每本單位成本為 100 元。若只印 500 本，則為 140 元。

8. 旅行團出團何以通常至少要達十五人才成行？人數足夠可分攤哪些成本項目（導遊、遊覽車資）？

9. 新冠疫情期間，新冠病毒不斷演變，各國搶購疫苗。某企業鉅子說：不用管價格了，只要有新疫苗就預先下單訂購。這是效益最大，還是成本最小的思維？

10. 2020 年初出現新冠疫情，旅遊和航空業嚴重受創。航空公司推出偽出國行程：民眾辦理完整的出境手續，登機繞行台灣後回航，純享受搭機的體驗。列出航班飛一趟的收入創造額（收費）和成本增額。討論：登機人數至少要幾人才能有利潤？

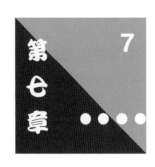

完全競爭市場

7.1　市場結構

前面介紹了個人與廠商如何做選擇。在市場經濟裡個人與廠商的互動關係，主要呈現在市場的運作上。在現代生活中，每個人都必須與市場打交道，包括產品市場、就業市場、金融市場等。對市場運作有基本的瞭解，可說是現代國家的國民應具備的基本知識。

首先定義「市場」是：任何交易的場合。學生畢業後找工作，是在就業市場交易；從銀行提存款，是在金融市場交易；生病到醫院看診，是在醫療市場交易；在網咖打電玩，是在娛樂市場交易，可見人生無時無刻都脫離不了市場。然而，一個市場的範圍如何界定？通常是採取兩個面向：「產品／服務市場」和「地理市場」。**產品市場**是將類似功能的產品或服務置於同一市場內，如汽車市場、飲料市場、農產品市場等。這些市場的地理範圍可能限於國內（如農產品市場），也可能擴張到全球（如天然資源市場和半導體市場），這沒有定論，完全依據分析的需要而定。至於一般人所說的「商圈」則是**地理市場**的概念。譬如，台北市忠孝東路三、四段百貨業構成一個商圈、捷運站周圍的店面也是個商圈，台中市逢甲大學周圍是個商圈等；另外，多家業者座落於相近的地點，也構成一個市

- **市場**

  任何交易的場合。包括產品市場、勞動市場、娛樂市場、金融市場等。

  界定市場範圍有兩方式：依據產品或服務的不同而得出的「產品／服務市場」和依據地理範圍得出的「地理市場」，如商圈。

場，如新竹工業園區、台中的工具機產業等，這些都是屬於地理市場的概念。

如何將眾多的產品市場分類，屬於產業經濟學的研究範圍，而經濟地理學則探討地理市場的運作。初級經濟學則是依據市場內的廠商競爭程度，將它們分為四大類：完全競爭市場，壟斷性競爭市場、寡占市場和壟斷市場。本章介紹完全競爭市場。

一個被稱為完全競爭的市場（perfect competition market），必須具備下面的條件：

- 有許多的供給者和購買者在這市場運作，人數多到每個人的市場占有率微不足道。
- 產品具同質性，即購買者認為在這市場的產品是一樣的，故他們不認為有必要去區分生產者。
- 市場訊息快速傳送，即價格為公開的訊息，買賣雙方都無法經由隱藏價格訊息來得利。
- 市場是開放的，任何生產者要加入或退出這市場，無障礙存在。

上述的特徵使得供應者和購買者都是價格的接受者（price takers），也就是任何一個買者和賣者都無法操縱、影響價格，這是重要的特徵。那麼這種市場的商品價格是如何被決定出來的？那是由全體眾多的買、賣者共同決定的。每個市場參與者都有微不足道的影響力，但因為人數眾多，加起來就形成供給和需求兩個力量，相互拉拔、決定出價格。

• 完全競爭市場

一種開放的市場，資金、技術等進入門檻很低，廠商進入容易。廠商的產品同質化，所以消費者不會區分產品。市場參與者都是價格接受者，市場價格由供需決定。譬如，股票市場、全球穀物市場。

事例

生鮮蔬果的拍賣市場

　　台灣的蔬果批發市場符合完全競爭市場的條件。下面扼要說明之：

一、產地農民將蔬果運到當地的農產運銷合作社。合作社人員依據經驗，將產品進行分級
　　包裝（裝於紙箱或竹簍內，每箱和每簍為標準重量），分為上、中兩等級。在交易時，
　　購買者只能整箱或整簍購買（甜玉米、竹筍等十七種蔬菜，和柑桔等十四種水果辦理
　　共同選別、統一計價），不能挑選，這些批發市場交易的蔬果成為同質性的產品。這
　　種設計是為了要讓交易快速完成，降低交易成本（試想，若讓買的人挑選、翻動蔬菜
　　和水果，不僅費時，還導致很高的壞損率）。

二、在進行拍賣之前，先將樣品陳列、並宣告到貨量。拍賣採取減價的方式（荷式拍賣，
　　Dutch auction）：先喊一個高價格，再逐次降價。要買的人聽到喊價可決定購買量，所
　　以價格是公開的資訊，而且買者（大盤商和少數的散戶）和賣者（菜農和果農）都是
　　價格接受者。

三、拍賣結束之後，當日的平均成交價格是：將賣得的營收總額除以總交易量，得到均價
　　（分為上價和中價）。合作社以這價格付款給供貨的農家。下面是其市場運作流程圖：

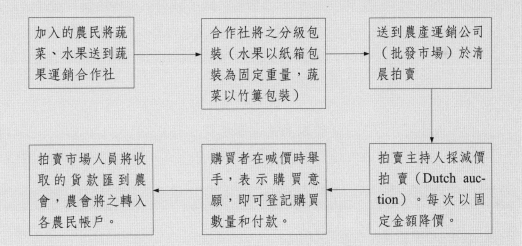

　　請注意，這種交易設計是：農家先送貨，交易完才得知價格。到了次日，農家根據前
一日的價格調整採收量（供給量）。若價格高，他們就不約而同地增加供貨量，就使得價
格下降。

何以處於完全競爭市場的廠商不會做廣告（如鼓吹人們多吃香蕉）？

7.2　市場價格有多神奇？

　　在完全競爭市場裡，價格由供、需雙方決定。價格扮演什麼角色？這可從供給和需求兩方來分析。

　　先就供給來看。某種物品可能毫無使用價值，也就沒有價格。如一種生長於美國加州北方被稱為紫杉的野生植物，被人們任意砍伐，毫無價值。後來醫學界發現，它可提煉出紫杉醇，用來治療乳癌非常有效。於是紫杉的身價大漲（出現價格），人們甚至用衛星來探查紫杉的生長環境以找尋之。所以，**價格是一種訊息**，它有引導生產（或供給）的功能：當一種物品的價格上升時，人們（包括個人、企業）會增加供給量（以獲利）；當價格下降，就會減少供給量（減產或將之儲存）。這種反應不需任何人為的指令或規劃。價格的運作使得社會千萬種的物品能自動地調整產量，所需的協調成本最小，這是價格機能的第一個特色。

　　就**需求**而言，價格提供誘因讓物品有效地分派給使用者。這裡所謂「有效地分派」是：讓有限的物品分配給有意

事例

廢五金的回收速度與供給

　　在 2007 年到 2008 年中，因為全球經濟繁榮，原物料、金屬的價格大漲。廢五金的價格也水漲船高，最高達到 1 公斤台幣 21 元。高價格誘使許多人到處收集廢鋁、鐵罐、螺絲釘、鐵絲等（甚至偷竊馬路的鐵蓋和鑲嵌在天橋階梯的鋁片），這使得廢五金的資源供給量大增。到了 2008 年冬季，出現全球金融危機，經濟不景氣導致金屬價格大跌，廢五金每公斤價格降為 6 元，人們收集廢金屬的意願下降，資源回收的中盤商拒絕購買廢五金，使得資源回收桶的廢五金填滿很久，仍沒有人將之運走，這驗證了：價格下降導致供給量減少。

願、且有購買能力的人來使用。在自由民主體制之下，有意願
消費的人才會選擇某種商品，這是理所當然的，但何以還要符
合「有購買能力」這一條件呢？因為任何物品或服務若不需付
出代價就能擁有，那麼人們就會毫無節制地消費它。公家辦公
室的電燈或冷氣經常日夜開著，因為最後的使用者無誘因將之
關閉，若是自己家用，一定不致如此浪費。任何商品或服務有
價格表示：取得和使用這些商品要付出代價，這就提供了誘
因，讓人們慎重做購買和使用的決定。若價格上升，有些買者
就減少購買量，讓其他願意出高價的人取得使用權，這是一種
有效率的分派。由此可知，價格的另一個角色是：讓使用者負
擔費用，以產生節制使用量的誘因。

事例

缺貨時，漲價如何使物品有效地分派

　　經濟學家 James Dosi 於一篇文章中，舉一個他體驗市場價格機制如何有效地分派有
限物資的例子。[1] 在 1967 年 1 月，美國芝加哥城出現大風雪，使得道路封閉，當地的幾家
雜貨店食物等被一掃而空。作者卻發現有一家雜貨店貨物充足，他很高興地儘量將物品買
夠。但在結帳時發現售價全部提高兩倍，一時之間，他覺得被敲詐，很生氣地空手出來。
在雪地裡神智清醒些，他決定重回商店，但只選購一些生活必需品。

　　社會一般人的想法是：被搶購一空的幾家雜貨店老闆沒有在顧客緊急時抬高售價，是
正直又清高的行為，而抬高售價兩倍的老闆趁火打劫、道德水準低落。這是錯誤的想法。在
前述供給突然缺乏的時候，若商家維持原價，誰會得利？當然是最早衝入商店的消費者，
他們會儘量地將物品買走（因為他們知道即將缺貨）、囤積或送給親人，以後的消費者根
本沒有機會以原價格買到必需品。商家提高售價兩倍，才迫使這些人「把所要購買的商品
限制在自己真正需要的範圍內」，其餘的可留給後面需要的人（雖然仍須付出高價格）。

　　這彰顯了價格能有效分派有限商品的角色。至於何以這家零售店能繼續供貨的真相
是：它的老闆以高工資請當地的孩子們用雪橇到外地載運貨物，才能使他的貨架充滿貨
物。所以，高價格中的一部分是做為他的**創新精神**的回報（其他店主沒有想到這方式，就
無法享受這種利益）。這例子很傳神地與亞當・史密斯的敘述「個人因為追逐自身的利益
而促進社會利益的效果，比個人刻意促進社會利益的效果更大」相契合。

1　James L. Dosi（1982），〈資本主義與貪婪〉，載於《經濟大師
　談市場》（台北：經濟新潮社）。

日本的反例

　　日本東北部於 2011 年 3 月 11 日被強烈地震侵襲。使得當地家庭無自來水、電力等，聯外道路也中斷。在電視報導，當時有存貨的便利商店沒有乘機提高售價；民眾也遵守次序排隊，沒有爭先恐後的情形，且每個人都節制地購買所需，讓其他人也有機會買到物品。這種沉著和利他的高國民素養，被全世界嘖嘖稱奇，同時，也凸顯了經濟學宣稱人的行為完全基於「自利心」，這一說詞不見得完全成立，人的選擇行為受文化因素很大的影響。

　　依據前面的敘述，價格上升使供給量增加，而使需求量減少。這顯示為圖 7-1 的供給和需求曲線。

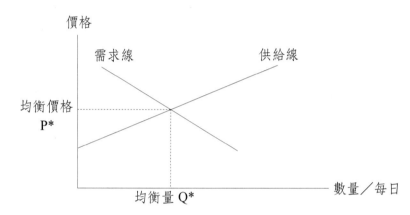

▲圖 7-1　供需決定均衡價和數量

● 市場均衡

在某個價格之下，供給量與需求量相等，就出現市場均衡，市場處於均衡時，價格穩定。均衡無關好壞，因為，在市場裡，價格變動的作用是調整供需量，使之平衡，出現均衡，顯示供需平衡而已。

　　若一種商品或服務的價格使供給和需求雙方都滿意、而無意改變它，就是所謂的「均衡價格」。如圖 7-1 中的 P* 所示，在這價格時，買方想要買的數量為 Q*，而賣方提供的也正是這數量，所以出現「均衡」的狀況，而 Q* 量稱為「均衡數量」。

　　一個市場的均衡價格可能受到眾多因素的干擾而波動。如冬季來臨，需要取暖，使得對燃料油的需求增加，導致石油漲價；出現颱風使蔬菜產量減少而漲價。所以，市場價格會不停地調整，但正常情況下，它們應該是往均衡的方向移動。亦即，若觀察到一種物品的價格在下降中，它應是處於「供過於求」的情況；反之，若觀察到其價格在上升，應是「供不應求」。正常情況之下，一個市場的供需量會因為價格的調整而趨向平衡，這是市場的自動調整力量。

事例

計畫經濟缺乏價格機能的問題

　　舊日蘇聯和中國共產制度採行計畫經濟，以人為方式（非價格機能）來決定各種物品的生產和分派。這導致許多怪現象的出現。以電視機為例。由於生產電視機的工廠是國營企業，不計算經營的利潤，故不在乎成本，使得冗員充斥，生產力低落。至於年產量則是由上級決定，然後分派給各單位使用之，並無價格存在。這使得生產的工廠只要完成規定的數量就可，而品質由於無法規範，而極其低落。

　　據報導，曾發生過漏電導致人死、電視機爆炸的例子。由於消費者無法經由價格反映他們對這物品的好惡，所以產品的缺點，如影像、聲音不清楚、樣式不佳等情形從未見改進，人民的生活水準自然低落。

　　後來，計畫委員會為了改善這情形，決定：若工廠超額生產，則多餘的數量歸於工廠所有。這等於是讓工廠擁有部分「由資產衍生的所得」之權利。這種寬鬆產生了巨大的影響力：第一、這工廠會努力增產（價格引導供給），不只是完成規定的數量而已；第二、它可將增產的電視機和其他工廠的產品，如洗衣機、電冰箱交換，這就出現市場價格（亦即商品的交換價格），但要他人接受交易，其產品的品質必須維持一定的水準，這就迫使它提升產品的品質。

　　這項簡單的措施，使社會整體的生活水準得以大幅提高。這事例顯示私有產權和價格機能是無法分割的。

事例

價格引導供給──政府創造的奇特市場

　　《聯合報》於1996年12月29日有一則趣聞報導：菲律賓政府為鼓勵其人民消滅蒼蠅、蟑螂等傳染疾病的害蟲，公告每消滅一隻蟑螂給予15元披索（Peso，當時折合台幣約0.15元）。不久，出現了不可思議的事情：有人開始畜養蟑螂來賺錢。這使得政府的美意產生相反的結果。經濟學家認為這不足為奇，因為原先蟑螂是不存在市場價格的，現在由於政府的鼓勵措施，使得它有了身價，遂有供給的出現（繁殖蟑螂，再打死來賺錢）。

　　這例子告知，政府的任何政策都應該考慮到市場的可能反應，不要無中生有地製造出一個退步的市場，形成反淘汰的局面。

開放市場的競爭與效率

在完全競爭市場裡，廠商短期內可能賺取超額利潤。若將觀察的時間延伸，由於進入這市場是沒有障礙的，若原有廠商賺取到超額利潤，就會吸引新廠商加入這市場來競爭。當生產數增多，就出現兩個情形：一個是商品的售價下降，另一個可能是企業搶用有限的生產要素，如耕地、廠房、技術人才等，導致地租上漲、薪資上升等，使各廠商的單位成本提高。售價下降和單位成本提高這兩個力量的夾擊，使身處其中的廠商利潤隨之下降，這就是開放市場的競爭壓力來源。面對這樣的情況，廠商如何能維持原先的利潤呢？既然它們無法操控售價（它們是價格的接受者），就只有一個途徑：提升經營效率，如提高員工的生產力、節約能源的使用量或移到成本低的地方來生產等。透過降低單位成本，企業才能維持利潤於不墜。但只要廠商於其中能賺取超額利潤，就有吸引新加入者的誘因存在。最終，只有在這市場裡的廠商無超額利潤，才不會有新廠商加入，這時的市場也就處於安定的均衡狀況。

這裡要強調一點：在這樣的開放市場裡，企業經過市場生存競爭的淘汰，唯有高效率的廠商才能生存。無法競爭的企業被迫退出市場，它們使用的土地、人員等生產資源被釋放出來，移轉為有更高生產效率的企業所用。這提升了社會有限生產資源的使用效率。

前面曾述及，完全競爭市場的價格讓有限的商品有效地分派出去，而這種市場的競爭，使有限的生產資源流向有效率的廠商。這兩種價格的機能不需任何人為的指令，就能使生產資源有效地被運用，生產出人們需要的物品，提升了人們的福祉。古典學派經濟學家亞當‧史密斯在其著作《國富論》（*The Wealth of Nation*）中提到：「每個人都必須竭盡全力地勞動，以保障其社會的年收入。一般來說，個人事實上既沒有增進公共利益的打算，也不知道他的行為增進了多少公共利益……。

個人在這一過程以及其他許多過程中，都是由一隻看不見的手引導著，並最終增進了社會利益，雖然最終的結果並非出自其個人的意願。不過個人以自利為出發點的行為並不總是不利於社會的。相反地，個人因追求自身的利益而促進社會利益，比個人刻意促進社會利益的效果更大。」[2] 他視價格機能為**看不見的手**（the invisible hand），這隻手在無形中操縱和指揮人們做選擇，經由這種協調，使經濟能有效地運作，促進社會的福祉。

傳統經濟學教科書宣揚完全競爭市場的優點，認為市場達到均衡時，可產生最大的效益。但請注意一點：完全競爭市場處於均衡時，是沒有創新和研發的動力，處於其中的人，每天日復一日地生產和買賣，那是一種死寂、無聊的世界，與現實狀況相去甚遠。從另一角度而言，這類市場符合民主和平等的概念：每個人都可自由進出這市場，所以，它是民主的；又因為沒有人能操控市場價格，所以是平等的。完全競爭市場具備的這兩個價值才是值得推崇之處。

7.3　價格機能的侷限

雖然價格機能的運作有其美妙之處，但亦有其侷限之處，下面說明之。

第一、在市場裡，均衡價格的出現，需要時間讓供需雙方出價並逐漸修改之，才能達成。若是要及時做出反應的分派，就無法運用價格機能來進行。

以新冠疫情期間政府對口罩的管制為例。在台灣口罩的生產技術不高，有多家廠商生產，品質相近，屬於完全競爭的市場。新冠病毒疫情爆發後，人們搶購防護口罩，一時間供不應

> • 競爭市場是一隻看不見的手
> 完全競爭市場的價格讓有限的商品有效地分派出去，經由市場的競爭，使有限的生產資源流向有效率的廠商。這兩種價格的機能不需任何人為的指令，就能使生產資源有效地被運用，生產出人們需要的物品，提升了人們的福祉。古典學派的經濟學家亞當·史密斯稱之為「看不見的手」。

求。口罩的價格不高，只要有機會，每個人都會儘量收購，在生產不及之下，會使社會出現分派不均，許多急需的人無法買到。這時政府介入市場，掌控生產量，採人為分派（允許每人每週可買 2 片）並訂價每個 5 元。這破壞了市場供需決訂價格的機制，但卻是緊急狀況之下的必要應急措施。

在歐、美，因為對口罩的需要不是很急迫（基於自由選擇的理念，無法強制人民戴口罩）。所以，政府沒有採取類似的管制措施。

政府採人為分派還有社會成本：排隊買口罩的時間耗費和心理焦慮感（一大早就要排隊才有機會買得到，前後面的人是否會傳染病毒？），這是隱藏的社會成本。

第二、有些物品由於無法建立財產權，故無法建立它的交易市場，成為缺失的市場。如「安靜的環境」的產權無法確認是屬於誰的，所以，有些人製造過多的噪音，而其他人即使覺得痛苦也只得忍受。另外，一些物品由於具有共同消費的特徵（如路燈的照明），故私人不願提供，也就是沒有市場來決定生產量。

第二個問題的解決需要政府的干預，這將在第十章說明。至於第一個問題的處理，似乎還沒有一個通盤的論點，但隨著科技的發明，社會運用價格來分派有限商品的能力逐漸提升。一個例子是航空公司的票價調整方式。通常航空公司都是先定票價，然後由市場決定購買量。考慮下面的問題：若在某一航班即將起飛前數小時仍有空位，何以航空公司不將票價下降以吸引乘客？顯然因為降價的訊息無法及時傳播給消費者得知，使這方式失效。目前，航線班機的訂位都以電腦連線至網站和旅行社，這使得價格調整的訊息能即時傳播出去，這項功能使得航空公司可隨時依空位狀況調整票價。於是任何人在任何時候都可以透過電腦網路查知各航班的訂位情形，然後以信

用卡下訂單買票，乘客只要在飛機起飛前兩小時在機場現身即可。譬如，某班機起飛之前，若有急需者，可付出較高的價格以取得登機權，航空公司也可在有空位時，及時降價來吸引乘客。科技的發明，使得機票價格的調整速度加快許多。

附錄　**拍賣的類型**

除了前文提到的荷式拍賣（蔬果批發市場和魚市場的拍賣）之外，目前市場還有下面三種拍賣方式。市場會設計出不同的拍賣模式，是依據拍賣物品的不同屬性。市場制度設計的最終的目的就是：在**儘量降低交易成本的前提之下，讓賣者取得最高的收益**。

英式拍賣（English auction）

當交易的物品是古董、珠寶、名畫藝術品時，它們是稀少的（可能是一件）且能保藏。為了能將稀少的物品賣給出最高價格的人，市場設計出採取**增價拍賣**的方式：拍賣主持人先喊出一個最低價格，由參與的買家競相抬高出價，最後由最高出價的人得到。

目前世界兩大拍賣公司是蘇富比和佳士得。蘇富比是世界上最古老的拍賣行，誕生於 1744 年，已營運 270 多年，它在國際古董和藝術品市場上擁有龍頭的地位；佳士得於 1766 年創立，為世界上歷史最悠久的藝術品拍賣行之一。

第二價格的拍賣（second-price auction）

這方式採用於網路拍賣。拍賣方將拍賣品顯示於網站上（如，在 Yahoo 網站首頁，有拍賣一項），告示拍賣數量、終止時間，並在網頁上隨時顯示目前的最高出價，所以，它也是增價的拍賣方式。但最後得標人付出的價格是第二高的出價（也就是次高的價格）。實際上，在網站上顯示的，在截止前

的任何價格都是第二價格（不是最高價）。

　　若是有多件相同物品要拍賣，如，拍賣四台數位相機，則出最高價格的四個人都取得相機，但他們都只要付出四個價位中最低的金額（假設最高的四個價位為：$5,900，$5,780，$5,500，$5,400，則他們都只要付出 $5,400）。除了網路拍賣公司（ebay，雅虎等）採用這方式之外，Google、Facebook 股票上市（由幾個承銷商參與出價）、政府拍賣國庫券也採用這方式。

　　採用第二價格可鼓舞參與者勇敢地出價，不必擔心自己成為一群買者中付出最高價位的冤大頭。

封閉式拍賣市場（sealed bid auction）

　　這適用於不動產（土地和房屋）的拍賣和工程招標等。賣方先將拍賣的物件公告（如，土地面積、落點），有意的買者於截止日期前送出標單（在封閉信封內填寫願意出的買價）。到截止日期，賣方公開各出標價格，由最高出價的得標。採用這方式是因為：交易的金額很大（一塊城市精華地可能最低售價幾億元），參與投標的，大都是財團和開發公司，它們要事先評估標售物的潛在效益，才能決定出價。這種公開招標的方式也可讓賣方取得最佳的收益。至於工程招標，則是採最低標，讓最低承包價的廠商取得承包權。這是為了能節約興建成本。

　　結語：各種拍賣模式是人們依據物品的性質，設計出來的市場交易機制。機制設計的目的是：在節約交易成本的前提之下，使稀缺姓的物品分派到最想要、且有能力取得的人手中，同時使賣方得到最高的收益。

■思考題

1. 以完全競爭市場的條件說明，何以在這市場沒有人能操控價格？這市場的價格是如何被決定的？

2. 在果蔬批發市場交易的物品何以是同質性的？這市場何以採由上往下的喊價方式？它的均衡價格是供需相等的價格嗎？這市場如何計算均價？

3. 觀察某個股票某日的交易價格，包括開盤價，最高和最低成交價及成交張數（每張為一千股）。嘗試理解這些價格和交易量是如何形成的。股票市場符合完全競爭市場的條件嗎？

4. 一個市場處於供需均衡時，是否表示，它是處於最好的境界？

5. 有人行善，收購鳥和蛇來放生，何以人們反對？

6. 一些單位舉辦公益活動（有名額限制），免費但要求報名者先繳一筆保證金，若全程參與則於結業時退款。相對於不須交保證金而言，這如何提升學習的完成率？

7. 大學通常每年對校內的各社團補助經費，金額的分配是以審核其績效來決定，這難免有主觀的偏差。有人建議改用下面的方式：假設每年有經費 200 萬元，學生 10,000 人。每人發給 $200 的點券，讓每個人依據對社團的喜好決定參加哪個。再將點券交給這些社團負責人，由他們將收集到的點券向學校換取補助金。請問：這方式能使課外活動的經費有效分配嗎？有何可能的缺點？

8. 有些市場的廠商很多，它們組成協會，共同決定售價或分派產量，如台灣有酪農協會，到夏季就調整生奶的價格。這是操控市場嗎？

自由競爭市場與壟斷

前一章說明，以供需觀念理解經濟運作時，其對象必須是完全競爭的市場。但在現實世界裡，符合完全競爭市場的例子很少，不足以成爲典範；而且，完全競爭市場討論的是供需相等時的均衡狀況，這時市場的買賣者都無誘因改變現況，價格每天一樣，他們也日復一日地重複相同的交易量。那是一個沒有競爭、沉悶的、想像的靜態世界。[1]

但現實世界並非如此，經營者會以求新求變來脫離競爭，這就呈現出自由競爭市場（free competitive market）的精神。一般習慣將自由競爭市場簡稱爲自由市場，下文將採用這名詞。

8.1　自由競爭市場的運作

前一章完全競爭市場的結論之一是：由於市場的廠商提供相同的產品，且市場允許任何人自由加入競爭，所以，經營者長期無法賺到錢。但現實上，廠商會坐以待斃嗎？他們之中

---

1 「完全競爭」的名詞使沒有學過教科書經濟學的人認爲：那是一個競爭激烈的市場，其實那是一個沒有競爭的市場。作者認爲，這誤解是源自中文翻譯的錯誤：根據原文那應是「完美競爭」（perfect competition），是個與現實脫離的理想市場。

沒有人懂得改變嗎？以種植稻米為例，在台灣種植散裝米幾乎無利可圖，就有農家改種越光米、溫泉米、無毒米等。因為品質不同，它們成為包裝米，與散裝米區隔，業者能自訂較高的價格而維持獲利。他們呈現的是人類創新求變的精神和能力。

亞當‧史密斯心目中欣賞的也是自由市場的競爭，他在《國富論》中提到：「每一個人，在他不違反正義的法律時，都應該讓他完全自由地採用自己的方式，追求自己的利益。以其勞動和資本與任何其他人或其他階級相競爭」。

完全競爭市場與自由市場有何差異？前者討論的是沒有變化的靜態市場（供需處於均衡的狀況，每個廠商都是價格接受者）。而自由市場研究的是**動態的市場過程**（dynamic market process），市場的參與者透過差異化來擺脫競爭壓力，由於產出或服務與眾不同，廠商可自訂價格，市場也不斷地出現改變和創新，這符合我們體驗到的充滿活力的市場。下面透過一些日常生活的事例來體會自由市場的競爭。

◆ 事例

就業市場的競爭

大學生畢業就面臨找工作的壓力。無論是公職或應徵公司都是數千百人爭取幾十個職缺。每個應徵者都要準備履歷、經過筆試、口試的過程，極力讓自己的優點被注意，這些是職場的自由競爭。

有了工作之後，又要面對職場的工作壓力。一個業務員若銷售業績低於平均水平，會覺得很丟臉，難以在公司立足；在工廠工作時，要能跟上機器的速度，還不能出錯；鐘錶設計人員每月要設計出雇主要求的數目；科技公司的工程師每天工作十二小時等等。這些都是處於自由競爭的職場無可逃避的壓力。

目前有一句流言：「**不做第一，只做唯一**」。其涵義是：一個人或一家企業總是無法避免面對同儕或同行的競爭，追求和維持第一是很艱辛的。「只做唯一」表示：你擁有的知識、技能或解決問題的能力是唯一的，沒有競爭者，所以，你是第一名也是最後一名，因為沒有人能取代你。這顯示何以目前擁有創意和創新的人備受重視，因為他們沒有競爭者。

事例

全球唯一危機和風險處理公司

邱強畢業於台灣清華大學核子工程學系，後在麻省理工學院取得機械工程博士，是台灣華裔美國人，被稱為「危機處理大師」。他主持全球唯一的風險處理公司，業務是**分析風險與化解危機**。公司有一千多名各領域的專家，只做一項工作：解決危機。從創立以來，這家公司已經處理過一千六百多個不同的危機。

他最初的工作是在全球最大的燃燒工程公司，運用其博士論文的「邱氏定律」，幫公司提升 30% 的核能發電功率，第二年即被拔擢為經理。

他在二十七歲時，被美國政府核能管制委員聘請為三哩島核電外洩首席調查員，分析這意外事故造成的危機以及日後的預防化解之道。後被南加州一家電力公司聘為副總裁，解決這家公司經營管理不善的問題。他花了七個月時間使公司的營運獲得改善，股價從 18 美元回升到 21 元。

這經驗讓他察覺，世界有許多跨國企業，但沒有一家專門解決危機的公司，於是，出來組成全球唯一的危機及風險管理公司。第一個接案是美國第二大的 Texaco 石油公司。當時 Texaco 的生產成本偏高，競爭力薄弱，卻查不出原因。邱強以五個月的時間，找出在管理制度上的問題；他也曾替微軟（Microsoft）公司處理如何快速地將軟體轉譯成當地語言的問題。

1990 年 9 月美國國防部邀請他分析伊拉克對阿拉伯國家或美國發動戰爭的可能性，並對各種情況找出化解之道。1991 年 1 月，美國決定發動對伊拉克的突襲，當時的國防部長又請他研擬在發動突襲戰後，可能出現的危機和破解之道。

由於這是全球唯一的危機處理公司，全球大公司要處理面對危機時，就立即想到請它處理。它的服務是全球唯一的，沒有競爭對手，能永遠存在和經營。

事例

整形產業的興起與職場競爭

現今的社會分工精細，就業市場有各式各樣的工作。許多服務業要面對大眾，如銷售員、金融理財人員、電視節目主持人、演員、模特兒、空服員、政治人物（甚至教師）等。這些職位的工作成果容易受**外表**的影響，因為出色的外表容易吸引群眾的注目。這形成對外表美麗的需求因素，加上整型科技的進步（這是供給因素），發展出熾熱的整形產業（包括塑身、臉部整形等）。許多人以整形來提高在職場的競爭力。

當整形成為一種**人力資本的投資**行為時，沒有做這項投資的人在職場的競爭就屈於劣勢。所以有人說：「在以前，美貌是上天給予少數人的恩賜。而現今，美貌是一種成就，相貌平凡不只是不幸，而是失敗」。

其實，人類對美麗的喜好是衍生自生物的繁衍本能。有潔淨、亮麗外表的動物顯示較為健康、年輕和較高的繁殖能力，這使它們較易獲得異性的青睞和較大的繁殖機會。人也是一種動物，自不例外也有這種傾向。

事例

連鎖店的競爭

現今許多零售業採取連鎖的經營方式，單打獨鬥的店家無法與之抗衡。因為，連鎖店享有採購和管理的規模經濟以及產品多樣化的優勢（見本書第六章）。目前台灣的連鎖店依規模分為三級：

量販店：好市多，家樂福，遠百愛買，大潤發。

超市（supermarket）：全聯，楓康。

超商（superstore）：統一 7-ELEVEN，全家，萊爾富，OK，美廉社等。

連鎖店以增加分店來擴展其地理市場範圍，同時以多角化來擴展其市場範圍。以超商為例，統一超商就有近 6,072 家，而全家便利超商也有近 4,023 家（分別為 2021 年 2 月，2022 年 4 月統計）。它們提供的產品和服務包括食品（三明治、餐盒、飲料、麵包、快速熱食等）、日常家庭用品、報紙、休閒雜誌，訂購展覽門票、鐵路車票、影印、繳水電費、遞送服務等，名符其實地使「日常生活非常便利」。

超商之間進行各式各樣的競爭，包括價格折扣，推出會員卡、支付工具、紀念公仔等。總而言之，連鎖經營是自由市場的競爭模式，它們之間的競爭提升了我們的生活品質。

市場交易一：差別訂價或歧視

差別訂價是自由競爭市場裡常見到的一種訂價模式。其定義是：相同的服務或物品，對不同的人收取不同的售價。通常依據消費的時點或對象而不同。

例子一：長途客運車資：週一 12：00 後到週五 12：00 前 為優待價（低價），餘為正常價（高價）；65 歲以上老年人無分時段以半價優待。

例子二：遊樂區、國家公園對超過 65 歲以上的年長者門票半
　　　　價優待。

例子三：台電公司依使用者的身分，分為：家庭用電、商業用
　　　　電、工業用電、農業用電，各電價不同。另區分夏季
　　　　用電（從每年 7/1-10/31）和非夏日用電，前者的電
　　　　價較高（目的是提高電價以抑制需求）。

　　差別待遇是對消費者或僱用的員工採取不同的待遇。
如，一個篤信某個宗教的老闆，他偏好僱用有相同宗教信仰的
員工（素食店僱用素食的員工，容易維持企業文化），或考慮
到市場的反應而排除某些人，如，餐廳顧客多保守人士，故拒
絕同志應徵工作。差別待遇有時會引起社會的爭議。

　　另外，在市場裡可能出現歧視（discrimination）：依據個
人先天的因素（性別、性向、年齡、種族）給予差別待遇。
如，徵員工，限男（女）性；應徵者年紀不超過 60 歲；因膚
色而拒絕僱用或販售商品等。通常這可能會觸犯法律的平權規
定。

◆ 事例

拒絕交易是出自歧視還是其他考量？

　　在交易時出現的是歧視或其他的考量有時很難區分，這裡以下面的事例來思考。

一、美國知名電視節目主持人歐普拉到一家皮件店選購皮包。她看完展示品之後，問店
　　員：是否有其他的皮包，店員說：那是你買不起的。歐普拉當場並未生氣，只是安靜
　　地離去（後來在其主持的節目中提及此事）。這裡要辨識的是：店員是種族歧視（歐
　　普拉是黑色人種）還是出自經濟考慮（依據其服裝認為她買不起）？這要當事人誠實
　　回答才能得知（這店員於事情爆發之後被解僱）。

二、美國有牧師拒絕替同志證婚，蛋糕店拒絕為同志婚禮製作蛋糕，被提訴歧視同性戀
　　者。[2] 那是歧視還是牧師和店主的工作自主權？

2　在美國，牧師替人證婚是其工作項目之一。

台灣在新冠疫情初期，有些護理人員到便利超商、餐飲店買食物常被民眾排擠，指責他／她們可能沾染和傳播病毒。這樣的指責是一種對職業的歧視嗎？

市場交易二：數位產品收費或不收費？

就實體商品而言，其稀缺性愈高，市場價格也愈高，但這不適用於數位化產品。數位化產品的特徵是：製作成本很高，而複製成本幾乎是零，所以，廠商經由大量銷售來壓低單位成本，這時，它們改以「市場覆蓋率」為營業目標。

一些科技公司的產品先以免費方式提供簡易版，吸引初次消費者使用，到習慣之後，繼之推出收費的版本。如，YouTube 有置入廣告，也有付費的無廣告 YouTube Premium；Drop Box、Google Drive 為免費，也有擴大儲藏空間的收費版；Google Meet 可免費使用，若參與會議的人數多或需要錄影功能的會議，可付費申請專線使用。在報業方面，台灣的《聯合報》有實體版、收費的電子版和免費的電子版（編排方式不同），而《中國時報》則是實體版收費，電子版不收費；美國也出現數位版報紙收費的措施。競爭企業對數位產品是否收費，各廠商有不同的想法和措施。

數位產品市場的兩個特例是：Linux 開放軟體和 Wiki 免費百科。它們透過眾包（crowd-sourcing）方式來運作和維持。如，Wiki 免費百科是由全球志工（需要登記和接受訓練）無酬勞自願加入，添加和修改內容，此外，也接受使用者的自願捐贈。

8.2　市場資訊不對稱的問題

在完全競爭市場裡，產品都是一樣的，所以，產品資訊不重要。在自由市場裡，產品和服務是異質的，這就出現資訊不

事例

數位串流音樂的興起及營運模式

串流音樂的興起

早期人們聽音樂，是透過購買實體的載具（唱片，錄音帶和 CD），這是音樂產業的主要營利模式。之後，MP3 播放器興起，因為有便利攜帶性、高的保存性、較大的容量，以及方便大量複製的特性，使得傳統唱片公司幾乎崩潰。全球實體音樂銷售金額從 2005 年近 200 億美元的產值一路滑落到 2015 年的 50 億美元。

後繼興起的是串流服務（streaming service），讓人們可以用手機在行動中收聽音樂，這更推動唱片的沒落。到 2015 年，數位音樂產值正式超越實體銷售。經歷數年，人們逐漸體會，沒落的是唱片業而不是音樂產業，音樂產業透過網路的「易取得性」而大幅開展出市場。

串流服務如 Spotify、KKBOX 等改變人們對樂曲的觀念：不必擁有而是以租用的方式隨時收聽。音樂產業被切分為純粹的聆聽市場和另外的市場，如，授權、周邊銷售、數位演唱會、黑膠與加值型實體唱片等，使得音樂產值不斷提升。

根據國際唱片業協會的統計報告，全球音樂市場在 2015 年規模約為 150 億美元，其中數位音樂收益占 44.7%，而實體音樂收益降為 39%。

對稱的問題：交易一方隱藏或扭曲相關的資訊，使另一方無法做出最好的決定，這影響市場的交易功能。下面介紹兩種關於交易資訊的問題：逆選擇和道德風險，以及一些見到的解決方式。

一、逆選擇

逆選擇（adverse selection）是：簽訂交易契約之前，有資訊的一方隱藏相關的資訊，使另一方做出錯誤的選擇。在食品業，曾出現在飲料和食品中加入塑化劑的例子。企業這樣做可節省成本，以較低的價格吸引買者，它們當然不會告知消費者對身體的傷害。在就業市場，有人在應徵工作時隱藏其能力和性向（如，不喜歡外出跑業務卻應徵業務員），使公司僱用到不稱職的員工；銀行貸款會檢查申請者的償債能力，但行員可能疏忽或為了業績放寬放款條件，致使銀行陷入高違約率的

狀況；在物品和服務交易方面，通常價格與品質間應呈現正關係，但以價格為依據做選擇，可能付出高價格買到品質不相稱的商品或服務。這些都是逆選擇的現象。

事例

何以討價還價之後，賣方接受而買方卻退縮？

在一個電視訪談的節目中，節目主持人詢問參加的女士：何以有些女性去美容診所整形，與醫師來回討價還價之後，對方接受她的出價，她卻回應：要回去考慮才決定（而通常都是沒有回音）。該女士回答說：當醫師願意接受壓低的價格，替我做手術之際，我內心突然懷疑：他的醫療技術可能不高明，生意不怎麼好，才願意壓低價格搶生意，所以，我決定回絕他。

這位女士的懷疑是出自逆選擇的考慮：「醫師願意壓低價格顯示可能是低品質」，這個疑慮使得雙方沒有成交。

逆選擇的疑慮使得交易的一方退縮，阻礙交易的完成，甚至市場崩潰。市場上出現兩種對應行為：傳訊和篩選。

傳訊

傳訊（signaling）是有資訊的一方主動送出資訊，而且，這個資訊是必須耗費它不低的成本或難以被模仿的，以讓對方信服。

以就業市場為例，企業無法區分參差不齊的應徵者，於是有能力和毅力的人以取得名校的學歷來告知企業：我花了許多精力和金錢來取得學位，表現出我的學習能力和抗壓毅力，你可放心地僱用我（這解釋何以大企業偏好僱用名校畢業生）。名校的教育文憑具有傳訊的功能。在商品市場裡，廠商提供使用保證期限（warranty）也是傳訊的一種，常見於耐久性商品，如汽車保證五年或十萬公里內故障維修，筆電一年內無條件維修，冷氣機一年內維修等。這種保證讓消費者安心購買。

廣告與品牌

　　廣告是現代企業非常重要的競爭工具。廣告有三種型式：傳統媒體（雜誌，廣播），戶外廣告和數位媒體。廣告屬於服務業（第三級產業）。

　　在市場經濟裡，企業需要做廣告才能提高其市場的曝光度。廣告有正反兩面的作用，正面的作用是**傳遞產品的資訊給市場**。人們進行消費時，無論是買家電用品、汽車、去餐館用餐，都透過廣告來找尋交易對象。在一個沒有廣告的世界裡，市場的交易成本很高。

事例

沒有廣告的市場交易：禁酒令的影響

　　美國於 1920-33 年間，釀酒技術普及之後，酒店林立，許多人酗酒鬧事、蹺班去喝酒。政府受教會和捍衛道德的人施壓，發布禁酒令，使酒類買賣成為違法行為。這使酒的價格暴漲，非法賣酒成為一個暴利的行業。

　　由於釀酒廠不能為其產品做廣告宣傳，消費者無從辨識黑市酒的品質。喝酒的人經常買到摻入甲醇（工業用酒精）的假酒而失明，或買到摻水稀釋酒精度的酒，他們無法透過市場機制懲罰賣者（譬如，提出訴訟或點名不買某個廠商的酒）。這使得禁酒令期間酒精中毒的人數大增，單是 1927 年就有 12,000 人死於急性酒精中毒，和數千人成為目盲。

　　上面的例子反映了廣告的正面功能，企業經由廣告和品牌來宣示：它要在市場長期立足的意願，進而會維護品質，讓買者有信心與之交易。相反的，地攤和無品牌物品屬於「打了就跑」的形態，人們對其物品沒有信心，有些人不買地攤貨。

　　廣告也有負面的作用：製造操弄性和成癮性。操弄性是廠商經由廣告操弄人們的購買欲望，以銷售其產品，如，化妝品廣告的美女是人工修飾的；高度宣揚保健食品的功效；創造流行性服飾、皮包；發明許多享受性家電用品（氣炸鍋、咖

啡機、洗碗機）等。許多人為了想嘗鮮或怕「跟不上時代潮流」而不停地換購或借錢購買，出現過度消費的現象。成癮性導致無法停止接觸、消費或使用某項商品。這方面最顯著的是高熱量、高油脂的加工食品，包括漢堡、含糖食品（飲料、冰淇淋、餅乾、donut 等）、油炸食品（炸雞塊，薯條）等。已有研究指出，人的味蕾和口感會輕易地習慣這些滑潤、清脆和高度甜味的食品，之後很難拒絕它們的吸引力，這就是成癮症的徵兆。其餘的，如，吸菸（包括電子菸）、酗酒、網路上癮症（每天上網時間達十小時）等更是耳熟能詳的上癮症。

事例

一、手機公司為了競爭，不斷地推出新機型。2022 年中，蘋果和三星公司手機都有新機種，它們宣揚的新功能各為何？你會被吸引換機嗎？

二、不只是營利組織需要做廣告，非營利組織為了爭取有限的資源也做廣告。請說明：台、清、交大學做廣告的目的為何？公益機構，如創世紀基金會、勵馨、喜憨兒基金會等，做廣告的目的為何？說明，金融機構資助運動（如，銀行資助籃球球隊、羽球運動員等），是廣告行為嗎？

　　企業做廣告的目的是要建立品牌印象。一旦消費者腦海中嵌入品牌，就會不知不覺地被吸引而購買，品牌是廠商的一種行銷資產。

事例

品牌的促銷力量

　　行銷學發現，人們做消費選擇時經常以**品牌名稱**來辨識品質。下面的實驗證實這點：讓受試者吃三種只標示 A,B,C 但沒有標示品牌名稱的花生醬，之後要他們依據美味程度列出次序，發現有 59% 的受試者選 B 為最美味。

　　之後再進行另一次實驗，將被選為次級美味的 A 花生醬放入三個杯子，但在其中一個杯子貼上 B 的標籤。試吃之後，被貼上 B 品牌的花生醬被選為最美味的比率上升到 73%。

　　這顯示了：人們的消費選擇如何受品牌的影響，而不是理性的選擇。企業深知這道理，它們花費鉅額的資金建立品牌。[5]

3　在第四章行為經濟學也提到，可口可樂和百事可樂的品牌如何影響消費者對他們口味的評定。

4　有興趣的讀者，可參考下面兩本中文翻譯書：《買我》，台北：遠流圖書公司，2009；《勾癮》，台北：寶鼎文化出版公司，2021。

篩選

在資訊不對稱的世界，沒有資訊的一方也可以主動地蒐集資訊，稱為篩選（screening）。在職場，企業對應徵者的篩選包括：面試，要求他提出工作過的單位主管的推薦信，甚至到他的臉書上看其留言，以納入更多的資訊來判斷；銀行在審查購屋貸款時，會要求申請人出示薪資收入，來判斷對方是否能穩定繳款，也是一種篩選。

保險市場的逆選擇

保險（insurance）是一種市場交易。投保人出一筆錢（保費），在約定的時間內，若約定的事件發生，可得到理賠金；若約定事件沒有發生，則喪失保費。

由此可見，保險的作用是減少事件發生的金錢負擔。如，廠房的火災險，當失火使設備毀損 1 億元，得到保險公司理賠 6,000 萬元。現今市場存在各種保險，如房屋的地震險、旅遊的平安險、船隻的海事險等。

保險的參與者有：保險公司（設計和銷售保險單）；買方存在三種身分：要保人（出保費的人）、被保險人、受益人（理賠金的受領人）。買方三者可為同一人，也可能分離。

例子一：學生校外參訪，按規定，要強制投保意外險。要保人：所屬學校（學生在註冊時，繳錢取得投保資格）。被保險人：學生。受益人：學生。
例子二：父母替未成年子女買醫療險。要保人：父母。被保險

◆ 即席思考

　　2022 年新冠疫情期間，有公司推出染疫險。請查出這保險的理賠條件，後來何以這些保險公司出現鉅額虧損？

人：子女。受益人：父母（子女生病花費治療費後，由父母申請理賠和領取理賠金）。

保險市場的逆選擇是：投保人在購買保險時，隱藏相關資訊，使保險公司受損。以醫療險為例，投保癌症險有住院費、治療費和手術費理賠等，某人發現可能有癌症的病變（或知道家族有遺傳癌症史），去投保醫療險，在病發之後，得到高額的理賠金。面對這問題，保險公司有一些防禦的措施：如，規定投保前要做醫療檢查，投保兩年內出現病狀不予理賠等。

全民健保何以是強制加入的？

全民健康保險是一種醫療保險，何以制度設計要求全民強制加入？若讓人們自由選擇是否加入，會出現逆選擇：使用醫療資源多的人去投保，而健康的人不會投保。這使得醫療系統不勝負荷而崩潰。下面以數字說明之。

假設社會有四群人：很健康、還健康、中等健康和多病者，他們的人口比率和平均的醫療費顯示於右方欄。

身體狀況	人口比例	每人每年醫療支出
很健康	1/4	$1,000
中上健康	1/4	$4,000
中下健康	1/4	$7,000
多病者	1/4	$12,000

這社會每人每年平均醫療支出 = $6,000 (= $1,000×1/4 + $4,000×1/4 + $7,000×1/4 + $12,000×1/4)。若保險公司提供醫療險，讓人們自由加入，收費為每人每年 $6,200（根據前面的 $6,000 加上行政管理費 $200）。這會出現什麼問題？很明顯的，認為自己屬於「很健康」和「中上健康」的人不會加入（他們根據自己過去醫療支出的資訊，會選擇不加保），所以，投保的群族只剩下中下健康和多病者。他們每人繳年費 $6,200，

但每人每年的醫療費平均爲 $8,500〔=($7000 + 12,000)/2〕。這使得醫療險出現虧損。若提高醫療保費到每人 $8,500 會如何？這使得中下健康的人退出投保（他們自費的每年醫療支出才 $7,000）。最後這個自願醫療體系只剩下多病者投保，他們支用的金額遠大於繳交的保費，使得市場崩潰，醫療險的互助功能不復存在。

　　基於前面逆選擇的考慮，當建立全民健保時，政府出面，強制每個人都加入，依據薪資的一個比例收費。[5] 另外，政府強制規定學生入學時要投保意外險，也是基於相同的道理。

二、道德風險

　　道德風險（moral hazard）是：在簽了交易契約後，一方改變行為使另一方受損。在職場，一個人在一家公司工作久了，他可能趁上司不在時，上網購買自己需要的物品或瀏覽與業務無關的網站，這是道德風險（因爲，違背了與公司的約定：用上班時間做私事）；律師與當事人簽了委任契約後，偷懶或業務太忙沒時間準備，使得官司敗訴（當事人沒有證據指控律師怠惰）。在保險市場，有家長替子女（通常是收養或非親生的）投保意外險，在缺錢時設計將子女殺害，以領取理賠金。這些都是道德風險行爲。

> ◆ **即席思考**
>
> 　　新冠疫情期間，大學採遠距教學和線上考試。線上考試時，學生可能出現哪種道德風險的行為？

　　市場也應變出防制道德風險的措施。在工作場合，有主管負責監督員工的工作；銷售員的薪資以銷售額來抽成（如，每銷售 1 萬元可取得 500 元爲收入）；律師打官司的收費依據訴訟的進度而定等。

5　無收入的未成年人和學生由家長負擔健保費。

◆ 事例

定型化契約

租屋和國外旅遊常出現交易糾紛。如，在租屋方面，屋主延誤漏水、門窗的修繕，巧立名目向承租人收費，在退租時扣押租屋保證金等；在國外旅遊方面，旅行社可能因突發事件更改行程，餐飲、住宿品質與預期落差甚大等，這些導致交易糾紛。究其原因，有些源自不可抗拒的因素，有些是逆選擇（如，旅遊契約的條文不明確），有些是道德風險（如，屋主不當收費）。由於交易糾紛層出不窮，遂有公定的定型化契約。

定型化契約是將契約條文標準化，列出交易雙方必須遵守的基本條件，以減少前述的交易糾紛。目前市面上可買到定型化租屋契約書，旅遊契約書也是定型化的。

◆ 即席思考

新冠疫情爆發，旅行團無法成行，旅行社必須退費給消費者。問題是：退多少的團費比例？疫情阻礙旅遊是無法抗拒的因素。旅行社有損失（訂的機票、餐食、住宿費等），消費者也有損失，但退費比例無法明確書寫在契約中，這時要依靠中立的單位（如，旅遊品保協會或政府單位）來協調。

8.3 自由市場的道德性問題

自由市場雖可望極大化資源的動態使用和配置效率，但也伴隨出現許多與道德（morality）有關的問題，下面舉出幾點。

一、違法商品和罪惡商品如何被界定

自由市場擁護者主張在法律許可的範圍內，可自由放任從事任何交易。伴隨而來的一個問題是「法律範圍內」是如何被界定的？這相對地界定了「違法」市場的範圍；同時，違法商品和罪惡商品（sin good）如何區分？

違法商品（illegal good）是政府以法律禁止交易的物品或服務。民主國家對違法市場的界定是根據文化、習俗等制度因素而定（獨裁國家是由統治者規定）。譬如，在台灣、伊斯蘭教國教和天主教國教的國家，性交易（甚至墮胎）是違法的，而在一些歐美國家這並不違法。

目前全球都普遍接受的違法商品是**毒品**。因為：毒品對身體的傷害是可以驗證的，任何人吸毒上癮之後，都會受制於毒品、無法自我控制，吸毒者最終都趨向毀滅。基於這個事實，所以全世界都認同要取締毒品的交易。

但要如何看待色情、菸、酒、合法賭博這類物品呢？以吸菸為例，截至目前所知，吸菸導致的傷害因人而異（有人終身吸菸未得肺癌，有人吸菸幾十年就因肺癌去世）。酒也一樣，酒精使一些人喪失理性（酒能亂性），酗酒對家庭和健康的破壞更是有目共睹；但醫學也證明，少量的酒有益心臟健康，人們在聚會時喝點酒能放鬆情緒。所以消費菸草、烈酒是有益也有害的，就被界定為罪惡商品。罪惡商品是法律沒有禁止，但會使一些人產生道德上的不安或厭惡感的物品。在自由市場經濟裡，罪惡商品的範圍取決於各地的文化、習俗等因素。[6]

即席思考

請填寫下面各國罪惡商品的界定（× 為違法商品，* 為罪惡商品）

	酒類	賭博	性交易	色情刊物		
美國	*	*	*	*		
法國		*				
日本						
台灣			×			
伊斯蘭教國家	×	×	×	×		

6　台灣規定，必須年滿十八歲才能買菸和酒。這是根據神經科學的研究：平均而言，人在滿十八歲之後，它的前額葉皮質（主掌理性的部分）已經成熟，代表有自我判斷的能力。

彩券和賭場

彩券和賭場都屬於休閒娛樂產業，以滿足人們的休閒與娛樂需求為目標。人們通常混淆這兩者，認為他們都有賭博的性質，屬於罪惡商品，其實它們是不同的，這裡說明兩者的性質差別。

彩券（或 lottery，樂透）的本質是：買彩券的眾人出資，由中獎人分取。對任何人而言，彩券中獎的機率是無法計算和掌握的，是否中獎純為機運的問題（上天決定是否讓你發財），截至目前為止，還沒有人能計算出中獎的號碼。

由於發行彩券一定賺錢（許多人願意付出 50 元來嘗試中 1,000 萬元的機會），故各國都是由政府發給特許權。目前我國是以招標方式，由台灣彩券公司負責發行。依法律規定，彩券盈餘的 50% 撥付給地方政府辦理社會福利之用，且彩券經銷商應符合身心障礙、原住民或低收入單親家庭資格，故稱為公益彩券。

賭場與彩券性質不同，玩家可經由計算（花費心智成本）來提高贏錢的機率，而非完全取決於機運。[7] 設置賭場有經濟效益：增加就業，提升當地消費活動和觀光業，如，美國拉斯維加的賭場，附有娛樂設施和節目表演，以吸引家庭度假；另外，賭場的出現滿足一些人一夜致富的心理和冒險刺激的情感。[8] 但賭場可能誘發賭博成癮症，流連賭場不顧家，或一夜傾家蕩產的新聞並不少見；設置賭場也可能使治安惡化（出入賭場的人，形象和行為都令人側目）和被不法人士用來

---

7 若是吃角子，通常機器設定為賭場贏的機率是 52.5%。若是 21 點，玩家可能透過計算來取得較高的勝算。

8 電影「決勝 21 點」講的是發生在賭場的真實故事，美國 MIT 幾個聰明的學生共同合作，以精密的計算，從賭場贏到百萬美元。

洗錢。由於賭場的設置有利有弊，有些國家禁止之，而有些國家，如澳洲、日本、新加坡等是被允許的。

　　至於**運動彩券**則是透過彩券的發行來推展相關的運動產業。我國由體育署管理，以收到的彩金來推動和挹注相關運動的訓練經費和獎金等，它也有公益的性質。[9]

　　擁護自由市場的人士主張讓罪惡商品在市場交易，允許民眾自由選擇，不以法律來禁止，而是以道德規範、教育或價格機制來影響人們的需求，譬如，對菸草課徵健康捐以提高價格，酒類則以其酒精含量課徵貨物稅。相對的，保守派和受害家庭則主張應加以取締或限制。

二、自由市場的過度競爭行為應被禁止嗎？

　　在自由競爭市場裡，對競爭行為沒有任何的規範，參與者為了出頭或獲利，無不盡其能地表現。這就出現過度競爭的行為。過度競爭行為被定義為：耗費資源但沒有生產性的行為。以整形為例子，有人整形，是為了能工作上發展（如空服員，影歌星），但這無助於工作能力的提高；運動員注射睪固酮（testosterone），以在競賽時能勝出[10]；企業花大錢請名人做代言人，使廣告支出成為沉重的負擔，最終還是附加在售價上。這些過度競爭的行為都是無謂的社會資源浪費，但在自由競爭市場裡卻無法禁止。

三、民眾對產品知識不足的問題

　　在自由市場有各式各樣的產品和服務。這些產品使人眼花

9　我國運動彩券的收入被用來支持運動集訓中心的費用和發給競賽獎金，如，奧運金牌獎金 2,000 萬元、銀牌 700 萬元、銅牌 500 萬元等。

10　睪固酮是一種荷爾蒙，它刺激肌肉、骨骼、皮膚和性器官等的發展。近來發現，它也能提升與智力和視覺、知覺有關的技巧。

撩亂。民眾無法有完整的知識做出正確的選擇，這時政府應出面提供資訊，讓民眾做決定。

2008 年出現一則在塑膠容器和包裝中存在三聚氰胺的報導。三聚氰胺會影響泌尿系統。由於民眾無法判斷食品中三聚氰胺含量多少才會影響到身體的健康，媒體要求「零含量」，這等於是任何塑料包裝都要被排除。這種民粹式的要求，迫使企業收回餅乾、沖泡式咖啡和包裝飲料等，造成大量的無謂資源浪費。若政府能出面告知民眾安全劑量的標準，可讓民眾安心，同時，廠商也有製作標準可循，使市場交易回到正常的運作。

2011 年發生塑化劑事件：市面上有些食品被檢出含有塑化劑，後又發現部分上游原料供應商在合法食品添加物中，使用廉價的工業用塑化劑（非食用添加物）以撙節成本。除了最初被披露的飲料商品外，還擴及到糕點、麵包和藥品等。相關政府機關在事件爆發後，明訂 2011 年 6 月起，若相關食品未完成自我檢驗，一律禁止販售。

其餘類似的例子，如，從美國進口的牛肉中瘦肉精的成分多少才安全？開放進口的日本核電廠災區農產品是否標示？在財務規劃方面，許多人被理財專員遊說，簽定條件不詳的投資契約（尤其涉及到外幣投資），出現鉅額虧損。這些都是民眾因為缺乏知識而處於劣勢的問題。基於這理由，政府應介入市場運作，提高資訊透明度，以保護消費者。

◆ 事例

櫻桃派和米粉的成分標示

　　2019 年 5 月美國食品管理局宣告：不再規定櫻桃派（cherry pie）至少要有多少公克的櫻桃才算合法。因為櫻桃可以是整顆粒或打碎調和撒上，這使原先的規定難以查驗而宣告放棄。

　　台灣也有類似的報導：市售的多種品牌米粉含米比例低到 5% 以下，各米粉包裝都是不實標示。經報導之後，社會恍然大悟，米粉這商品竟然只有不到 5% 的米成分（而是食用澱粉，如玉米粉，占主要成分）。這些廠商都違反國家標準的規定：「純米粉絲」100%以米為原料，粗蛋白質在 5.0% 以上；「調合米粉絲」要有米 50% 以上，粗蛋白在 2.5% 以上。之後，衛生福利部強制規範廠商要在包裝上明確標示其屬性。

◆ 事例

免費信用卡的誘惑

　　許多人可能都體驗過銀行如何吸引你使用它的信用卡。首先，在大賣場入口業務員會熱心地問你是否願意辦一張免費的信用卡，還有贈品。一般人聽到免費，總是難以抗拒其誘惑，更何況有贈品。事實是：免管理費只限於第一年（而我們通常會誤認為終身免費），以後必須消費額度達到一個金額（或刷卡次數符合要求）才能免管理費（一般每年管理費至少 $3,600）。

　　有張信用卡讓你覺得沒有付錢就拿到東西，那種感覺使你買更多（而銀行和發卡公司賺更多的手續費）。若到扣款日時，你的帳戶金額不足，銀行自動借錢給你（不需另外簽約）。所以，你會誤以為已經付款了。收到帳單後，才發現，銀行以年息 15%（最高利息）借錢給你。銀行的信用卡部門是獲利最高的金雞母。

　　有些人成為卡奴，背負數十張信用卡債務，辦新卡借錢還舊卡債。這是民眾對卡債的負擔無法事先體會而被銀行操弄，政府有理由介入，如訂定最高的貸款利率（目前是年息15%），協助協商還債的條件等。

◆ 即席思考

高利貸法應存在嗎？

　　目前許多國家都有高利貸法（usury law），限定貸款的最高利率，只是上限差異很大。在加拿大年利率超過 60% 才構成高利貸罪，德國的最高合法利率為 20%，有些國家，

如瑞典，則是採動態的上限模式，美國由各州訂定最高的貸款利率。

主張自由市場的人認為，借貸是個人之間的契約問題，政府不應干預利率多少；有社會正義感的人認為，高利率是藉機對急需用錢的人的剝削，應訂定高利貸法。由此可見，意識形態導致的觀點不同，如何影響人們的態度。[12]

8.4　自由競爭市場與創新

　　自由競爭市場一個重要的特徵是：人人都可參與，透過眾人心智的開發，不斷有發明和創新，替社會創造和累積財富，提升人們的生活水平。

　　創新（innovation）與發明（invention）不同。發明通常是科技上的新發現或新知識。中國有許多發明，造紙術、印刷術、黑火藥、指南針、陶瓷器的製作工藝等，但都停留在為官家服務的地步，發明沒有被廣泛用到市場，讓人民使用和提升人們的生活水平。

　　管理學大師彼得‧杜拉克（Peter Drucker）認為，創新是結合（一種或多種）發明的新知識，並成功地將之引入市場，創新通常要透過企業管理的催化來創造和滿足市場的需要，而不只是聰明的主意。一項發明若不能在商業和市場上被應用，則它是毫無用途的。譬如，杜邦公司發現尼龍纖維（Nylon）之後，繼續有人將之用於服裝材質、輪胎、製作成有尼龍產品，如，尼龍繩、背包袋、漁網、防水布、牙刷等，這是實現創新的表現。

　　創新不一定要與科技和發明有關，譬如，貨櫃運輸（包括貨櫃輪、貨櫃箱、貨櫃車和港口裝卸貨櫃的設施等）的出現，

---

11 舊約聖經和可蘭經都禁止對借款受取利息。但在那個時代，借錢都在親友之間進行，且屬於救急或外出工作需要盤纏所需，與現今買車、購屋貸款不同。

使得全球移動物品能標準化。這與科技發明關係不大，但是一項創新，使全球分工和貿易量大幅增加。另以照明裝置來看，愛迪生發明了電燈泡，但真正帶來世界光明的是 Samuel Insult（曾任愛迪生的財務長），他籌資成立了中央電力公司，找到有效傳輸電流的銅線，讓電力普及化，才有現今的光亮，他才是創新者。

區別創新與創業

　　一般認為創辦新企業的人都具有創業精神，這是一種錯誤的理解。經濟學家鮑莫爾（William Baumol, 1922-2017）認為創業家有兩種，**複製型創業家**做的是別人已經在做的事情，如，開一個美容店、餐飲店或開一家公司、銀行，雖然要冒開店失敗和經營的風險，但並沒有為顧客創造新東西和新形勢的價值，僅是強化既有市場的競爭。而**創新型創業家**不同，他們做創新的工作。

　　美國自南北戰爭之後到一戰之前的經濟突飛猛進，這期間的四個企業鉅子：約翰・洛克菲勒（John Rockefeller），安德魯・卡內基（Andrew Carnegie），范德・比爾特（Vanderbilt）和摩根（J. P. Morgan）。他們都開創一個嶄新的產業。以卡內基為例，他最早興建一貫作業煉鋼廠，有二十四個足球場的面積（包括用來儲存煤炭和鐵礦砂）。鋼鐵的大量生產使得其每噸價格大幅下降到原價格的 1/3，人們才能用之築鐵路、船舶、橋樑、城市摩天大樓和現代的工廠，做出汽車和貨車等，型塑出現代的工業經濟。范德・比爾特是鐵路大王，他沒有興建任何鐵路，而是建立起美國的鐵路網。鐵路網的形成大幅降低了當時全美國的原物料和產品的運送成本，方便人口的移動；工廠移到偏遠地區，經由鐵路運輸，送入原物料，大量生產，再將產品送到各大城市供消費使用。

　　創新型創業家通常是帶動經濟體革命性成長的動力來源

（創新企業家的角色在後面第九章 9.4 有更多的說明）。

兩種創新模式

目前全球經濟是以創新在前進，各式各樣的創新讓人眼花撩亂，以個案進行觀察，可能是理解創新的最佳方式，但仍可透過一些分類來瞭解創新的多種形態。下面介紹兩種較常見的創新模式。

一、漸進式創新（incremental innovation）

運用現有的技術，在現有的市場進行創新，可能是設計上（如綠建築減少能源使用和碳排放量），或增加一些功能（如，汽車控制面板安裝不同功能的晶片），從而改變使用者對產品的體驗價值。

事例

Uber 的叫車服務

Uber 公司提供一種以網路媒合的運輸服務。叫車的人可以事先知道一趟運送的收費和路徑，以決定是否要交易。這仍屬於計程服務車市場的性質，只是提供不一樣品質的服務，所以是漸進式創新。

事例

iDrip 智能手沖咖啡機

台灣沖泡咖啡冠軍王與業者合作，做出智慧型咖啡沖泡機。這家公司將世界各地冠軍紀錄的手沖細節加以研究，開機沖泡時，先透過紅外線讀取咖啡包（也是其專屬的產品）上的條碼，以讀取此咖啡包所設定的水流速度、水量、沖水次數、斷水時間等參數，搭配機器上有世界專利的注水頭，以精準的溫控，模擬手沖的注水路徑，重現世界咖啡冠軍的手法，讓消費者喝到等同大師親臨沖煮的咖啡風味。

從前，欲享受冠軍沖泡的咖啡，必須親臨現場，每場次只限十餘人，價格也不斐。這款咖啡沖泡機的創新，放大了市場範圍，讓一般大眾以負擔得起的價格，隨時享受冠軍沖泡咖啡的美味。

> **事例**
>
> **個人的創新**
>
> 　　《經濟日報》2014年報導，達洛修（Nicholas D'Aloisio）3月底一夕成名。因為他開發的智慧手機App，Summly，以3,000萬美元賣給入口網站雅虎（Yahoo!）。
>
> 　　達洛修當時17歲，他在家中臥室書桌上起意開發Summly這款彙整新聞的應用程式。將網路文章摘要成三段文字，方便手機螢幕閱讀。這應用程式自2011年推出以來，已被下載逾百萬次，這僅是替使用者省下搜尋時間和閱讀想要的新聞時間，但大受歡迎。它屬於漸進式創新。

二、激進式創新（radical innovation）

　　激進式創新是運用革命性的新技術推動嶄新的市場。如，波音公司的噴射飛機推動了航空運輸市場（之前的運輸工具只有鐵路和船隻），改變了運輸產業。

> **事例**
>
> **麥當勞加盟的創新**
>
> 　　麥當勞兄弟發明速食的漢堡餐廳經營模式，但是將它變成全球連鎖加盟速食模式的是雷・克洛克（Ray Kroc）。他收購了麥當勞的品牌，將這家雜亂無序的漢堡店整頓成具有齊一、衛生和速度特色的速食店；並以加盟方式，將這經營模式推展到美國和全球，他的速食加盟經營管理是激進式創新的代表。[13]

> **事例**
>
> **手機的創新歷程**
>
> 　　Nokia發明和創造第一代按鍵式手機，具備語音傳遞功能，讓人們可以在行動中通話，替代有線電話。之後世代是添加文字、圖像等功能，這些均屬漸進式創新。蘋果公司推出iPhone手機則是激進式創新，它以液晶為介面，以滑動方式選擇圖像（icon），讓使用者容易上手，最重要的是具有與網際網路（world wide web）連結的功能，讓人們隨時可搜尋全球的資訊和知識。演進到現代的5G能快速傳輸即時影片和資訊，使雲端服務、即時搜尋、無人車駕駛等成為可行。

---

12 建議閱讀書籍《麥當勞：金拱門的奇蹟》1990，台北：天下文化出版社。

◆ 事例

Netflix 改變了電影產業

Netflix（網飛）公司原先以寄送 DVD 影片給租者的方式來經營。後來它演化出，只要付出租金，就可在網站隨時觀看影片的經營模式。這種便利性讓它開拓到全球市場，不僅擊敗影片出租公司 Blockbuster，還威脅到電影院市場的生存；它甚至自己製作影片來擴大消費者的選擇，這就威脅到 HBO 等系統業的業績，後者也被迫推出影片。

Netflix 以嶄新的播放和經營方式提升人們的娛樂水平，並改變影片娛樂產業的面貌，是典型的激進式創新。

現今的四大科技公司，蘋果（Apple，行動裝置），亞馬遜（Amazon，網路零售），谷歌（Google，搜尋網站）和臉書（Facebook，社群網站）都是以激進創新在市場獨樹一幟。

8.5 壟斷市場：捨我其誰

市場特徵

壟斷市場（monopoly）是：市場裡只有一個生產者或提供者，它提供的產品或服務無緊密的替代品，所以，消費者沒有其他的選項。自來水、電力、偏遠地區與城市間的唯一交通運輸，都是壟斷的例子。

獨占廠商的出現可能是源自企業刻意追求的結果（稱人為獨占），也可能是一些市場的特質，使得競爭者不願意進入，只存在單一的提供者（稱為自然獨占）。下面說明企業擁有獨占力量的來源。

- 廠商掌握生產某種商品所需的重要原料。如南非的 De Beers 公司掌握世界 65% 的鑽石礦源而具獨占的地位。
- 廠商得到政府的**特許權**而能獨占某個市場。如以前的台灣菸酒公賣局，政府以行政法規對任何釀酒者予以懲罰。奧運主辦單位只允許可口可樂在奧運區內銷售是另一例子。

- 企業取得**專利權**或特殊的生產技術而成為獨占。如微軟（Microsoft）公司的視窗軟體（Windows）是目前多數人採用的作業系統。
- 企業以策略或差異化的品質和服務驅逐競爭者，或防止其他廠商的加入，而能享受獨占地位。

事例三

荷蘭的 ASML 公司擁有的壟斷地位

　　在電腦晶片製作時，工廠通過透鏡將光聚焦，以投射電路圖案到晶圓上，這稱為光刻技術。一個晶片上可放入的電晶體元件愈小，可放入的元件就愈多，能處裡的資料就愈多，具備的功能就愈強。而荷蘭半導體設備巨擘「艾司摩爾」（ASML）的光刻機能創造出目前最小的電路，故為高階晶片廠（台積電，三星等）採用，一台機器售價 1.5 億美元。ASML 擁有這方面的技術而有壟斷的地位，目前沒有其他廠能與之競爭，美國政府甚至醞釀要禁止銷售這種高端的機器給中國晶片廠。

　　經濟學家接受因專利權而取得的壟斷。因為，企業進行創新要花費鉅額的資金，有了專利權的保障，創新出來的產品才能在市場以高價格銷售，企業創新耗費的資金才能回收，人們才有動力繼續進行創新，提升人類的生活水準。其餘的人為壟斷則為經濟學家所反對，這是基於下面的理由：

- 由於是獨家生產，沒有競爭對手，而壟斷企業面對的民眾是散沙、無力量聯合與之對抗。故相對於有競爭的市場而言，獨占企業的**產量較少且價格偏高**，這顯然不利於消費者（若以政治制度來類比，壟斷市場類似獨裁的統治，由一人決定一切的事務，使民意無法顯示）。
- 壟斷企業由於無競爭敵手，就沒有競爭壓力促使它提高經營效率。它們毫不在乎成本地採購設備、核准出差費、任意安插職位給親友等。這雖使其單位成本高升，但它只要提高售價就能繼續生存。所以，與面對競爭的企業相比較，其經營效率相對低落，這情形在有特許權的公營企業尤為顯著。
- 為追求和維持獨占地位，它會花費鉅資向行政機構、立法機構進行遊說、關說等**鑽營行為**（經濟學稱為尋租，rent seeking）。這是將社會有限的寶貴資源引導至非生產的活動方面。
- 壟斷企業對**產品創新**的影響。這有正反兩面的看法。正面的看法認為：研發通常

需要鉅額的資金，處於開放競爭市場的廠商只能賺取正常利潤，通常無力支持長期的研發經費，而獨占企業能由超額利潤中撥款來進行創新，以維持其地位。見到的例子是美國電話和電報公司的貝爾實驗室（美國電話和電報公司，因為獨占已被美國政府解體），它對通訊產品的創新有顯著的貢獻。反面的看法是：獨占廠商可能阻礙創新的實現。當創新的產品與壟斷企業的產品具有高度替代性時（稱為破壞性創新），壟斷廠商為了繼續其獨占地位，可能會收購創新物品的專利權，卻將之收藏不用。這阻礙了社會的進步。

現今由於公平交易法的施行，除了經由專利權形成的人為壟斷之外，其他的大型壟斷企業都受到管制或被解體，如中華電信公司自電信總局中獨立出來，它要與其他的電訊公司競爭提供通訊的服務；台灣的香菸和酒類的買賣不再是菸酒公賣局的特權等，都是事例。

事例

Google 和 Apple 公司在 App 交易擁有的壟斷地位

Google 和蘋果公司是全球兩大入口搜索網站公司。兩家都有自身的應用軟體（App）商店平台（Google Play 和 Apple Store），商家向這兩平台購買廣告空間，讓產品得以曝光。

但 Google 和蘋果公司利用其強勢地位剝削上架的商家。它們規定：任何 App 只要在其商店平台上架，就必須使用內部支付系統（Google Pay 和 Apple Pay），並對 App 的銷售金額抽取三成的佣金（已支付廣告空間費），它們利用其支付系統的壟斷地位，加重最終消費者的負擔。

2021 年 8 月，韓國國會修法禁止蘋果和谷歌商店強迫 App 開發者使用自家線上支付系統，讓消費者擁有更多樣的支付選擇，以減輕消費者的負擔。

附錄　**訊息的價值**

> **事例**
>
> ### 美國緬因州的龍蝦市場 [13]
>
> 　　美國緬因州有綿延數千哩的海岸，是世界最大的龍蝦產地。在這市場運作的有三群人：第一群是出海捕撈龍蝦的漁民，他們將龍蝦賣給在碼頭收購的中間商，這是第二群人。中間商將龍蝦轉賣給大盤的批發商，批發商擁有冷凍庫和貨櫃車，並且知道龍蝦的世界價格（龍蝦甚至以飛機運送到日本的市場），這是第三群人。
>
> 　　第一群的漁民將捕獲的龍蝦賣給中間商，由於漁民沒有冷凍設施，無法保存龍蝦，且他們不定時回航，所以交易時難以精確掌握當時的市場價格，這給中間商很大的訂價空間，若每磅的價差達幾角錢，在幾千磅的交易時，可能就差了幾百美元。至於中間商的價格訊息則來自批發商和同業之間的交流。由於他們是專業仲介商，願意花費成本來蒐集訊息。漁民通常只和熟悉的中間商交易，前者知道有時收購價格偏低，但除非差異很大，否則不會另尋中間商。除了收購之外，中間商另外提供一些服務，如讓漁民停靠碼頭，幫他們送修漁船（體積龐大非漁民能載運）或給他們短期的低利貸款。
>
> 　　這等於是以商品的差異化來維持交易對象的忠誠度，這些特徵使得當地的龍蝦市場一直保持壟斷性競爭的局面。

---

13 這例子取自 Acheson, J. M. (1985), "The Maine Lobster Market: Between Market and Hierarchy." *Journal of Law, Economics and Organization*, Vol. 1, no. 2, pp. 385-398。

■思考題

1. 何謂自由市場？其擁護者的基本主張為何？
2. 自由市場與完全競爭市場有何不同？
3. 舉一個你體驗或觀察到的自由競爭的例子（提示：考慮，升大學或研究所補習班如何吸引學生）。

資訊不對稱

4. 在房屋交易時，屋主通常隱藏一些不利的資訊（如，周圍夜間有噪音或廢氣等），這是哪種資訊不對稱？
5. 為因應少子化，一些私校系所如何調整招收新生的條件？降低招生條件傳遞什麼訊息？
6. 新冠疫期間，大學無法現場考試，改以遠距考試，出現學生哪種道德風險行為？
7. 為因應私校退場，教育部提議建立私校退場保險，讓倒閉的學校教職員和學生的權益得到一些保障。何以私校都說不會加入？（提示：加入這保險宣示什麼資訊）。
8. 當以不合理的低價格買到一物品時（如筆電），可能出現哪種資訊不對稱的問題？
9. 美國曾發生一個如下的事件：一家連鎖零售店規定它的員工在商店遭遇搶劫時不要抵抗，因為依政府的規定：若員工在工作場合受到傷害，雇主要負擔醫療費。為了避免這種負擔，他做了上述的規定。某天，一家分店有搶匪闖入，店員奮力抵抗，將搶匪擊退，自己也受傷住院。出院之後店主將之解僱。事件被報導後，社會為之譁然，認為店主毫無道義。請問：雇主這樣規定，會引導員工何種道德風險的行為？
10. (1) 有些大學教師領取固定月薪，他們不花時間在教學上（長年重複舊教材、以分數都及格來減輕教學負擔）。這是哪種道德風險問題？

(2) 教育部要求讓學生評鑑教師的教學品質。有教師以輕鬆過關且都給高分數，而學生則給教師高評鑑分數做回報。這種制度設計形同師生共犯。這情形使哪些學生得利？哪些學生受害？

(3) 這時學生成績分數還有傳訊功能嗎？當分數沒有傳訊功能時，企業如何篩選應徵的人？

11. 何以，耐久性商品和電器用品通常提供使用年限保固的約定？

市場的道德性問題

12. 罪惡商品與違法商品有何不同？

13. 伊斯蘭教國家基於何種理由，將酒精飲料和色情刊物訂為違法商品？

14. 性交易在台灣是違法的，何以日本、美國和澳洲沒有這規範？

15. 彩券和博弈公司（賭場）的性質有何不同？賭場何以是特許經營（要經過審核，另訂利潤稅率）？台灣彩券公司何以是政府以招標特許經營？何以稱為公益彩券？

16. 彩券公司宣稱，它成立至今，創造出數百個百萬富翁。這些富翁對社會的實質產出有貢獻嗎？

17. 曾有報導，有一個尼姑排隊買彩券，記者認為尼姑也想發財。你認為尼姑買彩券是不符合形象的行為嗎？

18. 中彩券是禍、是福？有報導，全球各地許多中大獎最終卻以破產了結的案例。請以網路查看，何以許多中獎人是悲劇下場。

創新

19. 區分：發明和創新，創新和創業。

20. 區別：漸進式創新，激進式創新。

21. 填寫下面產品的創新歷程：

照明裝置：熾熱燈泡_____，_____。

通訊裝置：有線電話和電報，_____，_____，_____。

照相設備：_____，_____，_____。

指出它們是漸進式或激進式創新。

壟斷

22. 區分：行政權的壟斷和專利權的壟斷之差異。

23. 「壟斷廠商有高利潤」是反對壟斷的理由嗎？

24. 台灣的郵局和電信局未改制前為壟斷，現在不再是。說明它們面對何種競爭而喪失壟斷的地位？

25. 在國際機場的餐飲店售價都偏高。這是何種壟斷力量所致？

26. 通常一個中小學只允許一家福利社經營，這是壟斷嗎？學校對它有管理嗎？這壟斷是否提升學生的福祉？

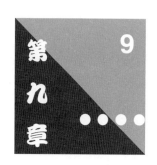

各種生產要素的角色和收入本質

　　市場經濟的特徵之一是分工，包括各種商品和服務的分工。在以前的農業社會，一個家庭要種植作物、製作或修補農具、衣服、鞋子等。現今每個人只要扮演一個微小的生產角色，再經由市場的連結，就可以換取生活所需，大幅提升了人類的生活水準。在市場經濟裡，每個人都參與分工的行列，形成人們相互依賴，本章說明各種生產要素的貢獻和收入的本質，這是以制度面的角度來理解。

　　一般分析將生產要素分為四種：自然資源、勞動、資本財和企業家與企業精神，分述如下。

9.1　自然資源

　　自然資源包括土地、水資源、礦產、石油、森林、海洋資源等，它們的特徵是天然賦予的，一個社會擁有的自然資源總量短期內是無法增加的。自然資源可分為具枯竭性和可再生性兩類。前者如石油、煤、鐵礦等，現在多用會使其儲存量下降，留給後代的數量減少；後者如森林、水資源或漁類資源等，是可再生的。下面介紹幾種主要自然資源的特徵。

• **自然資源**

自然資源包括土地、水資源、礦產、森林、海洋資源等，它們的特徵是天然賦予的。可分為具枯竭性和可再生性兩類。前者如石油、煤、鐵礦等，現在多用會使其儲存量下降，留給後代的數量減少；後者如森林、水資源或漁類資源等，是可再生的。

土地

土地可用於耕作、興建住屋、廠房等。地租（rent）是使用一塊土地一段時間（如一年）的價格。地租的出現完全是由需求引導出來的。因為，土地的特徵是供給量固定、任何一個地區的農業用地、住宅用地的面積等都是被限定的。由於供給量固定，地租的漲跌完全取決於社會對土地的需求。在圖 9-1中，某個城鎮的土地供給曲線是垂直的，表示其數量不會隨地租而增減。若需求低，則土地閒置，不會出現地租（你不會到中央山脈租地吧？）。當這城鎮的人口增加，提升了對土地的需求，於是就出現地租：出得起地租的人，就有使用權，使有限的土地分派到最有生產效率的用途上。

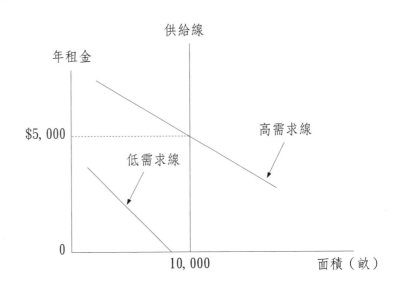

▲圖 9-1　地租取決於需求

• 地租與地價

地租是使用一塊土地一段時間（如一年）的價格。地租的出現完全是由需求引導出來的。

地價則是讓渡一塊土地所有權的價格。地價取決於地租和地價漲跌的預期。

地租是個價格，但土地供給量不會隨地租的漲跌而增減，所以，地租只有分派的功能，而無引導生產的功能，這是地租與其他商品的不同之處。

另一個與土地有關的價格是地價。地價是讓渡一塊土地所有權的價格。一塊土地的地價高低取決於兩個因素：它的地租和預期的未來地價。先說明地租與地價的關聯性。這可以下面

的例子來理解。假設一塊地的地價爲 400,000 元，而地租爲每年 10,000 元。若存款利率爲 3%，而且你有足夠的錢購買這塊地，你如何決定是購買或租用這塊地？思考模式如下：

若買地，這筆錢就不能做定存，故買地的機會成本是：每年的存款利息損失 12,000 元（＝ 400,000 元 ×3%）。由於這數值大於地租費用，所以，合理的選擇是：將這筆錢存入銀行收取利息，不買地，而以租的方式來使用之。若社會大眾都是如此地理性選擇，則地價會下降、而租金會上升，直到：地價 × 利率＝地租爲止。反之，若地價爲 300,000 元，則買地的每年利息損失爲 9,000 元（＝ 300,000×3%），但地租要 10,000 元，所以，採取買地是理性的選擇。社會都如此選擇，就使地價上升、租金下降，直到：地價 × 利率＝地租爲止。這顯示了兩種市場價格具有合理的調整機制。

地價的變動還受到人們對未來預期的影響。若社會預期某地區的土地將於這一、二年內會漲價（如捷運設站之處），現在就有人購買它，導致其地價立即上漲（即使地租極低），這種漲價反映出人們預期的結果，通常珠寶、古董、土地等資產的價格會受到人們對預期價格的影響。

一些自然資源被做成中間產品。鐵礦砂被提煉成鋼鐵（再加工成爲鋼捲、不銹鋼，合成鋼等），用於興建工廠、橋樑、建築、船舶、汽車等。石油被提煉成汽油、柴油（燃料）、化石產品的原料（乙烯，丙烯等）。一些農產品被做成加工食品（罐頭、早餐穀物、果乾、果汁飲料等）。

9.2　勞動

勞動者是受僱於人的就業者，通常分爲在工廠操作的藍領階級和在辦公室上班的白領階級員工。勞動者的工作特徵有

• 勞動者
可分為工廠工作的藍領階級和在辦公室上班的白領階級員工。勞動者不參與組織的重大決策，而是接受指令，完成上級交付的工作項目，故不承擔企業決策成敗的責任。另外，勞動者的收入是以契約來取得，收入屬確定性質。

兩個：第一、他（她）們不參與組織的重大決策，而是接受指令，完成上級交付的工作項目（高階的經理人有決策權，故不屬於勞動階級，而稱爲企業家或創業家，後文會說明），在這情況之下，勞動者沒有承擔企業決策成敗的責任。第二、勞動者的收入是以勞資雙方約定的方式來取得，如以生產的件數、銷售的金額或工作的時數等，收入的高低通常不受企業利潤好壞的影響（員工可能有分紅的收入，這部分取決於企業經營的績效，但這部分是無法確定的）。基於勞動者的工作性質，他們的收入是確定的性質，不隨企業經營好壞而變動。

藍領階級的收入包括固定工資與加班收入，將兩者相加，除以工作時數，得出以小時計的平均工資率。白領階級的收入稱爲薪資，由於他們的工作時數固定（朝九晚五），故薪資是以年或月來計算。除了工、薪資之外，一個企業可能提供員工額外的福利，如替員工購買醫療險、支付部分勞健保費、提供午餐或住宿等，有時這是一筆不小的收入。工、薪資收入和額外的福利收入，構成受僱者的酬勞（compensation）。

勞動市場

勞動市場的參與者包括供給與需求兩方面，就業者在勞動市場裡找尋工作，構成供給；而企業和政府僱用員工，構成需求。在市場經濟裡，私有企業是主要的勞動需求，所以經濟學以之爲研究對象。

影響一個社會勞動供給的因素很多，包括經濟、政治和社會面的因素。經濟因素主要的是工資水準。經濟學強調價格的角色，基本上假設人們喜好休閒，厭惡工作，故要吸引人們放棄閒暇來工作，就要給予補償，那就是給付工資。當工資率上升，有工作的人願意增加工作時數以賺取更多的收入，家庭主婦覺得做家事的機會成本提高，於是進入勞動市場；另外，青少年也可能提早輟學，加入就業的行列，這些都使勞動的供給

量隨工資提高而增加，這符合一般的供給法則。

　　勞動供給與商品供給有一點不同，那就是：當人們的收入高到一個地步之後，可能開始重視休閒，希望有更多的時間來提升所謂的生活品質。這時可觀察到工資率提高的結果，反而導致整體工時的減少。比較工業先進國家平均每週工時為 30 小時或更少，而開發中國家可能高達 40-50 小時，可驗證這點。

　　除了工資水準，影響勞動供給的還有各種文化、政治和社會因素。社會因素包括人民的勤奮程度（勞動參與率）、教育水準和人口生育率等。政治因素為法令或政府的規定（如引進外勞）。有學者研究，發現台灣婦女的勞動參與率與她們的教育水準呈現正相關；但與她們的家庭收入呈現負相關。[1] 在雙薪家庭的勞動供給方面，研究發現：當丈夫的（以小時計）工資率提高，則他們會減少工作時數；當妻子的工資率提高時，丈夫也會降低工時；但若只是妻子的工資率上升，則她們的工時仍增加。這些研究有助於我們對現狀的瞭解。[2]

　　至於對勞動的需求則是主要來自私營企業，它受到工資水準、勞動的生產力和政府的政策（如勞基法的基本工資率規定）等的影響。工資率提高，則廠商負擔的工資成本增加，它們會以其他的生產要素，如機器，來替代勞力，導致對勞動需求量的減少，這符合一般的需求法則（見圖 9-2 的需求線）。

　　和產品市場的價格決定一樣，一個勞動市場的工資率是由供給和需求來決定的。圖 9-2 顯示，某個技術水準下的均衡工

1　張素梅（1988），〈婦女勞動參與率的研究〉，《經濟論文叢刊》第 16 輯，第 2 期，頁 175-192。

2　單驥（1988），〈我國小家庭勞動供給的決定〉，《經濟論文叢刊》第 16 輯，第 2 期，頁 251-270。

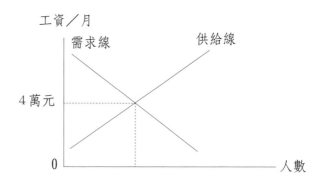

▲圖 9-2　同一技術水準之下，工資水準由供需來決定

資水準為每月 4 萬元。勞動市場有兩個特點值得說明：

第一、它可按照技術水準的不同，分為許多個「子市場」。由於學習不同的技術或知識需要時間且個人能力不同，故各個子市場在短期內幾乎是封閉的，如大學畢業生、專科生的市場不同，待遇也不同；商科生、工科生、文科生的市場也幾乎是各自獨立的。由於各個市場是獨立運作的，可能在某個市場（如資訊業）人才不足，而另一市場（如紡織業）有人失業的現象（這稱為結構性失業）。

第二、個人受僱於組織（私人企業、政府單位等），由組織設計各種職位（jobs），企業和政府機構的每個職位都有報酬標準，按照工作繁簡度、難易度、學歷、所需具備的專業條件等認定薪點。下面是些例子：

- 汽車裝配廠每個工作站的組裝難度不同，如，安裝電纜線的工作要費時 1 分鐘，且要彎腰進行安裝；而最終端檢查汽車是否漏水的工作最輕鬆，兩工作的薪資自然不同。
- 在營造工地上班的工程師除薪資之外，另有職位加給。
- 金融、保險從業員以應徵者擁有的金融證照來核薪。廚師有乙、丙兩種證照。
- 公立高、國中、國小教師要有師資學分，經學校面試才被

僱用。有碩士學位可加薪。

• 公職人員必須公職考試及格才能任用（普考、高考和各種
　特等考試）。以學歷和年資敘薪。

　　除了以市場供需來解釋工資水準之外，另一說法是**工資
議價理論**（bargaining theory）。這存在於許多現實情況中，譬
如，受僱者加入工會，以集體議價的方式向廠方要求提高待
遇。另外，團隊生產的成果屬於集體產出，通常上級依據整體
產出給付報酬，再由團隊管理人分給個別參與者；這時，一個
人取得的報酬包括兩部分，一部分是：由市場給定的最低報酬
（否則他會退出團隊，另外找尋工作，而團隊要花費成本、替
補新人）；每個人取得其最低報酬的部分之後，剩餘總報酬之
分派由團隊成員協商決定，這取決於：參與者相互對個別貢獻
的認知，也就是個人的議價能力。譬如，張先生能提出事實，
證明由於他在某方面的突破，使計畫準時完成，他可能分得較
多的獎金。

　　在分析工資水準時，經濟學家經常引用的是市場決定
論，而勞工關係學者經常引用議價理論。兩者各有其解釋能
力。

9.3　資本財

　　資本財（capital goods）通常指實物資本，包括機器設
備、廠房、辦公大樓、挖土機、貨櫃等，生產、運輸、儲藏的
工具，和鐵公路、水壩、教室等公共設施。它是人們構建出來
用以生產物品或勞務的器具。眾人皆知，以資本財來生產遠比
手工生產有效率。在以前的農村社會，人們已經知道將時間挪
用來製作魚網、手工紡織機、弓箭等，逐漸累積資本財貨，使
生產效率提高，改善人們的生活水準；現在的生產型態，則是
運用機器設備進行快速、大量的生產。但資本財不是憑空而來

• 資本財
　人們構建出來用以生
　產物品或勞務的器
　具。包括機器設備、
　廠房、辦公大樓、挖
　土機、貨櫃等生產、
　運輸、儲藏的工具和
　鐵公路、水壩、教室
　等公共設施。以資本
　財來生產，遠比手工
　生產有效率。

的，它是社會整體經年累月積蓄而來。一個社會必須能移轉有限的資源，減少消費財的生產，以增加資本財的製造。這種移轉意味其人民必須有一段時間節制其消費量（包括食物量、物品數量、住家面積的減少和休閒時間的縮減），將資源製作成資本財，等到累積了足夠的生產工具之後，生產效率提升，生活水準自然提升。資本所得（capital income）是擁有資本財取得的所得，包括租賃、利息、股利所得和基金投資、壽險契約的紅利等；相對的是勞動所得（labor income）。而資本利得（capital gain）是經由賣出股票、債券或不動產的獲利。

資本市場

• 資本市場
涵蓋股票市場、債券市場和借貸市場。企業透過資本市場聚集資金，進行大規模投資。

　　資本市場（capital market）包括股票市場、債券市場和借貸市場三大類。上市公司經過政府管理單位的核准，在股票市場發行股票或於債券市場發行公司債以募集資金。依規定，這些資金必須用於購買資本財，如擴建廠房、興建辦公大樓、購買運輸工具等，形成資本財的累積。政府也於債券市場發行建設公債，這等於是向民眾借錢，取得資金之後，興建公路、水壩等公共設施，增加了全國的資本財數量。另外，企業還可經由借貸市場，透過金融媒介，如銀行、保險公司、信託公司等來取得長期貸款，進行投資，如高速鐵路的興建。至於一般家庭則在借貸市場取得購屋貸款（可長達二、三十年），使他們立即有房屋能住，而不須等存夠錢才買。個人也可從事短期的購車或消費貸款，這些提前消費的選擇能提升人們的效用。

　　如前所述，可知資本市場的主要功能有三個：

　　第一、它聚集和有效地分派資金。在資本市場裡，若個人或企業有創新計畫，可以向創業投資公司提出申請，由它來評鑑是否有發展的潛力。若經批准，創投公司就會挹注資金（換取未上市企業的股票）、並給予各種管理上的協助。這家有潛力的企業就能擴大規模、提供更多的產品。一旦成功上市，創

投業者手中握有的股票可能增值數十倍，其投資得到回報（投資失敗也是可能的，這是創投業的風險）。許多大公司，如雅虎、聯邦快遞等都是透過這方式得到發展，對社會做出貢獻。在資本市場裡，創投業對未上市中小企業的協助，扮演重要的角色。

　　已經上市的公司也可經由資本市場來募集資金（發行新股票、或公司債券或向金融機構申請貸款），以擴充廠房設備。一個前景被看好的公司，人們預期它會有高的利潤，於是它新發行的股票被搶購，企業很容易以低的資金成本募集到所需的資金；反之，一經營不良的公司就乏人問津，無法取得資金來發展。故這市場也是經由競爭的法則來分派有限的資源（即資金）給高效率的企業來使用，而低效率的企業則逐漸被淘汰。

　　第二、資本市場能分散投資的風險。由於一公司的股權分散在眾多人的手中，故其利潤下降的風險就分散給眾人承擔（投資人可買入不同公司的股票或公司債來分散收入波動的程度），與完全由一人或幾人出資相比，每人承擔的風險自然下降；另外，股份有限公司即使企業倒閉，股東的負債也只限於出資額，這項設計減輕了投資人負擔的風險。

　　第三、人們可透過資本市場來做消費貸款，也就是提前消費。如年輕人一結婚，就可向金融機構貸款購買新屋，不必等到存夠錢才擁有房子，這增加了人們的選擇範圍，使效用提高。

　　由前面的敘述，我們可界定**資本家**（capitalists）為出資者，他（她）們是資金的擁有人。若社會存在一個健全的資本市場，則家庭手中握有的儲蓄可轉給企業運用，進行實物投資，或讓其他人提前消費。在這情況之下，這些資金的擁有人都是資本家，由於他們的儲蓄，使得資本財能累積和製作出來，對生產是有貢獻的。

• **資本家**
在資本市場提供資金的人（包括家庭和富人）。

事例

只要付出利息，你也可以提前消費自己的遺產

在 1996 年，《聯合報》有一則報導：目前國內已有銀行對銀髮族推出年金貸款。銀髮族只要將房屋抵押給銀行，銀行每月就付出一筆固定金額供其生活所用，直到銀髮族去世為止，屆時房屋交由銀行接收。這種貸款可讓老年人一方面有房屋可住，又可經由提前處理其遺產，而提升其生前的生活水準。

可想而知，因著個人身體狀況和房屋市價的不同，每人能貸到的額度也不一樣。假設兩個人的房屋市價一樣，而一個人年老體衰，另一人身體健朗，則銀行預期後者能享較長的年壽，故給予的年金當會少些（他知道銀行可能會詛咒他早點死去，但這並不影響雙方的交易）。

前述的概念與美國的「聖餐業」相似。一般而言，若得了惡性疾病，如愛滋病或癌症，通常需要鉅額現金來給付醫療費和維持生活，故病患被迫抵押房屋或變賣其他財產還不夠用。有些人手頭可能有壽險保單，但病患無錢繼續繳保險費，且理賠金要等到他（她）們去世之後，才能由受益人領取，使得這項保險無助於當事人。於是出現一種人們稱為聖餐業的行業，它們收購末期病人的保險單，替他們支付保險費，並預支現金給他們使用（金額取決於病人的死亡指數）。當病人去世，公司就領取理賠金。這個市場交易的出現，創造一個對雙方都有利的局面。

除了「實物資本」之外，最近學界引入「智慧資本」（intellectual capital）的概念。它屬於無形的資產，但會影響國家整體的生產力和競爭力，其內容包括：人力資本、關係資本和組織資本三大類。人力資本包括企業員工經由正式教育、在職訓練和彼此互動而產生的知識、技能和運作關係，這類資產由員工所擁有。關係資本則是企業和其利害關係人（如供應商、顧客、融資者、員工和社區等）互動之下產生的資產，包括品牌、信任感、相互支援等。組織資本是企業在運作過程時所產生的運作模式、組織文化、觀念和運作系統等，它由組織整體成員擁有。智慧資產是無形的，很難計算其價值，但在現今的知識經濟裡，它的生產角色可能遠比實物資本更重要（試想，英特爾公司的研發人員總值多少？）。

事例

荷蘭阿姆斯特丹成為歐洲金融中心

　　荷蘭是第一代資本主義國家之一，以發展貿易和海權成為強國。荷蘭東印度公司成立於 1602 年，是世界最早發行股份的公司，也可說是最早的跨國公司。它擁有由荷蘭國會授予對亞洲的貿易（尤其是香料貿易）的二十一年專利權。貿易讓荷蘭聚集財富並帶來數學、法律和建築等知識。阿姆斯特丹成為歐洲商業活動的中心。

　　阿姆斯特丹交換銀行建立於 1609 年，為阿姆斯特丹市所擁有和庇護。建立銀行的目的是吸收金塊、銀條和鑄幣等金屬貨幣。銀行早期運作是吸收未切的金銀塊，由銀行發給存戶票據，票面價值為存款價值的 95%。存戶得於六個月之後以票據贖回。所以銀行最早的工作是替人們保管鑄幣而收取 5% 的管理費。

　　17 世紀的歐洲採用金屬貨幣。貨幣的價值取決於產地和貴重金屬的含金量。在荷蘭就有十幾種地區性和全國性貨幣在流通，各種貨幣都有不同的成分。人們經常以重量較輕的貨幣來付帳（銀行的行員也參與耍詐），使得任何流通的貨幣價值都難以估算（如，弗羅林貨幣的價值每年以 1% 在下降）。這影響了交易的進行，並推動了顯著的通貨膨脹。

　　阿姆斯特丹交換銀行的策略是保障存款貨幣的價值：在接受各種存款貨幣和扣除管理費之後，將之換算成荷蘭盾記錄於存款人的帳戶中，取款時依據存款收據，足額支付；首次開立帳戶收取十個荷蘭盾，每筆交易收取少量手續費（小額交易的手續費高於大額交易的，以減輕員工的負擔），大額支付不以現金而需透過轉帳方式（避免詐欺等）。這等於存款人付錢給金融組織替他們保管財產。這個制度設計能充分保障存款的價值，使債權人和債務人之間的關係穩定；又因為使用銀行的票據交易，方便又安全，商人也在銀行開立帳戶。那時它已具備了現代銀行的角色。

　　在當時荷蘭其餘地方，劣幣驅逐良幣的現象仍非常嚴重，使得人們紛紛到阿姆斯特丹交換銀行開戶，它於 1609 年到 1648 年間存款吸收額每年增長 10%，成為資金存放的最佳地點和歐洲最大的清算銀行。阿姆斯特丹的城市開發（開墾荒地和建立新的建築物、鋪設橋樑、道路等）的資金來源就是依賴荷蘭東印度公司的鉅額財富，而荷蘭東印度公司成立之初，絕大多數的資金是來自阿姆斯特丹交換銀行的商人，這使得荷蘭成為 17 世紀的大國。

　　之後，由於阿姆斯特丹交換銀行的獲利豐碩，其餘的銀行也紛紛採取類似的措施以吸引存款。各家銀行為了吸收資金（有資金才能借出，賺到更多的錢），競爭的結果就出現：銀行提供存款利息的措施，而存款人也開始比較存款利息的高低，以決定將錢存到哪家。

　　在借貸市場裡，利率是由市場資金供需決定的：當資金短缺時，利率上升；當資金充裕時，利率下降。日本從 1990 年平淡經濟至今（消費不振、無成長率、通貨緊縮），企業借款來投資的意願極低，銀行資金供過於求，竟出現：銀行對存戶收取年度管理費的措施（等於存款要付利息給銀行）；丹麥在 2011 年也出現負利息的情況。圖 9-3 顯示：利率由可貸款資金的供需決定，當供給量遠大於需求量時，出現負利率：存款人要付給銀行管理費（沒有利息收入，而本金逐年減少）。

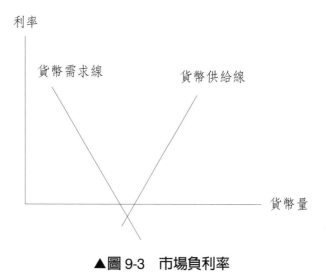

▲圖 9-3　市場負利率

政府應該設訂高利貸法（usury law）嗎？

　　現今從事貸放款的機構主要是商業銀行。各家銀行估計放款對象的倒帳風險程度，收取不同的利率價格。下面列出幾種貸款利率（由高到低）：

- 信用卡循環借款（每月信用卡帳單無法全額繳清，只能繳最低額者）；利率最高可達 15%。
- 無擔保借款：如，小額信用借款，利率通常達 10% 以上。
- 有擔保的信用借款：包括，車貸和房貸（以房、地契為質押擔保）。目前利率介於 2%-10% 之間。
- 企業信用貸款：企業為了長期投資而進行的籌資。如，營

建公司為了興建商辦大樓或住家大樓，以土地為抵押品來貸款，通常金額龐大，利率由雙方議定。

世界各國對於是否該訂高利貸法（usury law）持不同的看法。美國、英國、澳洲、加拿大和新加坡（大英國協成員）認為借貸是市場交易的行為，應由雙方議定，所以沒有規範。伊斯蘭國家根據可蘭經的教義，認為：不可向緊急需要用錢的人收取利息，所以，其文化習慣是借款利率為零。

民間也從事小額借貸（或稱地下錢莊），通常收取很高的利息，而被認為是不道德或不公平地壓榨借款人，故而有高利貸法。目前各國有不同的規定，美國由各州訂定貸款最高利率；英國、加拿大認為借貸條件應由雙方自行約定；日本規定上限為年率 20%，德國為 21%，台灣超過 16% 無請求權。

▶ 事例

黃金何以是一種資產？

在紙鈔全面被採用之前（美國於 1862 年發行紙鈔），人們有一段長時間使用的實體貨幣是金幣（通行於歐洲）和銀幣（通行於中國和亞洲）。現今黃金退位成為保值的工具。每當人們意識到即將出現通貨膨脹，手頭握有紙鈔的購買力受到侵蝕，就有人將紙鈔轉為黃金。這使得對黃金的需求量增加，但黃金的供給量不容易大幅增加，就帶動全球金價上漲。近代的歷史資料驗證這觀點：在 2005 年到 2008 年間，全球經濟繁榮，公司擴廠，新興國家（尤其是中國、印度、巴西、俄羅斯四國）的政府積極從事道路、港口、光纖等基礎建設，推動全球對自然資源的需求和價格大幅提升，等於美元的實質購買力下降。人們紛紛到銀行開立黃金存摺，將美元等轉為黃金以保值（在帳面上買入黃金，而不是手頭擁有實體黃金），使得黃金價格在 2008 年 3 月漲到每英兩美元 $1,000（在 2005 年 3 月，一英兩黃金價格還只有美元 $450）。到 2008 年發生全球金融風暴，各經濟體的投資和商品需求大幅減少，出現全球經濟衰退，自然資源價格隨之下跌，黃金價格也下降到美元 $700。黃金歷史價格最高點 $1,900 出現在 2011 年 8、9 月間；目前在美元 $1,200 上下徘徊。歷史故事明白顯示：若經濟繁榮、物價上漲，黃金價格就上漲；若經濟不景氣，出現通貨緊縮，黃金價格就下跌。目前人們以黃金做為保值的資產，而不是交易的貨幣。

> 　　一個有趣的問題是：何以人們會選擇黃金做為保值的物品？在現代，黃金的實際價值並不大。學者 Peter Bernstein 在《黃金簡史》一書的序言指出，人們對黃金的迷戀可能是長期演化的結果。由於黃金的化學成分穩定，不會被氧化（人類從古至今開採出來的黃金幾乎都留存著），密度極高（一立方尺重達 0.5 噸），加上高度的延展可塑性（可被錘鍊成金飾、牙套、貼金箔等）和炫目的光澤（中國喜歡以「金碧輝煌」來描述建築的宏偉），黃金的永恆性特質反射出人類對永生不朽的嚮往。[3]

9.4　企業家與企業精神

　　最後說明企業家（entrepreneur）的經濟角色。企業是結合各種生產要素來得到產出或服務。問題是：為何不是出資者、受僱者或擁有技術的工程師當老闆？而是創業家擔任老闆（或公司董事長）？生產需要勞動（取得工資），土地或建築（租金），資金和設備（利息），和管理階層，包括總經理、財務經理等的協調、監督與管理等（他們取得的酬勞是薪資加獎金）。這些要素都存在各自的交易市場，價格可經由合同來訂定，也就是說，前面的各要素價格可被交易的雙方認定和執行。

　　但經營企業只有勞動、土地、資本設備和管理還不夠，企業要成功地完成其經濟活動，還需要一種人：他們有敏銳的能力來察覺市場未被發掘的機會，經由發掘商機，企業才能賺取利潤而生存和發展下去，這是市場企業家（market entrepreneurs）的工作。市場企業家可能是中間商（middleman）或新市場的開發者。前者是發現一個市場的存在，將一地的產品運送到該地去銷售，譬如，台灣的機車公司發現印度的機車市場相當大，但他們買不起台灣價位的機車，於是將機車改裝，簡化組件，以較低的價格售出，博得當地人的喜好。至於新市場

3　Peter Bernstein (2008)。*The Power of Gold:The History of an Obession*。簡體中文翻譯版：《黃金簡史》（上海：財金大學出版社）。

的開發者，以溫世仁為例，他替甘肅的綿羊川村落架設網站，
讓當地滯銷的羊皮能銷售到各地，大幅提升當地人的收入。市
場企業家所做的工作是：去查知（perceiving）或發現（discov-
ering）未被人們察覺的機會。他們提高了社會的產出可能。[4]

　　熊彼得（Joseph Alois Schumpeter, 1883-1950）認為企業家
應是有創新能力的人。他主張自由競爭市場最大的力量來自其
創新能力（創新已在第八章介紹）。

　　依據前述的論說，企業家做發掘機會、創新等，這類貢獻
的價格是無法經由合同來認定。一個工程師或學者可能研發出
新製程或新產品，若這項新知識或產品可經由賣出專利權來獲
利，則發明者不會成為企業家；反之，若無法在市場賣出，則
發明者可能會自行創業來開發新技術，他就成為創業家和企業
家。因為企業家這項「企業經營管理不可或缺的生產要素」的
貢獻價值無法被客觀認定，所以，企業家沒有市場價格，這時
由企業家擁有企業的掌控權和享有利潤是最佳的安排，而且，
企業家和創業家的角色是重合的。

▼表 9-1　四種生產要素之角色比較

生產要素	生產角色	收入性質
勞動者	提供勞力或服務	合同收入（工、薪資）
自然資源擁有者	提供生產基本要素（土地、能源等）	合同收入（地租、能源銷售等）
資本家	提供資金	合同收入（資本所得）
企業家	提供洞察力和管理，承擔風險、創新。	剩餘收入（利潤）

4　提出市場企業家觀念的是美國紐約市立大學的 Kirzner 教授。

■思考題

土地

1.　地租／房租的大小是如何決定的？爲何在優良學區周邊的房價／房租通常持續上漲？

2.　假設一間房屋的市價爲 1,000 萬元。你是一名投資客，買屋的目的是出租。假設目前的房租行情爲每年 30 萬元，銀行貸款年率爲 2.5%。請問：使否值得向銀行貸款買屋？若貸款利率上升爲 3.5%，是否值得貸款買屋？

勞動

3.　台灣從 1960 年代以貿易開啟經濟成長，當時亟需英語文人才，全台英語系都是文科的首選。但 2022 學年許多大專院校的英文系卻出現高比例的缺額。原因何在？

4.　目前在台灣音樂專業人才似乎供過於求，一些音樂碩士無法找到固定工作，只能擔任家教或到學校兼任教職，其年收入與花費的人力資源投資不成比率。但每年仍有許多學生選擇音樂系就讀。你認爲他們選擇音樂專業的預期報酬中，有哪些非金錢因素？

5.　解釋，何以警察大學的招生錄取率遠低於一般大學的錄取率（考慮供需情況、收入和工作性質）？

6.　約從 2018 年開始，與光電高科技產業相關的科系招收的博士班普遍出現缺額（甚至無人報考），而碩士班則爆滿。何以學子缺乏進入博士班的意願？

7.　2016 年 6 月，中華航空公司空服員工會罷工，提出改善津貼、長時間工作等問題，最終在協商之後得到華航管理高層同意。2019 年 6 月，長榮空服員也出現罷工事件，最終長榮公司並未退讓同意。都是相同行業的罷工，何以出現不同的結果？

8. 醫師、律師、會計師、建築師和理財師都是專業，他們何以成立公會？

資本財與企業家

9. 說明，資本市場存在的功能。

10. 資本家對生產的貢獻為何？企業家對生產的貢獻為何？

11. 市場企業家做什麼工作？熊彼得的企業家做什麼工作？.

12. 企業的利潤何以歸於企業家，而非資本家？

13. 郭台銘白手起家，創立了鴻海集團，他何以是市場企業家（提示：鴻海集團如何從最初的代工，逐步開拓其產品和市場，如進入電動車的生產）？

14. 熊彼得提出創新企業家的概念。舉一個你知道的創新企業家，說明他／她的成就。

第三篇　政府與經濟

10

第十章

政府與經濟活動

在社會科學裡，政府的經濟角色是令人爭議的問題。擁護自由市場經濟的右翼人士（或政治的保守派）主張：政府只應在經濟體系中扮演最輕微的角色（此定義於下文解釋之），而改革派（或政治的自由派）則主張，政府應積極地運用其力量來管制大企業、執行社會福利制度和縮小所得差異的理念。公共經濟學先驅，哈佛大學的 Musgrave 教授提出，政府應扮演的經濟角色可歸類為下面三大類：資源配置、所得分配和穩定。穩定（stability）指：避免物價急遽上漲；資源配置（resources allocation）指：有效地使用稀少性的資源，以提升民眾的福祉；所得分配（distribution）指：避免社會的貧富差距太大，出現嚴重的社會衝突。穩定的目標屬於總體（或宏觀）經濟學的範疇，將於第四篇說明，下面從兩個角度說明：政府「應介入」哪些經濟活動和「如何介入」，從而影響社會的資源配置和所得分配。

10.1 政府與資源配置

第八章曾提到，在自由競爭的世界，人們會為了改善自己的生活而努力工作和發明，企業之間會為了獲利而競爭，就會改善服務態度、不斷地創造新產品。這種推動社會進步的力量是難以想像的。對照從前那些採取共產計畫經濟的國家一窮二白，整個社會死氣沉沉、毫無活力，人民生活之窮困，就可體

會自由競爭的力量。

在經濟學，自由市場的擁護者的基本主張是：市場為主而政府為次。因為：他們認為讓個人自由地參與市場運作是最重要的，政府介入市場的程度愈小愈好，政府的工作只是：建立完整的私有財產權制度和執行的法規，使私營企業依據公平合理的市場規則運作，則自由競爭的力量自然能發揮出來，人們的生活水準自然提升。

私有財產權的重要性已於第二章述及。市場經濟的運作能否發揮效率，契約法的健全程度有很大的影響。在工業革命以前，契約的執行依賴社會的約制，如，個人的名譽、家族的擔保等。現今，經濟活動非常頻繁、複雜且是跨國進行的，使得國家必須建立更強大的公信機構以確定合同被執行（包括，企業與受僱者、供貨商、貸款機構等簽約，以取得資源的使用權和調度權；確認與外商簽約時，不至於被欺騙，出現貿易糾紛如何裁定等），這使得政府（和全球）必須建立相關的財經法規來維護市場的運作效率。

除了前面的理由之外，就資源配置而言，政府介入經濟體系運作的原因還有下面幾個：

- 一些物品（如乾淨的空氣、河流）無法界定其私有財產權的範圍，它們被任意使用和糟蹋，這種資源配置的無效率情形需要政府的干預。
- 一些服務，如國防保護、警察的治安維護、路燈照明等，無法由私人提供足夠的數量（無市場機制引導出最適提供量），必須由政府來提供。
- 一些企業擁有獨占地位可操控市場（違背自由競爭的精神），而消費者無法聯合與之對抗，這時也需要政府代表民眾來約制這些企業。
- 一些市場交易雙方資訊不對稱的情況嚴重，尤其是金融市場和保險市場，進而使這些市場破滅，社會無法經由這些

市場的交易來提升福祉。政府適當介入是必要的。

以上的情況被稱爲存在著**市場運作失靈**（market failures）的現象，使政府有介入經濟運作的空間。

最後，是貧富差距的問題。這議題因爲各國文化背景、社會條件的不同，各國政府在這方面的措施有很大的差異。另一個經濟發達國家常推動的是：建立社會保障的機制，如，退休後的生活安排、提供基本醫療服務等。

10.2　提供公共財：要軍備，還是道路？

顧名思義，**公共財**（public goods）與**私有財**（private goods）是對照的。下面是個簡單的對比：

- 兩者的相似處：都要耗費資源（成本）才能被提供出來。
- 兩者的差異處：公共財無法行使排他權（提供出來之後，任何人都可使用），而私有財可以（你的機車由你決定誰可使用）。

公共財的例子很多，譬如，戰機、軍艦提供全體國民「國防保護」（若有外敵侵犯，無法將某個人排除於保護之外），另外，如路燈的照明服務、公共道路等，都有公共財的性質。

公共財因其「誰都可用」的特徵，私人提供之後無法向使用者收費，也就無法回收成本，所以，它們無法透過市場交易決定出提供量。譬如，你花錢設置一盞路燈，要如何向路人收費？但公共財的存在又能提升人民的福祉，所以就由群體，包括政府或社區團體，來提供。[1]

1　社區或團體的公共財，如社區內的路燈、道路，是經由區內的成員協調而被提供出來的。基於這觀點，有人認爲這些商品應稱爲共用財（collective goods）。但國防設施、連貫縣市的道路則要依賴政府來提供。

　　偶爾可看到學音樂的學生在路邊演奏小提琴樂曲，由路人自行決定給錢。他們提供的是公共財嗎？他們取得金錢的方式與乞丐有何差異？

　　商家經常在路邊發放免費試用（或試飲）的物品。請問：那是公共財嗎？

　　公共財的種類繁多，因著使用對象的不同，有不同的劃分原則：

- 全國共用的，由中央政府提供。包括，國防保護、外交事務、跨省或縣市的道路鋪設、河流用水權的安排、國家公園的設定和維護等。中央政府經由中央稅收（主要是所得稅，關稅和營業稅）來支應。

- 限於地方民眾使用的，由地方政府提供。包括：警察的治安、國民基礎教育、路燈、公園、橋樑、行人道的鋪設和維護等。地方政府支應這些公共財的主要稅收是地方稅。

- 限於社區或團體成員使用的，由可辨識的成員共同提供。如，學校提供校內道路、燈光，圖書館、環境維護等（學生付出學雜費享受這些服務）。社區大樓的保全、路燈、電梯等，由社區居民共享，共同負擔經費。

事例

公共財的負擔與利益無關

　　社區大樓的公共電燈和電梯的電費，是由社區管理委員會負責向居民收取。一般是依據各住家的樓層面積來分攤。這符合使用效率原則嗎？考慮居住樓層面積一樣的兩個家庭：一個是一對老夫妻，很少使用電梯，另一個年輕家庭有五口人。兩家庭繳的電費一樣，這等於是老夫妻補貼年輕的家庭。為何不改用人頭來分攤電費呢？在執行上這有困難：由於人頭是流動的，在登記家庭人口數時，難以客觀化（阿公、阿姨偶爾來住一週是否計入？），所以，只能依據確定的樓層面積來計算。

　　這例子彰顯的是：對任何公共財所提供的服務，每個人的喜惡是不同的。同時，每個人負擔的費用也可能不同，所以才會出現各種爭議。譬如，社會對於是否要買愛國者飛彈

出現爭議，大樓住家對於是否要用管理基金來更新監視器也意見不同。當各人對一項公共財的效益和成本認定不同時，最後只能透過集體決議（一般是投票）來定奪。

事例

消防服務一定是公共財嗎？

　　克拉蘇（Marcus Licinius Crassus，西元前 115-153）是羅馬時代的第三大富人（首富為統治者凱撒）。他聚集財產的一個主要方式是利用火災。在當時，民間的房屋都是木造，層層搭建（有些高達七層樓），而且緊密相連。一旦有火災，整個樓層倒塌，火災四散蔓延。在當時，市政府認為救火服務不是其責任。克拉蘇先建立一個五百人的救火隊伍（可能是世界最早的救火隊）。當羅馬城的任何地方起火，其救火隊立即將相關地區包圍，不讓其餘的人進入，之後與受災戶談判，只當對方願意以低價格出售房地產才動手滅火。否則讓火蔓延、燒到另外的房子，直到有人願意以低價賣出其房地產才動手滅火。很明顯的，當時消防服務是一種「私有財」，被他用為累積財富的工具，很快地，他擁有羅馬城一半的土地。[2]

　　有趣的一點是：何以當時的滅火服務是私人提供的私有財？可能的原因之一是：當時羅馬屬於貴族統治，還沒有發展出民主的觀念，所以克拉蘇首創將滅火服務成為私有財，之後利用其權勢獨占這種交易。

與公共財有關的議題

一、好的或壞的公共財

　　在民主國家，一項公共財會被提供出來的前提是：它能提升民眾的福祉。國防保護和警察治安讓你生活有安全感、道路讓你行動方便、路燈讓你不必在黑夜走路害怕，這些都是幸福感的提升。

　　但在現實上，不見得每一項公共財都能提升人民的福祉，

2　見 Detlef Gurtler（2006）。《財富的歷史》，台北：星辰出版公司，頁 43。

可能出現壞的公共財（public bads），如，獨裁國家的政府（如，格達費）以武器鎮壓百姓；公共道路有坑洞，使機車騎士摔傷等（台灣可要求國家賠償），都是壞的公共財。

二、公共財可隨狀況而變成收費財

當公共財的使用量過多時，政府可收費以抑制需求。下面以城市交通擁擠為例說明之。大城市經常在尖峰時段出現道路和停車位不足的問題時，城市政府可能採取的措施有：

- 放手不管，民眾可繼續使用免費但擁擠的道路。這時道路還是公共財，但社會要付出的代價是：漫長的等待時間成本，空氣污染，汽車擦撞的糾紛，城市的長期發展也會萎縮（外商不願來城市投資，居民因為生活品質下降而外移）。

- 規劃拓寬行車道路面積。這是以增加供給量來滿足需求的增加。要付出的代價是鉅額的路段徵收費。而且，當國民所得不斷提高，汽車的數量也會不斷高升，道路的供給經常跟不上需求。

- 採取使用管制。如上海、北京市政府曾規定：車牌末碼為單號的，只能於單日行駛進入某些公告的市區。

- 以價格策略來減緩擁擠。新加坡政府、英國倫敦、美國洛杉磯等都採取這模式。以新加坡為例子，每日上午 7：30 到下午 7：00 之間進入商業區的車輛，要收費約 2 美元，採電子收費系統。故而，在尖峰時段使用道路要付費，屬於私有財的性質；其餘時段不收費，是公共財。倫敦從 2003 年開始，對汽車於上午 7：30 到下午 6：00 進入商業區徵收英鎊 8 元的使用費。

> ◢ 事例
>
> ### 路邊停車畫線收費的問題
>
> 　　從 2007 年開始，一些市政府，如台中縣市、台南市，紛紛將馬路邊原先免費停車的空位畫線，收取停車費。民眾議論紛紛，認為市政府死要錢，藉機斂財。
>
> 　　經濟學家思考的是如何使資源有效使用。如果一個地區的停車空間不足，而路邊停車不收費，就會有民眾或上班族一大早占據一個空間，整日停車。一些到這地區辦事的人需要暫時停車，即使願意付錢也無法找到停車位。這告知：不收費的停車位等於是公共財，會被一些人免費據有，導致使用效率低落。將之畫線收費，使之成為收費的私有財，就迫使人們估計需要停車的時間、或到其他地方停車，甚至可能不再開車而改以騎機車上班，這樣就可提高停車位的使用效率。

> ◢ 即席思考
>
> 　　若台東或屏東小鎮路邊空間很大，縣政府也畫線收費，是否有意義？（這告知，資源有限才會出現稀缺性，才需價格來做有效的分派）。

三、政府提供公共財，但並不一定要自行生產

　　政府可將馬路的鋪設和維護、戰機的製造等「委外」（outsourcing）生產，也就是委託給民營企業來做。它的工作只是：選擇最有效率的私營企業來完成之。委外的原因是：若政府自己生產，就必須設置政府單位，成員為公務員。這些政府單位因為業務有保障，員工幾乎不會被解僱，他們沒有任何競爭的壓力，就會出現工作拖延、缺乏創新、濫用公家資源的情形。為了避免這些低資源使用效率的情形，外包給營利廠商是最好的辦法。

如何決定公共財的數量？

　　一個社會如何決定眾多的公共財數量呢？有人希望多買武器以加強國防，有人希望提高教育經費。由於政府的預算有限，顧此失彼，這就出現取捨的問題。在民主國家，各項公共

財的提供量是透過政府的支出預算來決定的。我國中央政府各部門（經濟部、國防部、交通部等）每年提出預算，由立法院（美國為參、眾兩議院）審核通過，再交由各行政單位執行。這是一種間接民主的形式。

採行間接民主的機制設計，原因還是成本效益的考量。一般民眾要工作謀生，無暇蒐集資訊來判斷社會需要的各種公共財，於是推選立委和縣市議員為代理人，付給他（她）們酬勞（包括薪資、助理、辦公室、研究費等），讓他們以專業身分來瞭解民眾對各種公共財的需要。由於代議士是選區的人民選出的，他（她）們要反映選區民眾的需求才能連任，所以公共財數量的決定，多少反映了民眾這方面的意願。這敘述顯示，間接民主的設計也是成本效益的考慮：其效益是減少民眾做集體決策的成本，而代價則是社會要「養」這些代議士。

事例

當經濟遇到政治時的公共財

台灣各鄉鎮的路燈照明由鄉鎮公所負責，依理，應按照當地民眾的需求來分配。但在台灣，路燈的設置卻成為地方政客用以酬庸和拉攏支持者的工具，他們認為選票會隨著路燈盞數而累積。在屏東枋寮鄉，甚至在魚塭、農園旁也設置路燈，晚間呈現燈火輝煌的局面，當地居民必須以黑布罩上，因為強光會妨礙水果生長（《聯合報》，2002 年 4 月 5 日報導）。這事例顯示，在民主社會，公共財的配置常受到政治的干預，呈現資源使用無效率的情形。

相同的道理，如何判斷全國性公共財應有的內容呢？並且判斷何種國防軍備需要高度的專業知識。相同的，教育涉及的是知識的傳播，問題是：由誰來判斷哪些知識是現代公民所應具備的？國中生應學習哪些語文和技能？這些決定很可能受到政府的介入而影響民眾的認知和選擇。這時知識分子就必須扮演監督和糾正的正義角色。

10.3　外部性的校正：社會的互動關係

人是群居的動物，一個人或企業的行為若對其他人產生影

響，就是外部性（externalities）的問題。[3] 經濟學將外部性分為兩類：

- 外部利益（external benefit）：某個人或企業做的消費或生產行為帶給他人利益，但沒有從這些外溢的利益取得回報，稱為外部利益。
- 外部成本（external cost）：個體的消費或生產行為帶給他人損害，但受害者未得到賠償，稱為有外部成本。

譬如，你將自家的花園整理得很美麗，鄰居賞心悅目而效用提高，但你無法向他收費，這時你製造了外部利益；相同的，你聽音樂的聲音很大，影響到鄰居的安寧，但你也沒給他補償，這時你製造了外部成本。

即席思考

　　許多缺乏公德心的行為是當事人製造了輕微的外部成本。譬如，你為了方便，將菸蒂或喝完的飲料罐隨手丟在路上，那是製造外部成本，因為：髒亂的街道使路人有不愉快的感覺。另一方面，你也可以輕易地製造外部利益，譬如，對陌生人說早安或點頭微笑、對跌倒的人伸出援手，若大家都這樣做，社會呈現互信、和諧的氣氛（台灣似乎只有在過年時，大家才有這種心情，實在令人不解）。

　　上面的提示告知：只要有同理心，就可感受到自己的行為對其他人的影響。我們每個人都可以隨時提醒自己避免做有外部成本的行為，主動做有外部利益的行為，這就是品德教育。

外部利益及其處理

　　某些經濟活動會產生一些外部利益，若只是以市場的運作來決定其生產量和消費量，因為市場價格只反映個人的利益，市場參與者不會將外溢給社會其他人的利益加入考慮，這時市場決定的數量是偏低的，未達到社會最適水準。下面以傳染病的預防注射來說明。

　　假設現在出現流感傳染病，人們可施打預防針。假設依據市場的售價，預防針一

3　這裡的「相互影響」指的是：雙方都能感受到的事件或情況。近代物理學有「蝴蝶效應」的理論：南美洲的一個蝴蝶拍動雙翼，使得北美洲出現大雨。這是物理世界相互影響的深奧結構，經濟學的外部性並非是這方面。

劑為 800 元。打預防針之後，自己可免於病害，這屬於私人的
利益：但它也產生了外部利益：你不是帶病菌者，與你接觸過
的人不會得病。假設依據公共衛生的計算，社會打預防針的比
率達 85%，就能使傳染病平息下來，但在目前的售價之下，
社會自願接受注射的比率只有 70%（有些人認為太貴不願注
射）。這時政府可公告補貼打針的價格，譬如，每打一劑給
予 300 元的補助（由診所登記接種者的身分證字號，向政府申
請補貼費）。這措施會使市場打針的價格下降（應該會下降為
500 元），願意接種的人數增加，社會打針的比率提高，使傳
染病平息下來。

前面的方式是政府透過價格機制來提高市場消費量。若政
府改用另一方式：讓每個民眾免費打針。這時注射率可能會達
到 99%，流感也會平息下來。但補貼的方式只要 85% 的打針
率，就可達到相同的目的。可知，免費打針耗費了較多的醫療
資源。補貼是透過價格機制來影響選擇，而免費施打是數量供
給，運用市場價格機制達成政策目標比較有效率。這告示了，
何以經濟學家通常贊成政策應透過價格運作，而不是數量的干
預（這裡是允許免費打針）。

國民基本教育的外部性

相同的概念可理解國民基本教育具有的外部利益：現代
國民應具備一些基本的知識、運算和閱讀能力，這些可提升民
眾接受新事物的能力、方便法令的推行和加快社會的進步。若
由市場決定個人意願的教育年限，則每個人只考慮個人受教
育的利益和成本（學雜費支出，不能工作收入損失等），不會
加入外部利益來衡量。在 1960、70 年代的台灣，當時家庭貧
窮，許多學童在完成六年國民教育之後就必須就業，以協助生
計。所以，讓民眾自願選擇教育年限的結果，可能是教育年限
不足。於是政府推動強制的九年國民基本教育，讓學生免費就
學，提高他們受教育的意願。當然，一國基本國民教育的年限
多長，取決於多種因素，主要是政府的財政負擔能力和教育所

產生的外部利益大小。一些歐洲國家將義務教育延伸到大學，而產油國汶萊（Brunei）甚至資助人民出國唸博士學位，但也有貧窮國家，連六年的基本教育都無法提供。

外部成本及其處理

外部成本的存在是人人都能體會的，最顯著的是工廠製造的廢氣、噪音等。考慮一個生產塑膠原料的化工廠，它要負擔原料、工資、租金等成本，若它將廢氣排放到空氣中，這是不當的行為。因為它逃避處理廢氣的成本，導致周圍的居民健康受損、生活品質下降，這就是外部成本。對這情形的處理方式因涉及的人數多寡而有差異。先介紹涉及的人數少時的狀況。

一、受影響人數少，相關人可自行協商解決（寇斯定理）

考慮一家座落於山區的化工廠，排放有毒的廢氣，受影響的是周圍的兩、三戶家庭，這些家庭可與這化工廠協商。協商的結果不外乎：

*   協商成功。家庭要求工廠每月給予一個補償金額，工廠也願意接受，這時污染糾紛被解決（雖然廢氣仍被排放）。
*   協商不成功，家庭自認倒楣，接受這事實，決定繼續住下去或搬遷。這時污染問題也被解決（因為無污染糾紛）。
*   協商不成功，家庭提出訴訟，由環保署（或法院）判決這工廠是否有權利從事污染。可能的結果不外乎下面兩種：
    →法院判決工廠有權利這樣做。這些家庭決定搬家，或自行加裝空氣清淨機來降低廢氣到可接受的程度。家庭會從上述項目中選擇經費最小的一個，這時，社會是以最低的成本處理了污染問題（決定出最適污染水準）。
    →法院判決工廠無權利放出廢氣。這時工廠能做的，不外乎是：加裝設施來處理，讓廢氣減少到住家能接受的程度；或付錢給這些家庭做為補償（金額由雙方議決）；或工廠搬遷。相同的，工廠會選擇成本最低的方式。這時也是以最低的成本解決了污染問題。

　　請注意，這裡的最適污染水準，並非絕對的污染排放水準（空氣有多少的二氧化硫等），而是當事人能接受的水準（既然當事人都接受，其他人就無由置喙）。這論點告知：若出現外部性而受影響的人數少、當事人可事先協商，若無結果才由政府判決誰有污染權，就能以最低的成本解決外部性的問題，這是著名的「寇斯定理」（Ronald, H. Coase，1991 年諾貝爾經濟學得獎人）。

　　當然，污染權的判決會影響誰負擔污染的處理成本，如，住家被迫買空氣清淨機、或工廠要加裝環保設備。但這些影響的是所得重分配，而不是前述最適污染水準的高低。

二、受影響的人數多：政府出面

　　若受影響的人數多，前述協議的方式就難以執行。因為每人的受害程度不同，如何協調賠償很困難，這時必須由政府出面處理。政府可運用下面幾種方式來修正市場的失靈：管制、徵稅、處罰、補貼和建立財產權機制。

- **直接管制**。這包括：(1) 限制產量。直覺的理由是：生產過程製造出污染，所以限制產量就能減少污染量。(2) 規定工廠加裝處理污染的設備，以降低污染排放量。(3) 規定生產過程中要加入某些成分，以使污染量符合標準，這方式常被用於非固定的污染源物品，如，汽機車、輪船、飛機等（因為行駛才產生污染），以達到降低污染的目的。(4) 下令關廠。這在工廠製造出嚴重的污染時採用（如，排放大量有毒物質到河流，使飲水惡化）。
- **課徵污染稅**。這是依據產出量課徵污染稅。污染稅使得廠商的單位成本提高（類似工資提高），廠商若提高產品的售價，就會使購買量和生產量減少，製造出的污染量隨之下降；若廠商不提高售價，自行吸收污染稅，它的利潤會下降，最後可能會關門大吉。
- **建立污染權的交易市場**。這是建立污染排放權的交易市

場，讓製造污染的廠商付出成本。其理念如下：

考慮一個城市有條河流穿越其中，由於未加管制，人
們將廢水排放到河中，使水質惡化。這城市可建立下
面的污染權的交易市場：先由市民大會決定出一個可
容忍的污水排放量（如，每年 500 萬噸廢水）。再將
這些廢水的排放權拍賣，由需要的廠商（醫院、洗衣
店、洗車店，工廠等）決定購買量，付費取得污水排
放權。這些購得的污染權廠商可自由買賣。

這方式是運用價格機制：既然污染排放量不能超過某個水
準，表示它是一種稀少性的物品，經由拍賣的方式將這稀少的
物品分派出去，讓負擔得起的廠商取得，就是最有效率的分派
方式。由於污染排放權的取得有成本，廠商會有誘因儘量減少
其使用量；甚至，若覺得排放廢水的成本太高，它們努力研發
出減少廢水排放量的方法，進而將節餘的排放權賣出，成為收
入。在市政府方面，它可將拍賣的收入用於市政建設（鋪設道
路、補助學校等）。這種創造三贏的機制設計，從 1980 年代
開始，廣為歐美的城市所採行。

◆ 事例

共有財的悲劇（the tragedy of commons）

　　共有財是一種沒有生產成本的天然資產，其產權無法劃分給個人或一個國家使用，如
地下水、開放的山坡地、遠洋魚類、乾淨的空氣等。

　　共有財由於無法劃分私有產權，故人人皆可使用之，常出現過度使用的情形。考慮地
下水的抽取問題，一個養殖魚類的業者有節制的意願嗎？一方面那是免費的；另一方面，
即使他節約用水量，因為其他人也在抽取地下水，他無法取得保證：節約的地下水以後能
為其所用。由於大家都只顧眼前的使用利益，地下水很快就耗竭，出現缺水的情形。

　　對共有悲劇的解決，有時社群會協商出一套妥協的機制，有時要政府出面管理。瑞士
阿爾卑斯山脈下一些村落有共用的牧草地，村民世代相傳，訂下規則，約束每個家庭能畜
養的牛隻數（避免牧地被過度啃食）。美國沿海的一些州郡政府規定：捕捉螃蟹必須符合
某個大小規定，這樣小螃蟹才能繁殖。台灣嘉雲地區的地下水被過度抽取，使地層下陷，
政府強制封井。這些都是社區居民和政府基於永續發展採取的措施。

10.4 囚犯困境和社會陷阱

囚犯困境（prisoner's dilemma）描述的是：兩個人之間「合則兩利，但卻因相互猜忌而受害」的情形，屬於賽局的課題。而社會的外部性（social externality）討論的是：社會成員的自私行為，導致大家都受害的情形，這現象可以囚犯困境來理解。囚犯困境也被用來解釋：一個社會何以會出現習俗、法律等制度因素。

囚犯困境

囚犯困境是檢察官用來誘使共犯承認罪行的一種設計。假設有甲、乙兩嫌疑犯被逮捕，由於證據不足，檢察官希望能誘使他們認罪。於是將他們隔離，告知認罪與否的判刑情況，顯示於表 10-1。表的外方是這兩人可做的選擇項目：認罪或不認罪。表內的數字是兩人各做選擇之後，分別得到的報償。譬如，甲否認犯罪，乙也否認犯罪，則兩人會被判刑兩個月，以（2,2）顯示（前一數字是甲得到的報償，後一數字是乙得到的報償）。若甲否認而乙認罪，則甲會被判刑六個月，乙則只有一個月，以（6,1）顯示；反之，則報償為（1,6）。若兩人都認罪都會被判刑四個月，以（4,4）表示。請注意，這兩人可能得到的報償不只是其本人的選擇結果，和受到另一人選擇的影響，所以，這是一種賽局（game）。

▼表 10-1　甲乙兩人的選擇困境

		乙	
		不認罪	認罪
甲	不認罪	(2, 2)	(6, 1)
	認罪	(1, 6)	(4, 4)

在這情況之下，甲、乙兩人面臨是否認罪的困境。先考慮甲的問題。他會做兩個考慮：

1. 若乙選擇不認罪，我是否要認罪？由第一列的資料來看，若不認罪會被判刑兩個月，若認罪則只會被判刑一個月，顯然認罪是較好的選擇。亦即，這設計使甲在乙不認罪時，有出賣對方的誘因（可降低服刑期限）。

2. 若乙選擇認罪，那我要如何選擇？由第二列的資料來看，此時不認罪會被判刑六個月，認罪只會被判刑四個月，故選擇認罪是較好的。亦即，這設計使甲在乙認罪時，為求自保也會認罪。

由前面的推論可知，對甲而言，不管乙做何種選擇，認罪都是最好的選擇（稱為優勢策略）。再考慮乙的問題，相同的，若甲不認罪則他有出賣對方的誘因；若甲認罪，則他選認罪以求自保，故他選擇認罪也是最佳的策略。

由於兩人都認罪，結果是都被判刑四個月。有趣的一點是：若兩人皆不認罪就只會被判刑兩個月，這顯然比認罪的結果為好。但因為他們的利己心（自保和出賣對方）使大家落入較差的結局，這就是困境的來源。

前面的例子有兩個啟示：

1. 當處於囚犯困境時，一個參與者應注意他的競爭對手的性格。若對方是主動攻擊者（背叛者），則我選擇做攻擊者（背叛者）是適當的策略（但這會成為玉石俱焚）。若對方是被動的防禦者，應選擇合作，以免對方報復，落入困境。若對方是合作者，則合作仍是適當的策略（以免落入囚犯困境）。決策的困擾是：有時無法確認對方的態度；這時，為了引導出合作行為，一方可主動送出訊號，讓另一方確信他是個合作者，以免落入於困境之中。

2. 這理論也告知：個人利益與整體利益可能是不一致的。個人的自利心可能導致社會的利益下降。這論點與亞當·史密斯（Adam Smith）的主張：「每個人在追求自己利益的

前提之下,最終可導致社會整體利益的提升」或「自利的動機在價格機能之下,能調和社會的利益」,是相牴觸的。這觀點可說是近代經濟學的重大貢獻之一。

事例

美蘇冷戰期間的軍事競賽

美國與蘇維埃聯邦(由俄羅斯、烏克蘭、白俄羅斯等構成,於 1989 年解體)於 1950-80 年代冷戰時期進行軍事武力的競爭。雙方不斷投入資源於武器的發展,包括核能武器、人造衛星、核能潛艇、洲際飛彈等。

這時出現囚犯困境的問題:蘇聯不相信美國沒有統治世界的慾望(它認定美帝國主義是有侵略性的,如,成立歐洲共同協防條約、與中國際建立友好關係,目的是要打垮蘇聯);而美國則認為蘇聯是要建立一個「全球工人執政」的世界。也就是說,雙方都認定對方是攻擊者,自己只是個自衛者。不斷研發和改進軍事武器,對雙方都是沈重的負擔(投入物理學家、興建飛彈發射場、維持軍隊),陷入囚犯的困境中。

到了冷戰後期,雙方都受不了而希望能透過談判來裁武。雙方開始釋放訊息,邀請對方的武器專家、物理學家參觀其設施,讓對方體認到自己只是自衛者。最後雙方終能完成武器裁減,從囚犯的困境中全身而退。

前述的囚犯困境裡,雙方無法得到最佳結果的條件是:主動背叛者獲得的利益大於雙方都合作的利益,這又大於雙方都背叛的利益;而堅持不採取行動、繼續做傻瓜付出的代價最大。在表 10-1 中,其數據顯示為:-1(主動背叛的利益)> -2(大家合作、不認罪的利益)> -4(大家都背叛的利益)> -6(做傻瓜的利益)。

社會陷阱

囚犯困境的概念可用來說明社會整體過度競爭的問題。在一個過度競爭的社會,人們為了怕落後,會過度投入無謂的資源。如,學生為了考取名校去補習,但在錄取率一樣的情況之下,大家都補習只是強化競爭(使平均錄取分數提高),個人的錄取機會還是一樣。更糟的是,不補習的學生會因為落後

而被淘汰，這種壓力使得每個學生都去補習，出現前述的囚犯困境：若大家都不補習，都可減輕負擔；但若很多人都信守這規範，就會有人做背叛者、去補習，因為這可提高他們的錄取率，於是其他人被迫要補習，最後都落入「補習很累，但又不能不補習」的低度均衡。

表 10-2 顯示困境的出現，依據與前面相同的推論，最終的結果會是：我補習，其餘的人也補習，報償值為（4, 4），而非大家都合作的（6, 6）。

▼表 10-2　過度補習的困境

	其他人補習	其他人不補習
我補習	（4, 4）	（7, 2）
我不補習	（2, 7）	（6, 6）

這種多人參與的社會賽局（social game）與前面的兩人賽局不同：個別參與者無法經由辨識其他參與者的類型（屬於背叛者或合作者等）來決定自己應採取何種行為。就出現一般常言的：我知道這樣做對大家都不好，但無能為力，為了自保，也只能隨波逐流。大家互不信任和競爭，使得這社會一直停留在較差的困境悲劇中。慶幸的是，研究發現，人類社會仍有脫離這種悲劇的可能：

1. 出現一個賢能的人或政府，對主動背叛者（這裡是補習的人）處罰，使補習的利益減少，假設為 –4。這使補習的報償下降，於是表 10-2 的數據改為表 10-3 所示（凡是有補習行為的利益數值都減少 4，如（4, 4）→（0, 0），（2, 7）→（2, 3），而沒有補習行為的利益不變，而（6, 6）依舊一樣。

▼表 10-3　政府的懲罰避免囚犯困境

	其他人補習	其他人不補習
我補習	(0,0)	(3,2)
我不補習	(2,3)	(6,6)

由表 10-3，很容易查知，這個強勢管理者的懲罰使得「大家都不補習」成為最佳的選項，遂能脫離囚犯的困境。這個論點指出：政府適度的對市場干預（等於消滅補教市場），有時是有社會利益的。但這是否可能「引狼入室」：政府在享受到權力的滋味之後，進而制訂各種繁雜的規定，成為「獨裁政府」呢？這已經超越經濟學的範圍，屬於政治哲學的問題。

2.　社會存在道德的約制力量。在前例中，若兒童從小就被家長告知：補習是不道德的行為。於是，當他補習時覺得良心不安，等同於出現了負報償，其效果和前面的政府的懲罰是一樣的（補習都 4），這也可使社會避免出現囚犯的困境。

　　這種道德的約制力量屬於社會文化力量的一環。它經由世代相傳而來，而且有人會維護它（即使付出成本）。制度經濟學家認為，文化、習俗、倫理等存在的理由之一，是讓社會避免陷於囚犯困境。基於這論點，可說：道德教育是有實用價值的，而不只是「應該與否」的規範論說。

全球外部性

　　現今由於全球高度的連結性，各國之間也出現相互影響的外部性問題。在政治上，一國政治出現動盪，會影響到周遭國家的安定（如，獅子山出現戰亂，使難民四散到其餘國家）。在經濟上也有類似的問題，下面舉一些例子說明。

•　全球氣候變遷的問題：由於工業化使得全球每年二氧化碳的排放量大幅增加，全球各地的氣溫持續上升，其影響是全人類。2004 年全球完成京都協議書，規定：各工業國

事例

由囚犯困境理解振興券的效果

　　2020 年初新冠疫情爆發，導致經濟衰退。政府於 2020 年 7 月推出振興券：每個國民先存入 1,000 元，後可領 3,000 元的振興券。發行目的是要透過社會增加消費，故規定，振興券不得存入銀行帳戶內。振興券的成效如何？這取決於國民收到振興券之後，會如何調整其消費支出。這可以囚犯困境來觀察：

- 有些人減少計畫的消費支出，以振興券替代（如原先一個月食物支出 15,000 元，改為 12,000 元；另外 3,000 元以振興券支用）。這時振興券沒有效果（這些人是背叛者嗎？）。

- 有些人將振興券視為意外收入，加入到計畫支出上（如：維持原先一個月食物支出 15,000 元，還加上 3,000 元）。這時振興券有成效（這些人是合作者）。

- 有些人主動加碼，除了支用振興券之外，還另外增加額外消費支出（這是傻瓜嗎？）。

　　最終，振興券能提升多少總體所得呢？這取決於前述群族的比重，難以估計。另外，國人消費必須購買本國產品，才有提振經濟的效果，而台灣進口貨充斥，這點很難掌握。

　　美國、澳洲也推出相似的振興措施。政府直接將金額挹注到個人的帳戶內，讓民眾使用，不管是否用於消費。這是合理的，因為，若是中低收入者，他們遲早會花用掉，而高收入群不在乎這筆小錢。另外，台灣的振興券還要負擔印製和發放等行政成本，也是一種資源耗損。

的排放量必須回復到 1990 年再減去 5.2% 的水準。[4] 這是以全球的規範來處理全球的外部性問題。

- 核能發電廠若出現爆炸輻射物質外洩，其排放的放射性物質會漂流到全球各地。曾發生過俄國車諾比核能發電廠爆炸，2011 年 3 月日本核能廠受海嘯破壞，而使中國、韓國、台灣等周邊地區緊張。這些使得人們警覺，核能電廠的興建和管理，都必須注意到對世界的影響。

- 由於航空業的發展，每天全球有數百萬人在進行跨國移動（貿易、觀光、訪問交流、移民等）。任何地區出現傳染

4　當時美國做為全球最大的經濟體，其製造的二氧化碳占全球總量的 58%，卻拒絕簽字。直到 2009 年，歐巴馬當選總統，才加入共同減碳的行列。

病，如 MERS、SARS、流感等，都可輕易地散播到全球各地。對這些流行疾病的防範和治療藥物的研發分配，都是全球息息相關的。

- 電腦軟體病毒的散播，無國境的限制。所以，國際共同合作以對駭客進行制裁。
- 「遠洋魚類的捕撈」無法界定私有權，導致全球漁獲量逐年下降。於是有海洋公約的約束。

全球氣候變遷的因應之道：碳稅和碳市場

為了因應全球氣候變遷的問題，全球各國同意要將地球溫度降到第一次工業革命前 +1.5 攝氏度，並要求各國訂出時程和預定的每年碳排放量。

目前減碳有兩個模式。一個是由政府課徵碳稅，通常是先對排放量大的六大產業：鋼鐵、石化、水泥、礦業、運輸、燃煤發電廠課徵。[5] 對每公噸排放量徵收一個金額（現今的監測技術已能算出生產每噸鋼鐵的二氧化碳排放量，一艘貨櫃輪每航浬數的碳排放量等）。加徵碳稅等於提高產品的生產成本，其售價上升，市場購買量就減少，產出量隨之下降，碳排放量就跟著減少。

但這並未能完全消除第一次工業革命以來的碳累積（無法達到碳排放累積量回到前述的水準）。另外，各國因為情況不同，對各產業課徵的污染稅出現差異（如：石油出口國對石油業課徵輕微的碳稅，鋼鐵出口國不願對鋼鐵業課徵夠高的碳稅，以免影響產品的出口競爭力）。這些都影響碳稅的功效。

在國際貿易方面，歐盟率先提出 2025 年開始課徵碳邊境稅：任何進口產品必須附有碳中和的證明（經濟活動製造出的

5　畜牧業占全球碳排放（甲烷）的 14%，主要是牛隻的排氣。目前美國和紐西蘭對農場依據牛隻數課排氣稅。

CO_2 量要證明被中和掉，如：購買碳的排放權、植樹或捕碳等），否則歐盟課徵碳稅，如：台積電生產晶片，用的是台灣的火力發電廠的電力，就要買綠電，否則會被課碳稅。

　　另一個是成立碳交易市場。目前全球兩大碳市場為歐盟和中國大陸。由政府強制要求排放量大的企業必須有碳排放權才能生產（如，一家運輸公司一年使用了 10 萬噸的柴油，製造出 530 噸的二氧化碳，就要有相對的碳排放權）。在建立碳市場之初，政府對大排放的企業給予一個排放額度，之後讓它們自由交易碳權的買賣，市場價格隨之出現。

　　成立碳市場的誘因機制是：一、引導減碳行為（如大量植樹就可上網計算減碳的數量，將之賣給需要排碳的企業），並鼓勵研發減碳的技術，如：一個鋼鐵廠研發出可以減少碳排放量的技術，它可以申請專利，將這技術賣給需要的鋼鐵廠，成為收入之一。[6] 二、買碳權使得產品的成本增加，故產品售價會提高，經由消費購買量的減少促使產量減少，碳排放也減少。

事例

　　印度人口占世界 17%，碳排放只占 4%，2021 年 6 月氣溫高達攝氏 43 度，大多數家庭無冷氣設施，熱死數千人。政府只能縮減上課時間，要求儘量減少戶外活動（停止運輸，營建等），這些都影響經濟成長。

　　非洲的碳排放量只占全球排放量的 4%，卻承受極大的傷害。極端氣候導致連年乾旱，當地糧食減少，出現飢荒，而國際糧價上漲，使它們購買糧食的支出負擔增加（如：馬達加斯加由於氣候變遷，乾旱多年，人民吃蝗蟲和樹皮，有嬰兒因營養不良而死亡。非洲的冰川融化，使得灌溉用水短缺，糧食減產等問題）。聯合國氣候公約會議主張：經濟發達國家提交 1,000 億美元補助待開發國家因氣候變遷的損失，然這主張未被完整實現。

6　瑞典煉鋼廠 SSAB 研發出以氫氣煉鋼技術，生產過程沒有碳排放。這技術可以專利權出售而獲利。

地球二氧化碳的累積是經濟發達國家從第一次工業革命以來發展工商業所致，開發中國家和待開發國家是受害群，他們並未享受平均的生活水平，卻要飽受氣候變遷之苦。

10.5　貧窮與所得分配

在市場經濟裡，各人收入是自由競爭來決定的，這受到許多因素的影響，包括，先天的家庭背景、能力傾向、健康狀況、機運和後天的教育機會、訓練等。自由競爭的結果無可避免地會出現貧富差距的情況，高收入者年達千萬元，而低收入者只有四、五十萬元，兩者差距達二、三十倍。這就是貧窮（poverty）和所得分配（income distribution）的問題。「貧窮」展現的是無法維持基本生活的困擾，而「所得分配」則涉及貧富差距的公平問題。

貧窮問題

對貧窮的研究，目前有兩個面向：進行國與國之間的比較，和在一個國家之內進行比較。聯合國定義最低（極度）貧窮線是：每日所得少於 1 美元（也就是年所得為 360 美元，約為年收入台幣 11,000 元），目前全球有十五億人口（占全球人口的四分之一）活在這水準之下。大部分這些人口位於印度、孟加拉、撒哈拉沙漠以南的非洲國家，和蘇聯解體後的中亞國家（中國和印度的絕對貧窮人口數在快速減少中，而非洲國家和中亞國家則是上升的）。它們構成極度貧窮國家。

我國貧窮線計算以各縣市可支配所得中位數 60% 為每人每月最低生活費，低於此金額的即為貧窮人口。2021 年北市 17,005 元，新北市 15,520 元，台中市 14,596 元，台灣省 13,288 元，福建省 12,100 元。符合這些條件的家庭，可接受地方政府的補助。

所得分配：貧富差異的問題

除了絕對貧窮之外，社會還有相對貧窮的概念，也就是貧富差距的問題。

根據心理學的研究，人們習慣與周圍的人相比較，也就是，以相對所得來感受金錢帶來的快樂程度。曾有一項問卷調查，你願意活在下面哪個社會：

甲、你的年收入是 80 萬元，而你所處的社會平均所得爲 100 萬元。

乙、你的年收入是 50 萬元，而你所處的社會平均所得爲 30 萬元。

大多數人選的是乙的社會。雖然它的總收入比甲的爲低，但與周圍其他人相比，年收入 50 萬元比其他人有錢，而在甲的社會裡，年收入 80 萬是相對貧窮。這顯示，是相對所得，非絕對所得，影響我們對收入的感受。

一個社會的相對所得是以所得分配的差異程度來顯示，最簡單的衡量方法是用「戶數五等分組」來觀察：將全部家庭依據可支配所得分爲五等分（各含 20% 的家庭），再計算各組家庭的平均可支配所得。表 10-4 的數據顯示，從 2001 年開始，我國最高收入組的家庭年平均可支配所得爲最低組的六倍，這顯示所得分配不均的程度在惡化中。

▼表 10-4　2021 年五等分組家庭可支配所得

$358,594	$662,441	$935,016	$1,291,029	$2,205,691

▼表 10-5　近年我國最高與最低家庭可支配所得倍數

2017	2018	2019	2020	2021
6.07	6.09	6.1	6.13	6.15

所得分配若出現高度差異，會使大多數的人幸福感下

降，這項事實已經由經濟調查數據來驗證。因為，它引導出下面的問題：

1.　所得分配高度不均，會導致社會出現向下沉淪的心理。當大眾媒體報導和渲染，富人住千萬豪宅、駕百萬名車、一餐耗費數萬元，窮人只求溫飽而不可得時，會使社會大多數的人覺得沮喪，覺得再努力也無法達到有錢人的境地。他們忿忿不平，更嚴重的，會採取暴力革命，秘魯的農民武裝革命就是這樣出現的。

2.　通常貧富高度不平均的國家，其勞動市場很少是自由競爭的形式，人民的就業機會操控在幾個大企業（或家族）手中，工作的選擇機會少，且收入的高低非取決於能力、努力等經濟因素，而是親友、血緣關係，形成「人未盡其才」的錯誤資源配置。另外，國家的購買力掌握在少數富人手中，而他們購買的是奢侈財，無法發展出均衡的產業結構。人力資源的浪費和市場的侷限，使國家陷入長期經濟停滯中。

3.　基於社會正義（social justice）的道德觀點。在市場經濟，一般人敬重白手起家的創業者，認為他們累積的財富是合理的，但不太認同少數由於繼承政治、家族事業而富裕的後代（包括，歐洲的皇室貴族後代和無所事事的富家子弟），認為他們擁有和享受大量的財富只是出生的機運所致，進而要求對這些富人的財富進行重分配。

　　當社會隱約有仇富的心理時，經常就有人要求政府出手修理有錢人。譬如，台灣的奢侈稅（對 300 萬以上的名牌車，50 萬以上的家具額外課稅），俄羅斯對石油出口公司課出口稅，澳洲政黨要求對礦業公司提高利潤稅（因為它們賺大錢）。請注意，前面的措施並沒有規定：這些稅收用於改善窮人的生活（譬如，補貼低收入戶的購屋利息等），它們只是讓一般人覺得舒暢：有錢人終於被修理了。有人戲稱這類措施是：將身材高的人的腿鋸斷，讓他們和矮人一樣高。

　　貧富差異除了收入有別之外，也可以區域差異來觀察。美國有農業州、工業城市、森林州的差別。台灣則是城鄉差異：一些地區如台東、屏東縣的鄉村，不只是人均收入低於平均水準，還缺乏現代生活的必要設施，如，沒有電腦網路連線（無法取得外界及時資訊），無金融機構（無法處理財務投資），缺乏工作機會、無醫療診所，基本教育教師和設施不足等。這些導致當地年輕人口外移，只留下老年人或祖孫做隔代教養。這些貧窮鄉村的問題，也屬於政府要處理的所得分配不均問題之一。

扶貧還是濟貧？

　　如何減輕貧窮問題，是經濟學的主要議題之一。從全球而言，有三十億人口每日只有 2 美元可用，他們卑微地希望有點食物、乾淨的飲水和簡單的醫療以活下去；另外，歐美等富裕國家有幾千萬人努力地減肥，去除身體的脂肪，這是多麼可悲的對照。基於人是平等的理念和同情心，許多國家的政府都資助國際發展基金或透過全球的救濟機構（如，世界展望會、世界醫師協會等），希望能改善這問題。[7]

　　面對貧窮的可行措施，目前有兩種觀念，一是扶貧，一是濟貧。扶貧就是扶助窮人，在他們願意努力的同時，社會從旁幫助他們改善生活。目前，咸認最有效的方式是透過接受教育和技能訓練。根據觀察，許多低收入家庭經常陷入惡性循環的境界：因為貧窮，所以無法讓下一代接受足夠的教育，導致下一代缺乏足夠的知識和謀生技能，繼續淪為貧窮的階層。在這方面，政府可以提供免費的成人技能訓練和減少低收入家庭學生的學費負擔，如，給他們學費補貼或低利息的就學貸款，讓他們有學習的機會。

---

[7] 經濟學家對貧窮問題如何提出改善的建議，請參閱 Jeffrey Sacks《終結貧窮》，台北：臉譜文化出版公司。

至於濟貧，一般著重於急難救濟（台灣由各縣市社會局負責），目前我國有：

- 生活扶助：限於低收入戶和身心障礙者等。
- 醫療補助：對低收入者的健保費之補助。
- 急難救助：對發生車禍、火災等意外之民眾給與慰問金。
- 災害救助：自然災害如地震、水災等導致的農作物、住家等損失。

以特定對象為社會救助的有：

- 婦幼福利：心理輔導、訴訟協助、生育補助等。
- 老人的安養、津貼和醫療補助。

扶貧與急難救助是文明社會的表徵，呈現人類相互幫助的高道德層次，但政府應參與到何種地步，受很多因素的影響，包括政府的財政負擔能力、執政者的理念和意識形態。

10.6　稅收與經濟活動

前面提到，政府提供公共財，對產生外部性的行為進行補貼、課稅等。其目的是在提升人民的福祉。政府介入經濟活動就需要有收入來支應人事費和各項支出。稅收是政府的主要的財源，它是政府以公權力強制取得資源的使用權。下面介紹幾種主要的稅及其對經濟活動的影響。

我國主要稅賦

目前在台灣，主要稅賦包括所得稅、銷售稅和財產稅三大類，說明如下。

1. 所得稅：這包括依家庭總收入來課徵的綜合所得稅和對營利事業課徵的營利事業所得稅。綜合所得稅依據家庭每年的綜合所得淨額課徵，採取**累進稅率**（progressive tax

rate）：年所得愈高的部分，負擔的稅額愈多，最高**邊際稅率**（marginal tax rate）為 40%。[8] 至於對營利企業（包括公司、合夥和獨資事業）課徵營利事業所得稅（即企業利潤稅），最高邊際稅率為 20%。[9]

即席思考

　　綜合所得稅應採用累進稅率或比例稅率（依據家庭的所得淨額課徵固定比率的稅額）？兩者都符合「收入愈高，稅額愈多」的公平原則。何以大多數國家都採取累進稅率，而不是比例稅率？目前只有俄羅斯和一些經改之後的東歐國家採用比例稅率（稅率為 15%）。

---

2. **銷售稅**：這是對銷售行為課稅。主要包括貨物稅、營業稅和關稅三項。貨物稅是對商品（如家電用品、汽機車、飲料、服裝等）於交易時課徵。營業稅是依據企業在營業時產生的附加價值來課徵（包括出售商品、提供服務和維修等，如 KTV、運輸等），目前稅率為營業額的 5%。至於進口關稅則是對進口商品課稅（一般不對出口商品課稅）。

3. **財產稅**：其項目包括，土地稅、房屋稅、贈與稅和遺產稅四種。土地稅和房屋稅是對不動產課徵，由縣市地方政府來執行（稱為地方稅）。另外有贈與稅與遺產稅，前者是人們在生前將財產移轉（給後代或親友）的稅賦；遺產稅是對自然人死亡後課徵的（由遺產繼承人負責，有免稅額的規定）。

8　綜合所得淨額是指：家庭總所得減去免稅額和扣除額之後的金額。總所得包括薪資、利息所得（年利息所得在 27 萬元以內免繳）、股利所得和租賃所得等。家庭的免稅額，依據人口數計算，扣除額有多種項目，如醫療費、捐贈費等，請參考所得稅法的規定。

9　非營利事業，如學校、醫院、各種財團和社團法人、寺廟等不課稅。

稅賦如何影響人們的選擇

前述的稅賦設計會影響民眾的自由選擇，這可分下面幾點來說明：

事例

政府課稅無厘頭

課稅是政府運用公權力的典型代表。在民主國家，政府的稅收項目和稅率由民意機構訂定（台灣為立法院），行政單位執行，但偶爾仍有一些稅的課徵沒有道理。如最近這幾年，全球石油價格不斷上漲，俄羅斯是石油輸出國之一，其石油出口公司大賺錢，俄羅斯政府就課徵出口稅。英國政府也對含糖飲料課徵「垃圾飲料稅」，因為，這些飲料使得學童肥胖，增加健保支出。

---

1. 當所得稅採取高度的累進稅率，會挫折民眾的創業意願（因為，創業的收入被課高的稅額）。另外，外國人來投資的吸引力也受影響。這些使國家的資本財累積緩慢，生產力逐漸衰退，這在實行高度累進所得稅制度的福利國家已經被證實。

2. 貨物稅會轉嫁，使物價上揚，產出減少。貨物稅是一種對廠商的產品所課徵的稅賦，可能是依據產品的體積或重量來核計（稱為從量稅），或依銷售價格來核計（稱為從價稅）。

   課徵貨物稅會出現稅的**轉嫁**（shifting）的現象，使物品的市場價格上升，銷售量減少。這道理如下：假設一瓶飲料原先售價 $50。現在政府課徵每瓶 $5 的貨物稅，若生產的廠商試圖將這 $5 加到售價上，成為 $55。這使得社會的購買量減少（依據需求法則），若廠商維持原產量，就會有賣不出去的存貨增加。它們只得降價（如，將 $55 降為 $53）或減產來因應，直到存貨消失為止。這告知，企業雖負責繳稅，但通常不可能將稅額完全轉給購買者負擔。假設最後在市價 $53 時供需相等，這結果表示：消費者每瓶負擔稅額 $3（原先售價為 $50，現在為

$53）；廠商賣出一單位收入 $53，但要繳稅賦 $5，故只取得 $48，亦即，廠商每單位負擔 $2 的稅額。總結可知，貨物稅會使價格上漲，產出減少，而稅賦是由消費者和生產者共同負擔。

政府也對一些產生外部成本的商品課污染稅，如，菸的健康捐，透過菸價上漲，使社會吸菸量減少，以降低二手菸造成的傷害和健保醫療費用。政府也對炫耀性商品（如豪宅、高級跑車、皮草服飾等）課重的交易稅，至於一般民生用品則採低的貨物稅。

3. 在財產稅方面，地價稅和房屋稅由縣市地方政府課徵。因為，一方面地方政府所提供的公共財，如道路、治安等，會影響各地的地價和房價；另外，地方政府比較能掌握當地的地價與房價。

4. 課徵遺產稅和贈與稅（屬於中央稅）有贊成和反對不同的見解。基本上，保守派人士持反對的態度：他們認為，一個人的財產是由儲蓄累積而來，而儲蓄又是所得中未消費的部分。但總所得已經繳過稅，利息所得也繳過稅，仍對剩餘累積的財產課稅，構成雙重課稅。

贊成課遺產和贈與稅的人主張課遺產稅並不會出現任何的資源使用扭曲（反正這些財產已經存在），甚至可避免遺產繼承人因為接收大筆財產而放棄工作，使社會產出下降；同時，課徵遺產和贈與稅還能使社會財富平均化。

目前一些國家如澳洲、加拿大等不課徵遺產稅，台灣遺產稅率採行 10%、15%、20% 三級累進稅率。

■思考題

公共財

1. 列出三種中央政府提供的公共財。
   列出三種地方（縣市）政府提供的公共財。
   列出三種學校提供的公共財。

2. 全球公共廁所有收費（歐洲、俄羅斯）和不收費（美、英、澳洲、日本、台灣）兩種。何以有公廁要收費？不收費的公廁是公共財嗎？你認為其品質如何？

3. 公立博物館的文物是全民所有的公共財嗎？何以全球國家博物館有收門票和不收門票兩種？

4. 教室或辦公室的燈光何以經常沒有人卻亮著？圖書館的電腦鍵盤何以毀損率很高？

5. 何謂壞的公共財？舉一個例子。壞的公共財若使民眾受損，可如何求償？

6. 公共電視台提供的節目是公共財嗎？公共電視台如何取得經費來維持運作？

外部性

7. 你認為下面的行為是產生外部利益或外部成本？
   在牆壁張貼廣告。
   人以雷射光在行人道打出廣告字體（強制行人閱讀）。
   秦朝統一中國之後，訂定統一的度量衡單位。
   重整老舊的社區。
   水土保留地的存在。

8. 以外部性的觀點解釋下列措施的合理性：
   政府規定騎機車不戴安全帽要罰款。
   政府要求公共場所規劃吸菸區。
   政府提供免費疫苗注射。

9. 大學生晚起，有學生在上午十點於課堂吃早餐。討論，在教室吃早餐產生的是哪些外部性。

10. 城市的大眾運輸系統（公車、捷運）有哪些外部效益？

11. 共有財與公共財的差別為何？舉出一個你體驗的共有財的悲劇。

12. 有一則報導：一位家住公寓的小姐，她養的一隻狗因為經常吠叫，鄰居抗議。她將狗的聲帶切除（保障動物權人士抗議之，但這非本章之論述要點）。但鄰居仍抗議這狗發出低沈的聲音，影響安寧，而小姐則委屈地訴苦。以這事例說明：寇斯定理在執行上的困難性（這是協商成本的問題）。

囚犯困境

13. 1997 年發生警察大學招生的舞弊案：該校電腦計分的單位主管向一些考生收錢更改分數。據報導有幾位付款的考生原始分數達錄取標準故不需竄改分數，但他們仍因賄賂而被起訴。據他們供稱：因為知道很多人付款竄改分數，害怕若不付錢竄改分數會落榜。
    請依據行為將考生分為四群，依據他們的利益大小，說明：囚犯困境出現的條件。若你是判案的法官，如何考慮各群體的刑責（未賄賂的群體無罪）？

14. 1998 年 6 月發生一個宗教團體內部的糾紛：妙天法師與其大弟子之間出現金錢糾紛。他們各擁信徒，相互指控對方詐財。經過數日的記者會之後，某天妙天與其大弟子突然宣告和解，留下一臉錯愕的眾弟子。請設定如表 10-1 的囚犯困境數據，以顯示：合作對雙方跳脫囚犯困境。

15. (1) 2022 年 11 月聯合國召開氣候高峰會（COP27）其最終目標為何？
    (2) 各國在各議題，如禁止使用煤炭，每年減少石化燃料的幅度等，進程方面意見不一。使得全球氣溫下降目標近乎無望。請以囚犯困境說明：
    單獨背叛國的利益，主要大碳排放國合作的利益，主要大碳排放國背叛的利益，傻瓜的利益。

(3) 你認為全球有機會跳脫社會陷阱嗎？

16. (1) 扼要説明，現今各國政府如何課徵碳税？

(2) 以碳市場的供給和需求面説明，這如何能減緩氣候暖化的問題。

貧窮與所得分配

17. 説明我國如何定義貧窮家庭。目前我國的貧富不均程度如何？

18. 有個人從鄉下到外地上大學。投書説：暑假回到老家突然覺得不方便，因為沒有便利商店買東西，也沒有網路連線。請提出兩個你體會的城鄉差異情形，和它們顯示的貧窮問題。

19. 説明：扶貧和濟貧的精神和措施有何不同？

政府税收

20. 簡要説明直接税與間接税的差異。

21. 政府補貼電動車每台 5,000 元。以文字敍述，這如何刺激民眾對電動車的購買。

22. 綜合所得税和營利事業所得税的課徵對象各為何？學校何以不繳税（所以也不能從事營利行為）？

23. 何以，所得税和關税是中央政府的税收？而地價税、房屋税、汽機車牌照税是縣市政府的税收？

24. 有一則新聞：税務機關根據報導，得知某演藝人賭博贏了200 萬元，所以對藝人課徵「一時所得税」。你認為這税合理嗎（思考：若賭博輸錢是否有抵扣額）？

第四篇　總體經濟學

衡量整體經濟活動：
國民所得的概念

若將個體經濟學比喻為森林裡面的樹木，則總體經濟學是整個森林。總體經濟學是以巨觀（macro）的眼光來觀察經濟體的運作。它研究的對象從一個國家到區域經濟體（如歐盟、東南亞經濟等），甚至擴大到全球的經濟情況。

由於篇幅的限制，本書以國家為對象，介紹總體經濟學探討的基本問題，包括所得水準的決定、失業、通貨膨脹和匯率的變動。這些都直接影響民眾的生活，是值得瞭解的經濟知識。本章先介紹國民所得及相關的概念。

11.1　國內生產總額

國內生產總額（gross domestic product, GDP）定義為：一國家在一段時間內（通常是一年）於其國境所生產出來的最終使用之商品和勞務，以市場價格計算的總值。這裡有兩點要注意：第一、它是在一段時間內於一個國家的產值，如台灣在 2021 年的國內生產毛額為 217,389 億元。第二、它只計算供最終使用的商品和勞務之產值。譬如，裝配於新汽車內的零組件為中間投入財，不計算在國內生產總額，而是計算整輛汽車的售價，這樣才能避免重複計算的失誤。

• 國內生產總額（GDP）一國家在一段時間內（通常是一年）於其國境所生產出來的最終使用之商品和勞務，以市場價格計算的總值。GDP 高，顯示國家產出的附加價值高，人民有較高的生活水準。

　　基本上，GDP 的數值反映一個國家產品的加工程度。一般而言，產品的加工程度愈高，表示製造出的物品愈精美或具更高的使用價值，故使用者的生活水準也愈高，這是人們以 GDP 的大小來判斷一國人民生活水準的理由。下面舉例說明之。

　　假設一個畜牧場養殖一批小牛，將之養大，以 30 萬元的價格售予屠宰廠，這蓄養的過程創造出 30 萬元價值的商品。屠宰廠再將牛肉切割、分類，以總價 50 萬元賣給罐頭公司，在這過程中，屠宰廠的進貨成本為 30 萬元的牛隻，經過加工使之增值為 50 萬元的物品，顯示它創造的附加價值為 20（= 50 − 30）萬元。罐頭公司再將 50 萬元價值的牛肉製成罐頭以 90 萬元售給零售店，故它創造的附加價值為 40（= 90 − 50）萬元。各零售店將這批罐頭出售，得到 120 萬元的收入，故其創造的價值為 30（= 120 − 90）萬元。到最後可供消費的商品總值為 120 萬元的罐頭，也就是 GDP 之值，而這數值會等於各廠商在產、銷過程中創造出的附加價值之總和：GDP = 120 = 30 + 20 + 40 + 30（萬元）。

▼表 11-1

廠商	銷貨收入	附加價值
畜牧場	30	30（= 30−0）
屠宰廠	50	20（= 50−30）
罐頭公司	90	40（= 90−50）
零售店	120	30（= 120−90）

　　由這例子可看出，若無罐頭公司的存在，則人們只能自行煮食牛肉，在這情況之下，國內生產總額只有 50 萬元（加值程序到屠宰廠為止）。沒有罐頭的生活不方便，反映在較低的國內生產總額上。若經濟活動延伸到零售業，則人們的生活水準提高，表現在國內生產總額為 120 萬元。

即席思考

- 你在一年前以 10 萬元買入股票，今年以 25 萬元賣出（手續費依成交金額的 0.1425% 計收，由證券商收取。），請問：這項交易創造多少 GDP ？
- 你搭乘公車，付出車資 20 元，這項服務的 GDP 是多少？

　　GDP 是一個量化的數字，可約略估計一個國家人民生活水準的高低，但也有一些面向是它無法反映的，下面說明之：

- 一項物品被計入 GDP 中，必須透過正式的市場交易（如批發市場或開立發票的零售交易），這樣才能有交易紀錄。有許多交易是不經過市場交易的，主要是地下經濟，如地攤的交易、農家自行消費的作物和家畜之產值、性交易的產值，以及民間以交換來進行的經濟活動（我替你修車，你替我修水管）。這些被遺漏項目有時可能金額很大，尤其是以農業為主的國家，它們的國內生產總額被低估。

- GDP 無法反映生活品質的提升。如近幾年電腦的使用功能大幅提升，這應算是生活水準的提升，但其售價未變，表示 GDP 並沒有反映出這面向。另外，許多國家人民的工作時間不斷縮減（如台灣實行週休二日）。閒暇時間增加應算是生活水準的提高，但因為閒暇的價值無法估計，就無法計入於 GDP 中，這使得國內生產總額被低估。

- 工業化的過程中不免產生污染，使得空氣、水源日漸骯髒、噪音、垃圾日漸增加，這些都使得人們的生活水準下降，卻未顯示於 GDP 的減少。更不可思議的是，為了減輕這些負面影響，工廠加裝環保設施、政府設置焚化爐等，這些設施的產值被算成是 GDP 的增加。實際上，它們只是不讓目前的生活水準惡化而已，這顯示 GDP 的數值是被高估的。

- GDP 是國家年度的總產值，這些產值由誰來享受呢？考慮兩個國家：一個產值 1,000 億元，其中的 80% 為資本階

你去麵包店購買四個麵包，店員先將每個麵包以小塑膠袋包裝，再將它們裝入一個大塑膠袋。你回家吃完後，將塑膠袋丟入垃圾桶。請問：你這項消費行為哪些屬於 GDP 的增加？哪些屬於提升生活水準？哪些是假象？

層取得，而其餘的 20% 為屬於大眾的薪資階層取得；另一個國家產值為 800 億元，其中的 80% 為薪資階層取得，而其餘的 20% 為資本階層取得。這兩個國家人民福祉的高低無法以 GDP 來論斷。這顯示，要判斷一個國家人民的幸福水平高低，必須將其所得分配的狀況加入考慮，只有 GDP 的數據是不夠的。

一、實質 GDP

GDP 是以當期的市價來計算。若物價上升，即使產出量未增加，也會使 GDP 的數值提高，這當然不表示實質產出水準的增加。所以有實質 GDP 的概念：將某年的 GDP 扣除其物價變動的影響，得出其實質 GDP 水準。

二、每人 GDP

一國的 GDP 是個總數，但每個國民能分到的數值並未顯示出來。這時改用每人 GDP（per capita GDP）的概念：GDP／人口數，以這數值來顯示其每個人平均能享受的產值。

三、國民所得

除了國內生產總額外，另一個有用的概念是國民所得（national income）。它顯示一國的國民在一段時間內的收入總值。其實 GDP 並不是全國人民能享受到的產值，其中有些項目要從 GDP 中扣除，主要是在生產過程中的資本財之折舊（耗損）、交給政府的貨物稅、關稅。另外，要加入政府發放的救濟金（這構成家庭收入的增加）。將這些數值從 GDP 中調整，就得出國民所得。按其定義，國民所得應等於：全國的

勞動所得（工、薪資收入）和資本所得（租金、利息和利潤的收入）之和。

四、國民生產總額（Gross National Product, GNP）

一個國家的國民，在一段時間內所生產出來的最終使用之商品和勞務依市場價格計算的總值。請注意，前面的 GDP 是以地理範圍（國境內）來計算的數值，而這是以國民的身分來計算的數值。故：

國民生產總額＝國內生產總額－外國人在本國的收入
＋本國人民在外國的收入

表 11-3 是我國從 2018 年至 2021 年的相關資料。

▼表 11-3　台灣 2018-2021 年的國民所得資料（依據當期價格）

年度	GNP（台幣百萬元）	實質年增率	平均每人GNP(美元)	平均每人國民所得	
				台幣	美元
2018	18,789,823	1.95	26,421	677,201	22,454
2019	19,384,783	3.17	26,561	691,326	22,351
2020	20,370,436	5.08	29,202	726,396	24,557
2021	22,169,631	8.83	33,708	797,546	28,469

資料來源：行政院主計總處 統計年鑑。

以產業類型觀察國內生產總額

除了以前面的幾種指標來觀察整體經濟活動之外，還可用產業別來瞭解一個國家的經濟結構。通常是將國家的產業分為下列三大類別：

1. 第一級產業：農、林、漁、畜牧業，它們是屬於比較原始的生產型態。
2. 第二級產業：工業，包括礦業、製造業、營造業和公用事業。製造業包括：

• 國家產業分類
　將產業分為三類：第一級產業為農林漁牧業、第二級產業為工業、第三級產業為服務業。各產業的比重隨經濟發展階段而改變，通常經濟愈發達，其服務業比重愈高。

(1) 輕工業（如紡織製造、食品、木製品、印刷等業）。

(2) 重化工業（如化學製品、金屬製品、鋼鐵品製造、石油品製造）。

(3) 機械工業（如一般機械、電機製造、精密機械製造、工具製造等）。

(4) 耐久性消費財製造業（如洗衣機、汽車、電視機製造業等）。

(5) 高科技產業（如半導體、電訊、光纖、製藥、航太等業）。

(6) 公用事業，如電力、瓦斯及自來水業。

3. 第三級產業：服務業，分為「生產性服務業」與「消費性服務業」之分：

(1) 生產性服務業：包括批發、零售、運輸、倉儲、通訊業，政府的勞務、金融、保險，和不動產租賃四大類。它們對工業與製造有幫助，且能創造附加價值的服務業。

(2) 消費性服務業：餐飲、旅遊、娛樂業（電視節目，電影、運動、彩券等）和一些個人服務業（法律、心理諮商、健身等）。這些隨經濟進步而自然成長，其作用是提升生活的品質與內涵。

▼表 11-4　歷年我國三級產業占 GDP 的比重（單位：%）

年度	農業	工業	服務業
1986	5.75	45.83	48.75
2010	1.61	33.30	64.83
2013	1.73	33.72	64.54
2016	1.87	36.87	61.27
2021	1.49	37.92	60.59

資料來源：行政院主計總處統計年鑑。

表 11-4 的數字是我國歷年以來，各級產業占國內總產值的比重。這資料顯示：農業的比重逐年下降，到 GDP 的 2%

以下，而服務業的比重占了 60% 以上，這是經濟發展的正常趨勢。因爲隨著生產技術的進步和生產規模的擴大，大量生產已經普及化，經濟先進國家的活動轉爲以廣告、品牌、設計新產品、維修和服務消費者等，這些都屬於第三級產業的範圍。

11.2 國內生產總額水準的決定

一國的 GDP 是如何被決定出來的？在市場經濟裡，一國的產品不是被買走，就是被儲藏，所以分析時通常依據購買者的身分分爲四大類：民間的消費支出（consumption, C）、投資支出（investment, I）、政府的消費支出（government expenditure, G）、輸出減去輸入（淨輸出，net export）。下面說明構成它們的要素。

一、民間的消費支出

這包括：

- 耐久性商品：如洗衣機、電冰箱、汽車等（但不包括新建築物）的總值。
- 非耐久性商品：如一般的日常用品、食物、衣著等的總值。
- 勞務支出：如交通、教育、旅遊、娛樂支出等。

二、投資支出

這包括私有部門及政府部門的投資兩類：

- 私有部門的投資：包含三個大項目，廠商的固定投資、存貨的投資，及年度內新的建築。固定投資包括新購買的機器設備、工具機、運輸設備等實物資本財。年度的存貨增加是這年度比上年度多生產而沒有被用掉的產出，所以屬於 GDP 的增加（若存貨減少爲 GDP 的減少）。新建的辦公大樓、住宅和廠房也算成是 GDP 的增加。
- 政府的投資：包括公共建設的投資（如興建道路、橋樑、水庫、蓋教室等）及公營事業的投資（如興建發電

廠、鐵路等）。

三、政府的消費支出

　　包括政府購買的消耗品，軍、公、教人員的服務（他們的產值是以薪資給付額來計算）、軍備支出、社會福利支出等。

　　以上，民間消費、投資及政府的支出三項，都是計算它們購買的總值，故可能買到的是本國產品或外國進口品。而外國進口品不屬於本國製作的，這經由下面的項目調整。

四、輸出減去輸入

　　即本國在一段時間內輸出（含商品及勞務）的總值減去輸入的總值。只要在本國生產的商品，就要計入國內生產總額中，即使是出口到國外也一樣，這是簡單的道理，另外，一國輸入的物品不外乎是民間的消費品、廠商進口的機器、政府進口的物品，故「減去輸入」這一項就是，將前述民間、廠商及政府支出中買入的進口物品總值扣除，最後得到的總值就是在本國製造的商品及勞務。下表 11-5 是台灣於 2021 年各項支出占國內生產總額的比重：

▼表 11-5　2021 年我國各項支出構成 GDP 的比重

民間消費	44%
固定資本形成	27.56%
政府消費	12.82%
存貨變動	0.15%
商品和服務輸出	70.67%
減 商品和服務輸入	55.19%

資料來源：行政院主計總處統計年鑑。

附註：民間消費支出比例比 2020 的為低，因為受新冠疫情影響，餐飲、旅遊、購物、電影院等民間消費都停滯。

　　由這數據可看出，我國民間的消費支出占了最大比重，它

是影響國家所得增減的主要因素之一。另外要注意國際貿易對 GDP 的影響。這可以「貿易依存度」來觀察：

$$貿易依存度 = \frac{輸出 + 輸入}{國內生產總值}$$

我國在 2021 年的貿易依存度高達 125%。這顯示：我國的經濟活動中，每製造出 1 元的國內生產總額，其與國際貿易有關的部分高達 1.2 元。因為高度依賴貿易，若一旦國際經濟貿易受阻擾，國內的經濟活動幾乎會停頓，這是高度依賴貿易必須面對的風險。

- 貿易依存度
  顯示一個國家對貿易的依賴程度。將其輸出額和輸入額加總，除以 GDP，以其得出的比率來顯示。

GDP的變動

以支出面來分析 GDP 有一方便之處，那就是，吾人得以瞭解這些項目如何受經濟變數、政府政策的影響，下面說明之。

一、民間消費

影響這項支出的有社會因素，如年齡結構、文化、時尚等。至於經濟因素，主要是人民的可支配所得、家庭擁有的財富總值及實質利率水準三項，分述如下。

- 可支配所得：這是人們繳納綜合所得稅後，能帶回家使用的部分。可支配所得是家庭的恆常收入，它影響的是：一般家庭的日常生活支出，如飲食、房屋租金、交通、教育費用等，而且這些支出是相當穩定的（至於耐久性商品，如購車、購屋等的支出，則取決於家庭的財富與市場的利率水準）。

- 家庭擁有的財富總值：家庭的財富包括房地產、股票、存款等各項資產。當資產帳面值上升時，人們覺得更富有，就會增加消費支出，包括購買高價位的服飾、汽車、出國旅遊等。如台灣於 1986 年、1987 年間股價急遽上升，股價指數高達 12,000 點，房地產價格也上升數倍，

許多擁有股票、房地產的人突然之間成為千萬富翁，於是他們盡情消費、購買豪華車、吃大餐等，帶動 GDP 的增加。但從 1990 年 2 月到 10 月間，股價大幅下降（降為3,000 點），這使得人們的資產急遽萎縮，這方面的支出隨之大幅減少，使經濟趨向蕭條。[1]

- **實質利率水準**：一般人觀察到的是市場利率（也就是存、放款的利率水準），但影響人們消費選擇的是實質利率水準。**實質利率**反映：一項付息資產隨時間過去，其實質購買力的增幅；或簡約為付息資產的報酬率（real rate of return on an asset）。實質利率的計算，可由下面的例子來理解。

　　假設目前的存款年利率為 10%，而物價上漲為 6%。張先生有 50 萬元可做兩個選擇：(1) 將之用來買車，立即享受有新車的樂趣 ;(2) 存入銀行一年，賺取利息 50,000 元之後再買車，這是延遲消費的決定。但因為物價會上漲 6%，一年後汽車售價將為 53 萬元。所以將這筆錢做定存一年才買車的淨利息收入只有：50,000 − 30,000 = 20,000 元。也就是說，他延後一年才買車所得到的存款實質利率為 4%（= 20,000 / 500,000）。所以，實質利率與市場利率的關係為：

$$實質利率 = 市場利率 − 物價上漲率$$

　　若物價上漲 10%，而定存年利率也是 10%，這時實質利率降為零，張先生當然會將錢用來買車，而不會做存款。這表示：當**實質利率下降**（經由市場利率下降或物價上漲），人們會減少對付息資產如存款、債券等的需求，**轉為選擇消費支出**（或將存款購買不動產以保值、購買利息高的外幣）。

1　帳面資產的增加常導致人們的錯覺，認為是財富的增加而增加消費。當這些資產的市價下降，使得社會的消費大幅減少，出現泡沫經濟的現象。

二、投資支出（固定資本形成）

這包括私部門和公部門的支出，分述如下：

- 私有部門：廠商在考慮是否要擴建廠房或蓋大樓等投資時，受到許多因素的影響。非經濟因素主要是：政治的安定性、法律的保障、公共設施（水、電力、交通運輸）的完整性等。

    至於經濟因素則是投資的獲利，這取決於資本財的使用成本和預期的銷貨收入。這時，實質利息負擔扮演一個重要的角色，因為通常企業是透過資本市場來取得長期資金以進行投資的，這取決於市場的借款利率水準。但企業進行投資後有產出，其產品的售價也會變動。假設每年物價上漲率為 8%，而借款利率負擔若為 12%，這時，企業借款進行投資負擔的實質利率為 4%（= 12% − 8%）；若市場借款利率上升為 15%，而物價上漲率仍為 8%，則實質利率為 7%（= 15% − 8%），這等於是增加了企業的負擔，它們會減少投資額。這顯示企業的投資受實質利率的影響。

    另外，當實質利率上升時，零售業者如量販店等，保有存貨的機會成本（流動資金的利息收入損失）提高，這也使得它們減少存貨量。

- 政府的投資：多為公共建設的性質（即提供公共財和具外部利益的建設），而公用事業（如電力廠、自來水廠）則依國家政策目標來進行投資。

三、政府的消費支出

依法令的規定，每年度行政院要提出各行政部門的預算收支金額（包括消費性支出及投資支出），並經過立法院的審核通過，到年度結束時要達到收支的平衡，政府的消費支出不太受經濟變數的影響。

四、商品和勞務的輸出減輸入的金額

一國的出口金額若大於進口額就有貿易盈餘；反之，則是有貿易赤字。一國的出口大小取決於其商品的競爭力（品質、品牌等）及匯率水準，進口則受到匯率水準和所得的影響。說明如下。

匯率是一種價格，它為兩國貨幣的交換比率，匯率會影響出口。假設台幣與美元的兌換比率為 30 元台幣：1 美元，則一台售價台幣 30,000 元的電腦依兌換比率訂價為 1,000 美元。若匯率為 25 元台幣：1 美元（這表示台幣升值，以較少的台幣能買到 1 美元），則相同的一台電腦美元訂價是 1,200 美元，較高的價格會使銷售量下降。故知，一國的幣值上升會使出口減少。反之，若台幣貶值為 40 元台幣：1 美元，則這台電腦訂價降為 750 美元，售價較便宜，使外銷量增加。

匯率也影響一國的進口。如一輛訂價 3 萬美元的外國車，在匯率 32 元台幣：1 美元時，換算成台幣售價為 96 萬元；若台幣和美元的比率為 30 元台幣：1 美元，則這輛車的訂價降為台幣 90 萬元，它在台灣的銷售量會增加。這表示，一國的幣值上升會使進口量增加。決定一國輸入的因素除了匯率水準之外，也受本國所得水準的影響：所得增加，通常會增加對外國商品的購買。

總結，影響實質總體需求的經濟因素如下：

1. 民間消費支出：繳稅後的可支配所得、家庭擁有的財富總值和實質利率。
2. 投資支出：實質利率和經濟環境的心理預期。
3. 政府支出：透過預算和政府支出項目。
4. 淨輸出：匯率水準（幣值上升使出口減少，進口增加）、所得（所得增加使進口增加）、商品競爭力。

前面敘述影響經濟實體需求的各經濟變數，有些是私有部門所決定的（如消費、投資、貿易等），有些受政府的影響，譬如，政府改變其支出結構、改變貨幣供給量或影響匯率水準等，這些都會影響整體的需求，這是總體經濟政策，將在第十四章說明。

凱因斯的有效需求理論

在市場經濟裡，主要是私營的廠商在生產商品和提供勞務。但對廠商而言，它們生產的物品要能銷售出去才行，亦即，必須有需求，不管是來自私人的、政府的或外國，才能促使廠商生產，進而創造出 GDP，這是凱因斯（John M. Keynes, 1883-1946）的有效需求說法。其要點如下：一國的 GDP 水準是由需求來決定的。當經濟不景氣時，應該鼓勵支出，只要能刺激購買，企業就會多生產，就業也能提升，所得也隨之上升。一般而言，國內消費支出比較穩定，而投資支出較難掌握（常受到企業對獲利的預期心理影響），所以在不景氣時，經由政府直接增加支出是個可行的措施。

凱因斯的論點於 1929 年經濟大蕭條時，被美國政府所採用。當時美國政府大幅進行公共建設（如興建田納西水壩、建設州際公路等），使美國得以脫離大蕭條的險境。在第二次世界戰後，其觀念繼續為美、英所採用，對刺激國民所得的增加有顯著的成效，其奉行者被稱為「凱因斯學派」。

運用凱因斯的「有效需求」觀念有個重要的前提：必須經濟體有閒置的生產能量才可行。這樣當整體需求不足時，只要刺激需要，就能引發企業開動這些閒置的設備，創造出所得。若經濟體的產能和就業狀況已處於幾乎充分使用的地步，仍採用提升需求的方式，就可能導致物價上漲。另外，對發展中的國家而言，通常生產能量是不足的，採用凱因斯的刺激需求方式並不見得能提升實質的 GDP。

• 凱因斯有效需求說
由經濟學家凱因斯於 1920 年代提出。認為：在經濟不景氣時，可透過政府支出的增加來提升有效需要，使失業率下降，經濟復甦。這個看法後來形成凱因斯學派。

11.3　GDP 與人民幸福感

　　如前所述，GDP 的數據顯示的是各式各樣的生產或服務產生的附加價值的總合。但這些加值並不一定使每個人都產生美好的感受，故而，GDP 增加不必然提升人民生活滿意度，我們可從下面幾個例子來體會。

- 交通事故導致救援、醫療護理和汽車維修等的支出增加，這些計為 GDP 的增加，但實際上是身心受創、福祉感的下降。

- GDP 只考慮市場化的商品和服務，而忽略了許多社會活動產生的福祉價值。包括，家庭內生產的服務價值（如，家庭主婦做家務事）和志願性的活動，譬如，社區聯誼活動，救濟和慈善機構的活動之價值（宗教的聚會，大學生替弱勢學童補習等）。這些都提升社會的福祉感，但沒有計入於 GDP 中。

- 在一個互動的社會裡，某些人的消費行為可能會使另一群人感到不舒服，其幸福感下降。這在消費地位財時最顯著，因為人演化出與鄰近的人比較的心理，譬如，當報導豪宅訂價 1 億元時，許多人覺得努力工作一輩子都買不起，出現身心消沉的不愉快感覺。

- 一些損失使得整體的存量的減少，卻反映為 GDP 提高。例如，當森林起火，消防隊日以繼夜以一週時間滅火，之後政府發放 100 萬元的加班費，這使得 GDP 等額增加，但燒毀的木材和火災的破壞沒計算為 GDP 的減少（財富減少為存量變動，與 GDP 的流量無直接關係）。

- 政府部門的支出，包括公職的人事費，國防、教育、經濟建設等都增加 GDP。有些支出使部分民眾覺得福祉提升，但也有人覺得福祉感下降。譬如，是否應花錢購買防禦飛彈，是否興建核能廠等；一些地方政府興建展覽館或商場之後，從未管理和啟用，也是當年度的 GDP 增加，但卻使民眾的福祉感下降（尤其在看到荒廢的建築時）。

- 沒有顯示所得分配變動的影響。假設一個經濟體一年的 GDP 為 1,000 億美元，這些加值的 400 億由前端的 10% 人口取得，剩餘的 600 億元由 90% 中下所得者取得。這時大部分的人不會感覺和享受到經濟成長的利益。因為，根據心理學的分析，人們在意的是相對收入的變動（你的收入比我增加得多，我就不高興），當經濟成長（GDP 增加）伴隨所得分配不均惡化時，社會就出現仇富心理，使得企業家不再投資、有創新和創業能力的人遷移到國外，整體經濟可能陷入均貧的境界。

伊斯特林的矛盾（Easterlin Paradox）

1974 年美國南加州大學經濟教授 Richard Easterlin 發表一篇文章，他以 1970 年代的調查資料，分析各國人民的快樂程度。主要有兩點發現：

第一、在一個國家之內，收入愈高的群族，其快樂水平也愈高，這對任何富裕或貧窮國家都適用。

第二、若進行國與國之間的比較，可發現，各國內民眾的平均快樂水平與每人實質 GDP 之間並無正相關性。也就是說，在某些低收入的國家裡存在高比例的快樂人口，使得該國的平均快樂水平被抬高。

這就是他發現的矛盾：所得增加能提高人們的快樂程度，但這只限於一國之內；若是跨國比較，貧窮國家人民的快樂程度並不一定低於富裕國家的。心理學家和行為經濟學的研究告知，影響我們對生活好壞感受的兩個因素是：主觀的心智狀態和與其他人的相對比較。[2] 數萬年的演化讓我們的基因重視家庭、朋友和生活目標，而非累積金錢的快樂。從這點來

2　主觀心智包括：人格特質和個性（樂觀、悲觀等）。

看，一味盡力提高經濟成長或提高GDP，並不是正確的方向。

由於 GDP 無法反映一般人民的福祉感，一些機構開發較周延的指標，較常被使用的有：

- 世界快樂調查報告（World Happiness Report）：在聯合國開發總署建立的永續發展方案網路（Sustainable Development Solutions Network, SDSN）公告。以人均 GDP、健康預期壽命、社會支持度、人生選擇的自由度、國家貪腐感受度和樂於助人的普及性共六項來衡量。
- 美好生活指數（Better-Life Index），由國際經濟暨合作發展組織（OECD）提出。

我國行政院主計總處仿效美好生活指數，建立國民幸福指數：分物資生活條件和生活品質兩大類，共二十四項指標（其中主觀指標五項，客觀指標占十九項）。[3]

在國際比較方面，根據聯合國於 2021 年的世界快樂調查報告，在全球一八五個國家中，世界最快樂的前幾國為：芬蘭，丹麥，冰島，瑞士，荷蘭，瑞典，挪威，以色列，紐西蘭，台灣名列 26。採行福利資本主義的北歐四國都名列前茅，而採高度自由競爭市場經濟的美、英、法則列於 15 到 20名之間。兩種制度差異如何導致人民不同的幸福感落差，是個值得深入探討的現象。

3　有興趣瞭解細節的讀者，請到行政院主計總處─國民幸福指數網站 http://happy_index.dgbas.gov.tw/nations.htm。

■思考題

1. 區別：國內生產總額（GDP），國民生產總額（GNP）和國民所得代表的涵義。

2. 下面的經濟活動，何者使 GDP 增加？

   (1) 你以 20 萬元買入股票，以 30 萬元賣出。券商所收取 0.1425% 的交易費，另外 0.3% 的證券交易稅（政府收取）。這項交易創造多少 GDP？

   (2) 航運公司（如長榮）在海外以貨櫃輪運送汽車。其收費創造 GDP，還是 GNP？

   (3) 何以購買新的建築（樓房、辦公大樓等）是投資支出，而不是耐久性消費財的增加？

   (4) 你捐款 1 萬元給慈善基金會，這會創造 GDP 嗎？

   (5) 市長、立委、縣市議員競選時，哪些競選活動創造 GDP？哪些活動提高你的快樂感？哪些讓你產生厭惡感？

   (6) 新冠疫情期間人們購買口罩，這使 GDP 增加嗎？打疫苗、戴口罩會使你的幸福感提升嗎？

   (7) 文化產業包括影片、文化表演、建築等。文化產品輸出何以構成 GDP 的增加？假設韓劇「大長今」在韓國放映，收入 20 億韓元，其版權賣到全球收入 30 億韓元，這影集替韓國創造多少的 GDP？

   (8) 新冠疫情期間政府提供免費疫苗注射和 QR Code 的行蹤紀錄。這使哪個 GDP 項目增加？

   (9) 新冠疫情期間政府發放三倍振興券共耗費 510.51 億台幣（見立法院公告），這是政府的＿＿＿＿支出。到人民手中支出時構成＿＿＿＿；假設其中 260 億元購買了外國進口商品，則創造的 GDP 為＿＿＿＿。

   (10) 政府向外國購買武器和鎮暴裝備是＿＿＿＿項目的增加，和輸入的增加。故這對 GDP 無貢獻。

(11) 政府公職人員（包括行政院、立法院、司法院，各議會等）的服務如何計入 GDP？

3. 說明消費信心如何影響 GDP？

4. (1) 何謂實質利率？若市場利率為 4%，而物價上漲率為 3%，則實質利率是多少？

(2) 說明，實質利率如何影響人們的消費意願和廠商的投資意願？

失業與通貨膨脹

12.1　失業

失業問題的出現，是近代工業生產的特徵。在農業社會裡無失業的問題，因為每個人都附屬於家族，農忙時加入耕作、收割，清閒時做修補等家務事，所以沒有失業的困擾。出現工廠之後，它們以集中工人的方式來生產，也就出現了僱傭的關係。當農村的閒置人口移到城鎮無法找到工作時，就出現失業。現今除了自營業者之外（如開計程車、餐飲店等），大部分人是受僱者，依賴工、薪資來維持生活，這使得「有工作與薪資收入」成為人們關注的焦點。

就業的指標

在分析一個國家的就業狀況之先，先介紹幾個與就業有關的概念：

- 工作適齡人口：15 歲以上適合工作的人口數。
- 勞動力人口：適齡工作人口中剔除無工作意願和無法工作的人（包括家庭主婦、學生、退休人員、自願失業者和被監禁的罪犯）。
- 失業人口：在勞動力人口中想找工作而找不到的人口數。失業率為失業人口占勞動力人口的比率。

- **失業率**
  在 15 歲以上，願意且有能力工作的人數中，找不到工作的人數所占的比率。
  農業社會無失業的問題。

$$勞動參與率 = \frac{勞動力人口}{工作適齡人口}$$

也就是，工作適齡人口中，有工作的人所占的比率。這比率受到人民的勤奮傾向、社會福利制度等因素的影響。

▼表 12-1　2022 年 8 月 我國勞動相關資料（單位：千人）

勞動參與率	就業人數	失業率	失業人數
59.29%	11,402	3.79%	449

資料來源：行政院主計總處統計年鑑。

除了失業率之外，平均失業期限也是個重要的參考數據，若失業期限為四週，表示平均一個失業者可望在四週內找到工作；若需十週，則失業問題相對嚴重得多。

除了整體失業率之外，失業的結構也是個重點。若依據教育程度，從 2022 年 8 月，大學及以上程度者的失業率最高，達 5.5% 上下；若按年齡層觀察，則是 15 至 24 歲年齡者的失業率最高，約 12% 上下。在群族方面，原住民的失業率高於其他族群，而單親家庭的失業率高於雙親家庭的。只有在理解失業的結構之後，政府才可能依據對象採取措施減緩失業率。

失業的傷害

失業形成的問題，可從社會面和經濟面來看。就社會面而言，失業者的收入中斷，他們無法維持基本生活、支付購屋貸款和子女的學費，導致家庭的破碎。另外，失業使得個人的社會地位下降、自尊心受損。通常在高失業率的地方，會伴隨高的自殺、搶劫和偷竊等犯罪率，這嚴重地影響到社會的安定。所以各國都以降低失業率為首要之務。

就經濟面而言，失業的影響有下面幾項：

• 一國有失業者，表示它的生產資源未達充分利用的境

界，若這些願意工作的人都能就業，則整體的產出會增加。這是失業導致的社會機會成本。

- 失業者若基本生活必要支出都無法支應，政府（或社會整體）就要負擔這些費用，如救濟津貼、健保費用等。

- 長期沒有工作，使失業者的生產技能與社會所需脫節，這會使社會整體長期生產力日漸下降。

失業的類型

失業的成因很多，通常依據失業的類別來瞭解，分述如下。

一、結構性失業（structure unemployment）

在一個市場經濟裡，因為不停創新，使生產方式改變，導致一些工作職位消失，有些人就喪失工作，如在台灣，紡織或製鞋業的工作所剩無幾，這是經濟結構改變導致的失業。當然，也有新的工作被創造出來，如目前電子產業不斷地徵人。因為新工作需要新的技術，所以，失業者通常要花費時間接受訓練才可能繼續就業，他們構成結構性失業者。

> • 結構性失業
> 因為生產方式改變、產業替換，導致企業關門，一些工作職位消失，有些人喪失工作，稱為結構性失業。

二、摩擦性失業（frictional unemployment）

有些人因為工作環境不佳、與上司處不好而自願離職，這是工作的轉換。要找到新的工作當然要花費時間，在這時段內他們是失業的。

◣ 即席思考

人力資源網站的出現，如何使摩擦性失業人口減少？

三、循環性失業（cycle unemployment）

在資本主義之下，一國的經濟雖呈現長期成長的趨勢，但不是平順的，常有上下波動的情況（稱為景氣循環）。經濟體

不斷重複繁榮、不景氣、衰退、復甦的過程。在經濟不景氣或衰退時，各行業都銷售不振，廠商就解僱員工，使整體的失業率上升，稱為循環性失業。到景氣復甦時，就業率又回升，這種失業就減少。

摩擦性失業和結構性失業是市場經濟運作無法避免的情況。因為在勞動市場找工作需要時間，而且產業的變遷，使得不合宜的工作被淘汰。所以，在勞動市場永遠有人處於這類失業的狀況。這兩種失業人口占勞動人口的比率稱為自然失業率（natural unemployment rate）。自然失業的存在是經濟體系運作無可避免的，它的大小與制度因素有關係，譬如，在有失業津貼制度的國家，失業者找尋工作的意願較低，通常有較高的自然失業率。

科技性失業

科技性失業：因為技術進步對勞動力的需求減少導致的失業。在早期，農業機械發明後，對農人需求減少。出現鐵路和汽車大量生產後，在西方對馬匹的需求減少，與馬有關的事業（出租馬匹，以馬車載客、馬的飼料、馬糞的收集等）逐漸消失。現代大量使用機器人和人工智慧取代人力，譬如，出現無人的自動化工廠，自動車（貨車和計程車司機失業）；自動結帳功能使賣場減少櫃台結帳員；AI的自動編輯功能使報業縮減僱用編輯人員；銀行的自動記帳和轉帳功能使登錄人員失業；數位和手機的照相功能使得傳統相機和底片製造業、照相館、照片沖洗業關門等等。

科技性失業使許多工作消失或縮減工作數，這些失業者也無法轉入與電腦科技有關的工作，或只能做勞力密集的工作，如外送，快遞、資源回收等。若收入無法維持基本生活水平時，會出現嚴重的社會問題。

12.2　通貨膨脹

　　一國物價水準的漲跌是以物價指數（price index）來顯示。我國的行政院主計總處編製消費者物價指數（Consumer Price Index, CPI）。它先選定一些日常消費商品，包括食物（水果、蔬菜、肉類）、能源（汽油、天然氣）、耐久性商品、租金等。再計算某年度，如 2021 年為購買這些商品所要花費的金額，再計算另一個年度，如 2022 年購買相同組合商品的支出金額。再將這兩數據比較，就得出以 2021 年為基礎的 2022 年物價指數，譬如：

$$\frac{\$204,000_{2022}}{\$200,000_{2021}} = \frac{102}{100} = 102\%$$

這表示，2022 年比 2021 年的消費物價上升了 2%。

▼表 12-2　台灣 2018-2021 年平均消費者物價指數變動表（以 2017 年為基期）

年度	2018	2019	2020	2021
消費者物價指數	101.98	102.55	102.31	104.32

通貨膨脹何以令人畏懼？

　　物價若只是一次性的上漲，通常不構成威脅，因為人們會自動調整其步調，經濟活動不久就會回到正常的情況。但若物價指數持續不斷地上升，如三年內物價年增率為 10%、14%、18%，就出現通貨膨脹（inflation）。通貨膨脹受人們矚目，是因為人們若預期物價將持續上升，就會不斷地做出「不正常」的調整行為，而這些行為導致經濟資源的耗損，下面說明之。

　　通貨膨脹有何不好？若是急遽的通貨膨脹（hyper inflation），如南美洲的阿根廷於 1970 年代曾有物價膨脹率高達一年六十倍的紀錄。這情況之下，經濟活動幾乎停頓。企業家不敢投資，因為無法計算各項成本和利潤，這使得國家的經濟成長

・通貨膨脹
物價持續不斷地上升的現象。它會導致人們為了保護其資產而做出「不正常」的調整行為，耗損經濟資源。

・消費核心物價指數
消費物價指數中去除糧食和能源支出兩項得到的物價指數。因為這兩項容易受季節和氣候因素的影響，波動較大，影響消費物價指數的客觀性。

幾乎是停頓的。而一般民眾也不願持有貨幣,他們要求雇主以產品當作工資給付,再將這些物品與其他人交換,這時社會退化成「以物易物」的原始形式,人們浪費了許多時間和精力來找尋交易對象、商議交換條件,使經濟生產停頓,人民的生活水準日漸低落。

若物價上漲率一年不超過 2% 或 3%,應可說是屬於溫和的通貨膨脹。它對經濟的影響有下列幾方面:

- 若物價持續不斷地上漲,則廠商和個人維持交易所需的貨幣金額愈來愈大,而這些貨幣是可存在銀行或金融機構以賺取利息的。這時人們的對應之道是:將錢存在銀行,以賺取利息來保值,然後勤快地跑銀行提款支用,這是社會時間成本和勞力的負擔。經濟學家稱之為**鞋底磨損成本**(shoe-leather costs)。

- 通貨膨脹使物價的角色被扭曲。前曾述及,物品價格的功能之一是:傳送市場對各種產品需求的資訊,讓廠商能據以決定增產或減產。在通貨膨脹時,產品的售價、各種生產要素的價格同時不斷地變動,且幅度不一,使得企業很難預估其生產的成本和投資的利潤,這種障礙使得這些經濟活動停頓,國家的經濟成長減緩。

- 在就業方面,物價持續上漲,廠商當然高興,因為通常企業給付的工、薪資是定期調整的,它落於物價上漲之後,這表示售價上升在前,而工資成本上升在後,故企業可享通貨膨脹之利,這時廠商會**增加僱用員工**,失業就減少。但這只限於**短期**。長期之下,受僱者形成預期心理,他們會要求快速調整工資,如與雇主簽約,當政府公告物價上升 10%,工資也自動調漲 10%,以抵銷物價上升形成的購買力損失,這時通貨膨脹就無助於就業的增加。

- 通貨膨脹對所得分配有負面的影響。通常受害的群族是收入固定者,如依靠退休金生活的老年人,或薪資階級者(其調薪通常落於物價上漲之後)。至於受益者則是

握有土地、建築等不動產或存貨的人，他們擁有的資產值通常會隨著物價上升。在借貸方面，借款人是受益者，因為他們的實質利率負擔是下降的（譬如以 12% 利率借入，若物價上漲率為 10%，則一年後還款的實質利率只是 2%），而貸款人正相反，是受害者，其借出款的實質利息收入是減少的。

- 通貨膨脹對**納稅**人也不利。因為通貨膨脹時，工、薪資也調升，但所得稅的課徵是依據所得級距而定，這使得工、薪資所得者的稅賦額提高（雖然他們的收入之實質購買力是下降的）。

出現通貨膨脹的原因

根據觀察，經濟體系出現通貨膨脹的原因，不外乎下面幾個，分述如下。

一、需求牽引（demand pull）的通貨膨脹

一個國家在一時段內，其生產力通常是有限的，若整體需求持續不斷地增加，逼近其潛在的生產能量時，物價就被刺激上漲。最常見到的原因之一是政府部門擴大其經濟活動的幅度和範圍（因為缺乏節制的力量），如增加國防支出、社會福利支出等，使得政府經費年年上升，形成通貨膨脹。另外，受僱者對前景看好，認為未來幾年工作穩定、薪資會增加，由於深具消費信心，也可能增加消費支出，如提前購屋、換車等，這使得物價有上漲的壓力，引發需求型的通貨膨脹。

二、成本推動（cost push）的通貨膨脹

這是生產成本上升所致的物價持續上升。譬如，有些國家的工會不斷以罷工的方式來爭取勞工的待遇，這會使勞動成本不斷上升；另外，如果人口增加使土地相形缺乏，房價、地租不斷上升，這些成本的增加會促使企業不斷地調高售價，出現成本推動的通貨膨脹。

三、輸入型（imported）的通貨膨脹

　　這是輸入的原料、零件價格持續上升導致的通貨膨脹。如，2004、2005 年因為中國大陸、東歐等轉型國家積極從事建設，需要大量的鋼鐵、石油等，使得全球的能源、礦產價格快速上漲。台灣依賴進口能源，無論是油、電的公用事業或私營廠商的生產成本都上漲，出現輸入型的通貨膨脹。

事例

政府長期債券的價格與通膨預期

　　在資本市場成熟的國家，當社會預期即將出現通膨時，人們會賣出政府發行的長期公債，使得它的價格下降。因為：投資政府長期債券的目的是一種長期金融投資，譬如，在十年期內可取得票面上的固定債息收入。但也因為債券票面利息是固定的，若人們預期即將有通貨膨脹，則債息收入的購買力將下降。所以，投資者做出合理的反應：將這個長期公債出售，使得債券價格下降。長期公債價格與通膨預期呈現反關係。

　　在經濟成熟國家，央行以觀察長期公債的價格變動來掌握人們對通膨的預期資訊。台灣的通膨大都是輸入型的：原油、原物料漲價，關鍵零組件漲價等都是外力影響，無法控制，長期公債價格反映通膨的資訊不顯著。

縮水式通膨

　　當出現成本推動或輸入型的通膨時，業者的生產成本增加，有調漲價格的壓力。但基於消費者會抗拒和同行競爭的壓力（同行若不漲價，自己漲價會流失顧客）。廠商採取將分量縮水，但售價不變的方式來應對。這使得消費物價看似未漲，但實質購買力是下降的。如：衛生紙從 400 抽變成 350 抽，一個 150 公克的麵包變成 120 公克，一盒 450 公克的雞蛋變成 400 公克；火鍋料理店的訂價一樣，但基本配料減少。這方式能被執行，符合行為經濟學提到的：人不是完美理性的，許多人缺乏精確計算的能力之說（見本書第四章）。

12.3　通貨膨脹與失業的關聯性

通貨膨脹與失業之間有何關聯？根據實際資料分析，通常在經濟繁榮的時候，人們對未來有信心，所以勇於增加消費，而企業也敢於投資設備，這些都構成整體需求的提高，使得就業人數增加、失業率下降。若經濟體有足夠的產能可應付，則物價只會輕微地上升。但若需求持續上升，使經濟體的產能趨向上限，且就業趨近自然失業率的地步，物價就開始上漲，這是需求牽引的通貨膨脹。在這情況之下，失業率下降，但伴隨著物價上漲，故通貨膨脹與失業兩者呈現反方向變動的關係。反之，經濟衰退時，實質產出減少，失業率上升，而物價是下降的。

成本推動的通貨膨脹則是另一種型態。以 1973 年底的全球能源危機為例。由於當時的科威特、沙烏地阿拉伯等產油國家聯合減產，使石油價格於一個月內上漲三倍，出現成本推動的物價上漲。由於企業和個人支用在能源、運輸等的費用負擔大幅增加，相對地就要減少一般的消費支出，這使得眾多企業被迫減產，連帶地使失業率提高。這時出現的是：物價與失業率同方向變動的現象，稱為停滯性通貨膨脹（stagflation）。

通貨膨脹與失業都是人民之痛。為了彰顯其負面影響，有人將通貨膨脹率與失業率相加，得出所謂的「痛苦指數」。[1]這數據讓人們淺顯地瞭解其經濟處境是改善或惡化。

- 痛苦指數
  用以衡量人民經濟生活痛苦程度的一種指標，等於通貨膨脹率加失業率。

---

[1] 有人認為，失業對生活的負面影響遠大於通貨膨脹帶來的，所以，兩者相加不夠精確。或許以加權計算比較合理，如，將失業率乘以 1.5，再加上通貨膨脹率，得出之數值比較有意義，目前這無定論。

■思考題

1. 解釋失業率。失業產生何種社會與經濟問題？
2. 說明：結構性失業和循環性失業的差異。
3. 解釋通貨膨脹。通貨膨脹如何影響經濟體的運作。
4. 解釋，何以民眾對未來悲觀會導致經濟體的物價下降和實質產出減少？
5. 2005 年全球能源價格上漲。說明，這如何使台灣的物價上漲與實質產出的成長減緩？
6. 解釋：痛苦指數。

貨幣與金融體系

13.1　貨幣

　　有人將貨幣比喻爲市場經濟裡的血液，缺乏它會導致經濟體系癱瘓。現代經濟體系裡，任何交易都要用到貨幣。[1] 一物件能被社會的成員所接受，充爲貨幣之用，必須具備下列三個功能：第一、交易的媒介；第二、價值的儲藏；第三、記帳的單位。人類曾以牛、羊或穀物爲貨幣單位，但牛、羊有大小之分，表示其做爲記帳的單位不客觀，牛羊可能死亡，故也無法以之來儲藏價值。以黃金、白銀或銅（稱爲金屬貨幣）充做貨幣比牛、羊爲佳，但其總供給量經常波動（如發現新的礦源或外國金銀幣的輸出、入），且一個金屬貨幣的成分要隨時衡量，這影響到它做爲貨幣的交易功能。目前各國都是由其中央銀行獨家發行貨幣，以國家的信用來保證其價值，而能流通於社會，稱爲法定貨幣。

　　現今任何經濟活動都需用到貨幣。社會對貨幣的需求量主要取決於兩個經濟變數：

- **貨幣**
  任何東西能被社會成員所接受，做爲貨幣，必須具備三個功能：第一、交易的媒介；第二、價值的儲藏；第三、記帳的單位。現代人使用央行發行的法定貨幣。

1　貨幣與金錢是有差異的。通常金錢指的是金幣、銀幣和現金等。而貨幣包含的範圍比較廣泛，如後文即將介紹的活期存款、支票存款和電子貨幣等。

1.　所得水準：所得愈高，表示經濟活動愈頻繁，人們交易的機會和交易金額也愈大，對貨幣的需求量也愈大。

2.　**市場利率水準**：市場利率被視爲是使用貨幣的價格。因爲，擁有貨幣就擁有流動性，可隨時支用；但握有貨幣的代價是：無法借給他人或存入銀行賺取利息。損失的利息大小取決於市場利率。故而，市場利率愈高，人們手中願意握有的貨幣量愈低。另外，人們也可能以借款進行金融投資（如購買股票等），當利率上升，融資的成本提高，也使得社會對貨幣的需求量減少。

13.2　金融體系和貨幣創造與控制

金融體系

• 金融體系
包括任何從事資金融通的組織體系，涵蓋金融機構（如商業銀行、中央銀行、保險公司和投資信託公司等）；而金融市場包括股票、債券、貨幣與外匯市場等。

按照字面的涵義，「金融」是資金融通。所以，金融體系包括任何從事資金融通的組織體系，它涵蓋金融機構與金融市場。前者包括商業銀行、中央銀行、保險公司和投資信託公司等；而**金融市場**包括股票、債券、貨幣與外匯市場四大類。

在金融體系裡，商業銀行的活動占了大部分。**商業銀行**從個人和企業吸收存款，再將取得的資金貸給企業（做長期投資或短期拆借）和個人（消費和信用貸款），它們也可購買債券等金融商品。[2] 商業銀行是屬於服務業的營利機構，透過前述的放款活動取得收入，在成本支出方面主要爲存款利息支出、行員薪資、辦公室租金等。

2　許多國家規定，商業銀行不得購買公司股票。因爲，一方面，商業銀行的資金大都來自顧客的存款，其金額很大，商業銀行可能利用來操作股價。另外，若銀行將大筆資金投入購買股票，則其現金流動性下降，顧客提取現金時，銀行可能被迫於低股價時變賣股票，使銀行出現虧損。

中央銀行是政府成立的機構，在台灣，央行隸屬於行政院。[3] 依據我國的中央銀行法，其主要業務範圍為：

1. **執行貨幣政策**：主要是發行、控制貨幣供給量。
2. **執行金融政策**：這是對商業銀行提供服務和規範，包括對它們貸款、規定商業銀行的流動資產占全部資產的比率（以應付存款的提現），對各種金融機構業務進行監理，以維持銀行的健全和金融的穩定。
3. **從事外匯調度**：包括外匯（本國擁有的國際流通貨幣）的買賣和匯率的調整等（這將於第十四章說明）。
4. **做為政府單位的銀行**：央行經營國庫業務，也就是各級政府機關的現金、票據之出納、保管、移轉等。另外，對外國、本國公債的購買、轉讓、利息收支等也是其業務範圍。

中央銀行設置總裁職位，而最高管理層級為理事會，理事成員由總統派任，他們以合議制（每年開會四次）決定重大政策。央行的政策目標對經濟活動有很大的影響力。依據我國中央銀行法的規定，央行的目標為：「促進金融穩定」、「健全銀行業務」、「維護對內和對外的幣值穩定」、「於上列目標範圍內、協助經濟之發展」。其中「維護幣值穩定」就是降低通貨膨脹的威脅和維持匯率的波動範圍，而「協助經濟成長」通常並非央行的主要政策目標。

貨幣的創造與控制

一般人所擁有的紙幣和硬幣是由中央銀行獨家發行的，稱為流通貨幣（簡稱通貨）。依據定義，貨幣是任何供作交易的

3　美國為聯邦銀行，其總裁由總統提名（不隸屬於國務院）。台灣央行總裁由總統任命，但有任期，不得隨意更換。央行的地位，各國設計不一，有興趣的讀者請參閱霍德明（2001），《銀行貨幣學》第 15 章（台北：東華書局）。

工具，所以貨幣除了包括通貨之外，還包括支票存款、旅行支票等其他項目。經濟學以多種不同的定義來瞭解一國人民使用的貨幣量，下面介紹之。

・M1B 的貨幣量
一種計算貨幣數量的方式。包括通貨、活期存款、支票和存簿存款。

$$M1B = 通貨 + 活期存款 + 支票 + 存簿存款$$
$$M2 = M1B + 定期存款 + 外幣定期存款等$$

這些貨幣量計算的差異，在於各項目包含不同的貨幣內容。因為活期存款、支票存款等可隨時被動用，其功能與現金無異，所以將之視為一體，構成 M1B 的貨幣量。而 M2 的貨幣量則是將 M1B 加入定期存款和外幣定期存款等，因為定存可隨時解約（或質押），其流動性與現金無異，所以，將之加入構成 M2 的貨幣量。

▼表 13-1　2022 年 9 月底我國貨幣量（單位：10 億元新台幣）

通貨淨值（現金）	M1B	M2
3,119	25,835	56,135

資料來源：中央銀行。

由表 13-1 的資料可看出 M1B 的數額遠大於中央銀行發行的通貨淨額，何以如此呢？這源於整體商業銀行有能力創造出貨幣，這是現代金融體系的一個特徵，下面說明之。

- 假設張先生將現款 10 萬元存入第一銀行的活期帳戶中。影響：整體的 M1B 貨幣量未變動；因為現款減少 10 萬元，而活期存款增加 10 萬元。

- 張先生向黃小姐購貨，他開立一張支票給黃小姐。黃小姐將支票存入她往來的台灣銀行。按規定，這時台灣銀行要將吸收的存款的某一百分比，假設為 20%（稱為存款準備率），留為存款準備金，以備人們隨時提現之用，餘額可貸放出去（商業銀行也是營利機構）。假設台灣銀行將 80,000 元（＝ $100,000×0.8）貸予丁先生。丁先生就多了 80,000 元的活期存款可用，這是商業銀行第一次創造出來

的貨幣量。

- 丁先生購屋，他開立 80,000 元的支票給宋小姐。宋小姐將之存入其往來的台新銀行。台新銀行將 64,000 元（＝80,000 元 ×0.8）貸給周先生，周先生又有這筆錢可用，這是商業銀行第二次創造出來的貨幣量。

這貨幣創造過程繼續下去，最後被創造出來的活期存款總額為：

$$80,000 \text{ 元} + 64,000 \text{ 元} + 51,200 \text{ 元} + \cdots\cdots$$
$$= 80,000 \text{ 元} \times (1 + 0.8 + 0.64 + \cdots\cdots)$$
$$= 80,000 \text{ 元} / (1 - 0.8)$$
$$= 80,000 \text{ 元} \times 5 = 400,000 \text{ 元}$$

可看出這數值遠比中央銀行發行的通貨額（100,000 元）為大。實際上，這數額的大小取決於存款準備率：

$$\frac{80,000 \text{ 元}}{1-0.8} = \frac{80,000 \text{ 元}}{20\%} = \frac{80,000 \text{ 元}}{\text{存款準備率}}$$

故知，若存款準備率上升為 25%，則被創造出來的貨幣額減為（75,000 元 ＝ 100,000 元 ×0.75 是第一次被創造出來的貸款額）75,000 元 / 0.25 ＝ 300,000 元；反之，若存款準備率下降，則貨幣的創造額會增加。在現實狀況裡，中央銀行對活存、定存、外幣存款等訂定不同的存款準備率。

整體商業銀行進行放款，會創造出貨幣是一個現代金融體系的重要特徵，它顯示，貨幣供給量不只是受中央銀行的影響，商業銀行也扮演一個角色。

■思考題

1.　中央銀行與商業銀行的角色有何不同？
2.　說明 M1B、M2 的貨幣量有何不同。何以央行發行的鑄幣和紙幣並非國家整體的貨幣量？
3.　央行何以要商業銀行繳存存款準備金？當央行提高存款準備率時，整體的貨幣供給量會如何變動？
5.　在經濟成長、所得增加時，若貨幣供給量沒有增加，市場利率會上升或下降（說明你的推理過程）？

總體經濟政策

總體經濟政策是政府用來影響整體經濟活動的政策，主要包括財政政策（fiscal policy）、貨幣政策（monetary policy）和匯率政策（foreign exchange policy）。採行總體政策的目的是要減緩經濟波動的幅度。根據觀察，採行資本主義的經濟體系都不免出現景氣循環的現象。通常景氣循環可分為四個階段，如圖 14-1 所示，一個景氣循環包括衰退（實質所得明顯下降）、谷底、復甦、繁榮四個階段，各階段延續的時間長短不一。[1]

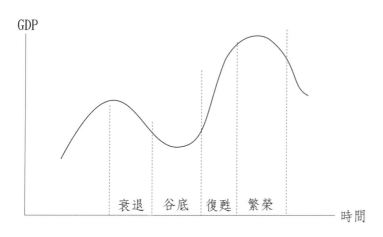

▲圖 14-1　經濟景氣循環

1　嚴重且長期的衰退稱為蕭條（depression）。從 1929 年的全球大蕭條之後，人們對於總體經濟體系的運作知識大幅提升，所以，經濟蕭條的情況已不再發生。

　　在經濟衰退期間由於投資和消費減少，導致總需求下降，出現失業增加、物價下降等現象，所以政府希望以人爲政策來減輕這些負面影響。而在經濟復甦時，政府則希望避免產生通貨膨脹。下面分別說明財政政策和貨幣政策在這方面的角色。另外，因爲目前國際資金的自由流動，對一國的經濟活動產生重大的影響，所以匯率政策也加入考慮。

14.1　財政政策

• 財政政策
政府行政部門採取的政策。它透過改變其收入（如稅收）及支出的大小及內容來影響經濟活動。

　　財政政策是政府的行政部門透過改變其收入及支出的大小及內容來影響經濟活動。主要的方式有變動稅率和進行公共建設兩種，下面說明之。

一、變動稅率

　　這方面主要是變動綜合所得稅率和營業稅率兩種。就綜合所得稅而言，在經濟不景氣時，若降低民眾的所得稅負擔（可能是降低邊際稅率或提高免稅額等），可使家庭的可支用所得增加，人們會將其中一部分金額消費出去，這就帶動了整體需求的增加，廠商就會提高生產量、增加員工的僱用，使國民所得上升，減少失業率。這稱爲擴張的財政政策。反之，在經濟繁榮時，若提高綜合所得負擔會使經濟活動緊縮，民間的消費支出減少，生產隨之下降、國民所得減少。

　　財政部也可更動營業稅率。如在經濟衰退時，若降低銷售稅率可使物品售價下降，刺激需求，進而使所得增加；反之，在經濟繁榮時，若提高銷售稅率會使物價上升，降低家庭的消費支出，減緩經濟活動。

　　財政部在變動稅賦時，經常面臨一些困境：(1) 在經濟不景氣時，若採取降低稅賦的擴張性財政政策，會使政府收入減少，政府部門出現赤字的問題；(2) 若於經濟景氣時提高稅賦，又容易引發物價上漲的壓力；(3) 變更稅率是由財政部提

議，經過立法院的審議通過才能執行。這程序費時甚長，當政策開始執行時，可能經濟情勢已經不是原先的情況，這使得財政政策的時效性受到質疑。

二、進行公共建設

政府在經濟不景氣時可興建水壩、道路、教室等（這些分由經濟部、交通部、教育部等來完成），以帶動整體的需求。這些屬於基礎建設支出，長期而言，能提升國家的生產力。

當一國政府以增加支出來影響經濟活動時，必須考慮其公共支出的效果。日本於 1990 年出現經濟衰退，執政者連續多次採取擴張的財政政策。但它將經費盲目地用來擴建港口，出現無船隻進出，只有漁人在釣魚的情景；日本政府也增發老人津貼，但老年人將之儲存起來，對消費毫無提升。我國也一樣，政府於 2004 年施行就業補助方案，出現的是：一些地方政府單位僱人做除草、填寫公文、整理公墓等這些無生產性的活動，雖然使失業率暫時下降，但無助於消費者對經濟轉好的信心和社會生產力的提升，可說是失敗的財政政策。反觀美國，於 1930 年大蕭條年代興建的田納西水壩，不僅刺激當時的經濟需求，興建完之後其灌溉、防洪等功能延續到現在，對生產力的貢獻不言而喻，這才是成功的財政政策。

◆ 事例

財政政策的意識形態

2020 年初全球爆發新冠疫情，各國經濟活動受阻，出現經濟衰退現象。美國在川普執政之下，推出紓困金方案：符合條件的人可以在所得稅表格上申請紓困金退稅額。希望藉此擴大民間消費支出。這符合美國共和黨自由市場的概念。2022 年拜登執政，他推出：提高企業稅率和 1.2 兆美元的基本建設支出（鐵、公路、航運、空運、電網、寬頻網路等基本建設），並要求國會同意提高政府赤字占 GDP 的比率（以使其計畫可以實現）。這符合美國民主黨混合經濟的意識形態。

反觀台灣防疫經費高達 8,000 億元，如何花費卻是不公開的機密，置財政學者呼叫的財政紀律於不顧，嚴重毀損民主經濟的體制。

14.2　貨幣政策

前面提到執行貨幣政策是中央銀行的主要業務之一。它經由變動貨幣供給量來影響經濟活動，這可分為幾方面來瞭解。

首先說明貨幣供給量對物價的影響。這可由下面的**貨幣數量方程式**（quantity equation of money）來理解：

$$MV = GDP \qquad\qquad\qquad (1)$$

上面符號的涵義如下：

- M（money）：社會的貨幣量，可用前面的 M1B 或 M2 來顯示。
- V（velocity of money）：貨幣流通速度。它是一個國家平均每元貨幣用於購買最終財貨和勞務的次數。
- GDP：年度的國內生產總額。

上面的恆等式簡單地顯示一國的 GDP 之貨幣面。由於經濟體是透過生產、交易來完成經濟活動的，而這些都需用到貨幣，所以，GDP 應等於貨幣量 M 乘以其流通次數 V。另外，依據 GDP 的定義，它是以物價水準 P 乘以實質產出水準 Y 而來，所以：

$$GDP = P \times Y \qquad\qquad\qquad (2)$$

將 (1) 和 (2) 式結合，可得出：

$$MV = PY$$

如果短期內（如一年）貨幣流通速度 V 和實質產出水準 Y 為固定值，則上式可改寫為（符號有上線，代表為固定值）

$$M\bar{V} = P\bar{Y}$$

這時物價水準 P 和貨幣供給量 M 之間就呈現等比例的漲

跌，如貨幣供給量增加 10%，物價水準也會上升 10%。這符
合一般人的觀念：若實質產出未增加，只是貨幣量增加，就形
成太多的貨幣追逐有限的物品，導致物價上漲。這方程式也提
醒我們：政府擁有貨幣發行權對物價有重大的影響力。各國在
規劃央行的業務時，很重視其政策的獨立性，不外乎是希望其
貨幣政策不受到行政部門的影響，避免行政部門以發行貨幣量
來應付政府支出，導致物價上漲。

　　長期之下，國內實質產出水準 Y 經由經濟成長而增加；
另外，貨幣流通速度 V 也會改變（如市場利率持續上漲，驅
使人們儘快將貨幣周轉；交易電子化，改變人們支付的習慣
等）。所以，貨幣供給量與物價水準之間並不會呈現等比例的
變動關係。這時央行如何掌握經濟的情況，以精確地調整貨幣
供給量，是個挑戰性的工作。

　　央行變動貨幣量，如何影響實質經濟活動呢？基本上，還
是以貨幣的使用價格：市場利率來分析，它是由社會對貨幣的
需求和供給量來決定。若央行增加貨幣供給量，市場利率會下
降，在物價上漲率是穩定時，則實質利率也下降（實質利率等
於市場利率減去物價上漲率）。在第十一章提過，廠商的投資
意願和消費的支出意願取決於實質利率，所以實質利率下降就
刺激實質需求的增加，使經濟活絡，總體產出增加，失業率也
下降。[2] 這稱為**擴張性的貨幣政策**，中央銀行於經濟衰退時採
行之。圖 14-2 顯示這個程序。

2　這是凱因斯學派的基本主張。至於貨幣學派則主張：依據前面的
　數量方程式，央行增加貨幣供給量使民眾擁有超過所需的貨幣
　額，所以他們會支用出去，尤其是多買耐久性商品，這刺激了短
　期實質所得的增加。但因為受到產能的限制，民眾不可能一直
　維持增購物品，所以，長期之下，貨幣量增加只會反映於物價上
　漲，對於實質產出並無影響。

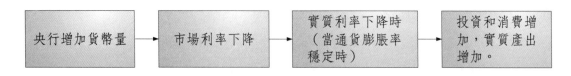

▲圖 14-2　擴張性貨幣政策

　　反之，若經濟繁榮，央行察覺有通貨膨脹的可能，可採取減少貨幣供給量的措施。產生的結果是：利率上升，投資和民間消費需求減少，抑制了物價上漲的壓力，但也可能使實質產出減少。

中央銀行變動貨幣量的工具

　　央行不能無中生有地改變社會整體的貨幣量，它有三個執行的工具：變動存款準備率、變動重貼現率和公開市場操作。下面說明之。

一、變動存款準備率

　　第十三章已提到，央行若提高存款準備率，則商業銀行能創造出的貨幣量會減少。這使得市場利率上升，廠商進行投資負擔的利息成本提升，於是企業的投資意願下降；同時，當利率上升，人們會減少購屋、消費性貸款等支出，增加儲蓄（以賺取存款利息）。投資和消費的減少，使得整體需求下降。國內生產總額減少，這稱為緊縮的貨幣政策。

二、變動貼現率（discount rate）

　　有時，商業銀行會因現金被提取或過度放款，使準備金不足。這時，它們可向中央銀行借款，付出的利息就是貼現率。[3] 很明顯的，若央行提高貼現率則銀行負擔的利息也會隨之上升，連帶的，它們會提高對私人或企業的貸款利率，這就

3　貼現是商業常用的一種借款方式，它是先自借入款額中扣除利息，到期時只歸還借入款。

使民間的投資和購屋等支出減少，產生緊縮經濟活動的力量。

三、公開市場操作（open market operations）

　　這是中央銀行在金融市場買賣（財政部發行的）政府公債。若中央銀行購入財政部新發行的公債，它就要付款給財政部；若中央銀行購買已發行、為民眾持有的公債，它就要付款給人民。無論如何，這些都形成通貨淨值的增加，透過前述的貨幣創造過程，使社會的貨幣供給量增加。市場利率下降，整體的投資和消費就增加，形成擴張性的貨幣政策。

　　前述三種央行影響貨幣供給量的措施中，變動貼現率屬於價格的操作（直接影響利率水準）；而於公開市場買賣或提高存款準備率則屬於數量的操作（直接影響貨幣量），兩者屬性不同，如何選擇，取決於央行的偏好。

◆ 事例

貨幣政策的有效性：美國聯邦銀行的量化寬鬆政策

　　2008 年由於美國次級房屋貸款市場崩潰，連帶使幾家操作衍生性金融商品的大型金融公司倒閉，導致市場的資金流動性急遽下降。許多企業無法從金融機構取得資金，瀕臨倒閉，出現金融海嘯。美國聯邦銀行理事會（簡稱聯準會）採取緊急措施：立即將基本放款利率於一個月內降至等於零的地步。但利率降到幾為零之後，經濟體並沒有復甦，降息的貨幣政策成為無效的工具。

　　美聯準會遂採用激進的非傳統的貨幣工具，也就是量化寬鬆政策（quantity easing, QE）。2009 年第一次以 17,250 億美元直接買入問題公司的股票、公司債券和國債；由於經濟未見復甦，聯準會於 2010 年 11 月又推出第二次寬鬆，提供 6,000 億美元定期買入政府國債；第三次於 2012 年 9 月，每月以 400 億美元買入國債；第四次於 2012 年 12 月，前後總計釋出約 4 兆美元。

　　聯準會何以多次採取量化寬鬆的政策呢？因為失業率和通貨緊縮率沒有顯著的改善。有經濟學家指出：貨幣政策不是萬靈丹，因為，企業投資和僱人的意願不只考慮利息成本，可能更重視獲利前景；家庭在不景氣時，也不會貸款購屋或買新車。美國量化寬鬆改善的效果最終是在經濟實質生產力的提升，包括：研發出頁岩油、氣的開採技術，使企業的能源成本大跌，發明 3D 列印的技術，企業大幅投資在機器人提高自動化程度等；政府也增加

教育補助支出和鋪設光纖以提高網路的覆蓋率等。這些終於使美國經濟在 2014 年中出現回穩和復甦的跡象。

　　2014 年歐元區出現公債危機：希臘、西班牙等幾個南歐國家無力籌款償還到期的（以歐元計價的）國債，使得全球紛紛放棄使用歐元，歐元區的經濟活動急遽萎縮；而日本則因從 1990 年的平淡經濟至今未見改善。歐洲央行和日本央行也學習美國相繼推出量化寬鬆政策，但在沒有提升實體生產力的情況之下，效果仍待觀察。

事例

貨幣政策的施行時機

　　2019 年出現新冠疫情，全球經濟活動受阻。由於經濟衰退，美國聯邦銀行理事會持續將基準利率降近於零的水平。到 2022 年初發生俄烏戰爭，烏克蘭的穀物無法出口，美國又發起對俄羅斯的石油和天然氣禁運措施，使得全球的穀物和能源價格大漲。另一方面，中國大陸堅持疫情清零政策，使得中國的工廠處於半停頓狀態，而中國又是全球最大的製造業大國，這使得汽車、家電用品、消費用品等供應下降，全球掀起通貨膨脹的浪潮。

　　美國聯準會於 2022 年 6 月 16 日將基本利率調升兩碼（一碼為 0.25%），後又陸續升息（美國的消費者物價指數於 2022 年 10 月年增率到 7.76%）。升息提高企業貸款、消費者購屋和購車貸款的負擔，因而壓抑通膨。但美國通膨屬於成本推動的型態，而聯邦銀行的升息是抑制需求，所以，不少經濟學家認為來年美國將出現經濟衰退。

　　美國的升息推動美國企業紛紛將在外的金融投資匯回美國，導致美元指數飆高，全球各國貨幣兌美元貶值，如：一美元兌日圓升到 150，歐元兌美元則是到 1：1.05 的新低。對美國這樣的大國，利息政策影響匯率走向。

　　日本並未採相似的升息措施，因為日本的問題是長期通貨緊縮，內需不振，房價下跌，物價停滯。台灣央行也沒有採升息的措施，升息只會壓抑國內需求，無法減緩進口成本增加的壓力（其實，經濟部蓄意不准中油漲價，台電、天然氣價格都不准反映成本，藉此減輕人民的負擔，惟民間都可感受基本生活支出，糧食、食用油、肥料、飼料、肉品、進口水果等都大幅漲價）。

14.3 政府收支平衡的問題

　　前面的討論並未考慮到政府收支平衡的問題。政府部門每年要提出總預算，經立法院通過，然後執行之。若考慮政府的收入來源，不外乎有三種：稅收、發行公債及增加貨幣發行量。下面說明這三種方式對經濟活動的影響。

一、政府以左手提高稅收，右手支出求平衡

　　若政府左手提高 10 億元的所得稅收，右手將之支用出去，這樣它預算維持收支平衡。這是否對經濟活動產生影響呢？圖 14-3 的流程顯示：整體的淨支出會增加，進而提高國家的產出水準。

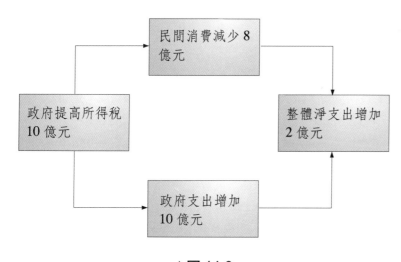

▲圖 14-3

　　何以如此？因為，當政府向人民多課徵 10 億元的所得稅，人民的可支配所得就減少 10 億元，人們的因應之道是：減少部分的消費和減少部分的儲蓄來應付。假設，消費額減少 8 億元、儲蓄額減少 2 億元，則整體需求下降了 8 億元（2 億元的儲蓄減少不影響整體需求，因為它本來就不會被支用）。而當政府將這 10 億元的稅收支用出去，使得整體的需求增加了 10 億元，一來一往使淨需求額增加 2 億元，這就刺激了生產，使 GDP 增加。要言之，政府部門的擴大，即使是維持收

支的平衡也具有刺激需求的力量，而這力量的來源是將民間的儲蓄額（按前例爲民間的 2 億元儲蓄額）提前被政府支用出去。

　　短期之下，政府以提高所得稅來應付支出有增長所得的效果。但若政府長期持續以這方式來因應支出，就會侵蝕國家的整體生產力。前面曾提及，高所得稅賦會抑制人們的工作意願和生產者的投資意願，使國家的資本累積速度減緩，導致國家的生產力和競爭力下降，這是採行擴張的財政政策必須要注意的侷限。

事例

政府調整預算的意識形態之爭

　　目前許多國家都出現政府赤字的問題。以美國爲例，它的政府累積發行的債券高達 1.4 兆美元，等於其整年的 GDP。這麼重的債務負擔，迫使政府要以其大部分的收入用來償還利息和債務，具有生產性的長期投資，如，教育補助、研發支出等被迫縮減，進而使國家競爭力和經濟成長率下降。所以，當政府預算出現長期赤字時，調整其收支也是有必要的。美國於 2011 年中執政黨和國會協商調整預算時，明顯地受意識形態的影響。在眾議院保守的共和黨占多數，它主張：刪減政府支出但不增加稅收，而執政的民主黨主張：同時增加稅收和刪減支出。保守主義擁抱的是它一貫的精神：小政府和大市場（刪減政府支出和沒有增稅，等於縮小政府規模及其影響力）；而民主黨以其自由主義的精神主張：政府應介入市場運作，做一些調整貧富不均的工作，若減少政府支出主要是刪減社會福利預算，受害者會是社會低層的人，這違背了它的原則。雙方意識形態的衝突，使得其政府預算問題蔓延到全球金融市場（若無法調高預算赤字上限，美國可能無法償還其國債，這引起全球持有其公債的政府和銀行恐慌）。

　　在政黨國家，如美國、英國、德國等，施行何種財政政策，明顯受意識形態的影響，這是常態。反觀台灣少見這方面的討論和辯解，人們一貫相信政府的能力，也相信政府不會做錯誤的決策。當人民的思辨能力不能提升，國家競爭力是難以進步的。

二、政府以發行公債來因應支出

　　政府發行長期公債就是向民眾借款，民眾將儲蓄資金借給

政府使用，政府就取得資源的使用權。[4] 但政府發行公債、吸收資金，民間能用的資金就減少，會導致市場利率上升（除非中央銀行增加貨幣的發行量，這方式的影響於下面討論），縮減民間的投資，這種排擠效果對政府支出的效果產生了抵銷的力量。

另外，政府進行長期投資的效益是否高於民間的投資效益也必須考慮。考慮下面的狀況：政府發行債券，取得資金興建一條高速公路，這屬於基本建設，但若這排擠了一家工廠的擴建，兩項投資的效益如何，比較難以論定。更甚者，根據實際的觀察，有些政府為了彰顯其政績，以吸引選票，做了許多無謂的建設。如台灣許多縣市政府建了文化活動中心、民眾活動中心之後，卻閒置未用。這是明顯的資源浪費。基於這考量，民主國家的立法部門對行政部門發行公債的額度通常訂定規範，限制政府年度發行的債務占 GDP 的上限比率（台灣為 30%，而累積債務占 GDP 的比率不得高於 50%），以此來節制行政部門的過度擴張。

三、政府以增加貨幣量的方式來因應支出

增加貨幣量等於是同時採行擴張性的財政政策和貨幣政策，它的需求創造效果會很大，但很可能刺激物價上漲。因為生產物品通常需要時間來完成，一時的需求遽增無法被滿足，就使得物價上漲（見前面提到的貨幣數量方程式），形成「太多的貨幣追逐少量商品」的現象。若這國家已處在產能充分使用的狀況（或戰爭時），繼續採用這方式一定會引發超級通貨膨脹。基於這個考量，政府以發行通貨來因應支出是一大禁忌，正常的政府不會採取這項措施。

4　政府需要短期資金時，可發行國庫券來周轉。發行國庫券對民間的投資影響不顯著。

事例

各國政府預算赤字與匯率的問題

　　政府欠債就跟個人欠債一樣。積欠債務時，債權人當然害怕錢拿不回來，但也要看對方的還債能力，若是大老闆或知名有錢人是不用擔心的。國債也一樣，涉及到債權人是否對償債有信心的問題。日本的國債占 GDP 的 80%，但因為持有人大多是本國人，所以，沒有政府不還債的信心問題。美國累積的國債幾乎等於整年的 GDP，握有人遍布全球，美國的經濟體的生產力和創新能力極強，全球相信美國的國債有能力償還。

　　歐盟國家的貨幣政策是統一由歐盟的央行執行，各國則負責各自的財政預算。希臘屬於歐元區的國家，它於 2011 年出現國債可能無法償還的危機：因為多年來都以發行政府公債來支應政府赤字，累積的債務高達 GDP 的 153%。而其公債大部分由歐洲國家持有。但希臘的國家生產力低落、公務員充斥、人民習慣享受高待遇和悠閒的日子。當市場對它的公債缺乏信心，疑慮希臘政府可能無法還債時（或會進行債務重整，這曾經發生過），就拋售其公債，連帶使得歐元相對美元等貨幣貶值。

　　不同的國家出現政府赤字和鉅額公債負擔時，產生的影響是迥然不同的。這使得人們對全球宏觀經濟愈來愈難掌握。

---

* **匯率制度**
有固定匯率與浮動匯率兩種。前者是央行維持兩國匯率於固定水準。後者則是讓外匯供需決定匯率水準，故會呈現匯率變動的情形。

14.4　匯率制度與政策

　　依目前的國際局勢，任何國家是無法閉關自守的，一個國家要加入世界貿易體系，才能引進各種外國製品，提升人民的生活水準；另外，透過參與國際分工，才能擴展市場，增加出口物品的生產，提高國民所得。

外匯市場

　　國與國進行貿易或投資，必須換算貨幣。如台灣廠商要到東歐設廠，必須將台幣換算成歐元，才能在該地進行工作，匯率（foreign exchange rate）就是兩國貨幣的兌換比率，其顯示方式是：多少的本國貨幣換得一單位的外國貨幣。因為有多種外國貨幣，所以，出現各種匯率值，如 32.5 元台幣兌換 1 美元，32.75 元台幣換 1 歐元等，通常，匯率是以國際通用貨幣，如美元、歐元、日圓為對象來顯示。

在外匯市場裡，不同的人需要外國和本國貨幣。譬如，在美元與台幣的外匯市場裡，參與者有：

一、美元的需求者

包括進口商（需要美元以支付自美國的進口商品）、在台美商（將台幣利潤匯回）、政府單位（購買美國軍備等）、赴美的留學生、旅遊者、要匯款給在美國的親人、要移民到美國者等。這些人構成美元的需求者，也是台幣的供給者。

二、美元供給者

包括出口商（將出口到美國收到的美元貨款換成台幣）、來台投資的美商（需要台幣來進行投資）、來台旅遊者等。這些人是外匯市場裡的美元供給者，也是對台幣的需求者。

眾多的需求和供給者在外匯市場進行台幣和美元的交易，其兌換率，也就是匯率，就被決定出來。這就是第五章的市場供需觀念。在圖 14-4 裡，美元的需求曲線是向下傾斜的，表示：若以較少的台幣可換得 1 美元時（也就是台幣升值），人們會增加美元的購買；而美元的供給曲線是向上傾斜的，表示：若 1 美元可換得較多的台幣（也就是美元升值，台

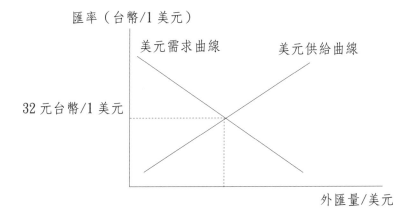

▲圖 14-4　美元與台幣的外匯市場

幣貶值），則人們會增加美元的供給量，譬如，出口商或民眾
將原先手中握有的美元換成台幣。美元的供需曲線決定均衡的
匯率水準。

浮動匯率制

　　若匯率水準完全由外匯市場決定，不受政府的干預，就是
浮動匯率制（floating exchange rate system）。

　　在浮動匯率制下，匯率水準不斷地變動，反映出人們對美
元外匯的供需狀況。譬如，軍方在某個時點將 100 億台幣換成
美元購買軍備，這行動可能立即使台幣與美元的兌換率由 32.5
升爲 32.55。相同的道理，若美國聯邦銀行提高利率，而台幣
的存款利率不變，則台幣存款人會將台幣轉爲美元存款，這使
得外匯市場對美元的需求增加，如由 32.5 元台幣升爲 32.6 元
才能買到 1 美元。

　　在浮動匯率制度之下，外匯市場只是眾多市場的一種，宛
如汽車市場一般，其變動對國內經濟活動無顯著的影響。譬如
突然發生政治風暴，人們搶購美元外匯，這使得美元升值，從
32 元台幣：1 美元升爲 33 元台幣：1 美元。對搶購美元的人
而言，負擔增加了，但賣出美元的人卻得利了，其餘不進入外
匯市場的人絲毫不受影響。這是浮動匯率的一個優點：這制度
之下，國內經濟活動受到外貿部門（foreign sector）的牽連不
大。

　　在這制度之下，央行的貨幣政策會影響匯率的走向。假設
我國的央行因爲經濟衰退而降低利率。若外幣存款利率不變，
則人們會將台幣存款轉爲外幣資產，這導致台幣暫時貶值；相
反的，若央行爲了降低通貨膨脹率而提高利率，則人們會將外
幣轉爲台幣，這導致台幣對美元短暫的升值。

在浮動匯率制下，因爲匯率不斷變動，使得進、出口商要承擔匯率變動的風險。假設今天的匯率比爲 32 元台幣：1 美元，一出口商賣出 100 萬美元的貨品到美國，一週後收到貨款時，匯率變爲 31.5 元台幣：1 美元（即台幣升值），這出口商等於損失了貿易收入 50 萬元台幣。對這種困擾，貿易商可透過外匯期貨市場來避險。人們在這市場以一個事先約定的匯率於未來某一時點買賣外幣（出口商可預售外幣，進口商則預購外幣），這使得貿易商能於商品交易完成時，就能確定其利潤的範圍，有助於國際貿易的進行。

外匯期貨市場的功能

從事貿易的廠商可在外匯期貨市場買入或賣出外匯，使外匯收入和支出維持於一個可接受的範圍。

假設台積電出口晶片收取美元，目前的匯率爲 32 元台幣：1 美元，若一週後台幣升值爲 31 元台幣：1 美元，屆時台積電有 5,000 萬美元的外銷收入，換成台幣就損失 5,000 萬台幣。反之，若台幣升值，它就賺到外匯價差，但無人能預知下一週的匯率變動方向。假設軍方在下一週要匯出美元 5,000 萬買武器，它怕台幣貶值（要付出較多的台幣才能換到 5,000 萬美元，買到相同的武器數量）。台積電與軍方對台幣變動的負面影響持不同的態度，於是它們可透過外匯期貨市場來避險：台積電現在出售美元的**賣權**，約定一週後以某個匯率價格出售 5,000 萬美元，軍方則與期貨市場簽約取得**買權**，預先以一個約定的匯率買進美元 5,000 萬美元。

一個問題是：一週後的外匯期貨價格如何決定呢？這由期貨的買賣數量來決定，若參與買權的數量大於賣權的數量（表示人們預期，一週後對美元的需求量大於供給量）則其外匯期貨價格就高於目前的匯率，反之則低於目前的匯率。

這個期貨市場對進出口商有何價值？假設目前的外匯期貨價格為 31.7 元台幣：1 美元，則台積電可精確預知它下一週的外銷可取得 158,500 萬元台幣的收入，它只要專注於生產晶片，不需憂慮外匯變動對其營業收入的影響。軍方也可確定一週後只要籌得 158,500 萬元台幣，就能買到武器（雙方都要繳納交易費，這是期貨廠商提供服務的收入）。當然，一週後出現的外匯現貨價格可能與現在的期貨價格不同，如到時台幣與美元的兌換價為 31.9 元台幣：1 美元，則台積電覺得它若以現價賣出美元比期貨價划算，但這是事後諸葛：因為在簽約賣出美元期貨時，它無法確知一週後的外匯局面，故這價差 (31.9 − 31.7)×5,000 萬美元 = 1,000 萬元台幣是它避險的成本。當然，這時軍方覺得購買外匯期貨省下了 1,000 萬元台幣。

前面說明了期貨市場分擔風險的功能，但只要是涉及未來，就有不確定性，就會有人利用這市場來進行投機。譬如，有些出口公司經由外匯期貨市場的交易賺到額外的收入，食髓知味之餘，竟然認為其外銷部門應該致力於提高外匯期貨的利潤，殊不知這市場的存在主要是避險，一個製造業的外銷廠商應該以提升產品競爭力為主，希冀從期貨市場取得「營業外收入」，只會使公司暴露於更大的風險之下而已。

從事期貨的買賣需要專業人員，並非全部的貿易商都能負擔這種支出，而且，匯率不斷波動也使幣值換算困難。所以，許多國家採取管理的浮動匯率制：中央銀行依需要，進入外匯市場買賣外匯，以維持匯率的上下波動在一範圍內，這也是我國央行採取的模式。

固定匯率制

固定匯率制（fixed exchange rate system）是央行進入外匯市場，將本國與某個國家的貨幣兌換比率釘在某個水準。當市場出現外匯需求過剩時，央行提供外幣；若有供給過剩，則央行收購之。

> **事例**
>
> ## 亞洲金融風暴與外匯流失
>
> 　　馬來西亞於 1997 年時採行固定匯率制。當時發生亞洲金融風暴,外資快速撤出其資本市場。由於大量的馬幣被換成美元,其中央銀行被迫提供美元,買入馬幣,這使得馬幣的供給量大幅減少,導致馬來西亞國內的市場利率快速升到 15% 的水準,投資、消費等經濟活動備受打擊。另外,其數十年儲存的外匯準備於幾個月之間幾乎消耗殆盡。馬來西亞總理悲痛之餘,只得關閉外匯市場,停止交易,以保住剩餘的外匯。

　　採固定匯率制的國家,其央行為了維持政策的執行,必須握有足夠的外匯量才能維持匯率固定。所以,其中央銀行通常搭配外匯管制的措施。如規定進口商取得外幣匯款之後,必須換成本國貨幣、購買外匯超過一個額度需要批審、國民出國旅遊只能購買有限的外匯等。這種管制不只是行政成本的增加,也導致黑市外匯市場的出現。

　　在固定匯率制度之下,外貿部門的盈餘或赤字會影響國內的經濟活動。我國於 1987 年以前,採取將台幣與美元的兌換率訂在 38 元台幣:1 美元的水準。在 1986、1987 年分別出現 233 億和 281 億美元的貿易盈餘(出口大於進口的金額)。外銷廠商將這些美元在外匯市場賣出時,央行為了維持匯率水準,將之買入,交給它們台幣,使得整體的貨幣供給量大幅增加,市場利率也隨之下降,這刺激了總體需求,使物價有上漲的壓力。同時,當時人們的投資管道不多(尚無投資共同基金、買保險等工具),新增的貨幣量只能流向股票市場和房地產市場,使得房屋價格上漲了三倍之多,而股價指數也推到 9,000 點的水準。這說明了採行固定匯率制度的問題:它使國內經濟活動受貿易部門盈虧的影響。當對外貿易部門有盈餘時,會刺激物價上漲;相反的,當貿易部門有赤字時,貨幣供給被迫減少,使利率上升,國內經濟出現衰退的情況。

　　在固定匯率制之下,央行可能調整匯率。有些政府會採取

將主要貿易國的**匯率**釘住的方式，其餘的匯率水準則由個別市場來決定。匯率固定的優點是：幣值換算穩定，使廠商的進、出口貿易容易進行。

■思考題

1. 何謂擴張性的財政政策？舉出兩個你知道的例子。

2. 2022 年中，行政院教育部提供補助讓中小學班班有冷氣。這是財政政策嗎？後來出現哪些問題？

3. 2020 年開始，我國經濟部推動去核能和燃煤的再生能源政策（以太陽光電和風力發電為主），這是財政政策嗎？其後在執行上出現哪些問題？

4. 解釋：貨幣流通速度。當人們改採以信用卡來消費，你預期貨幣流通速度會提高或縮減？

5. 當央行提高商業銀行的重貼現率時，你預期市場利率會上升或下降？這會如何影響消費支出？

6. 央行於債券市場買入政府公債，會如何影響公債價格和債券的殖利率（收益率），這又如何影響市場的借貸利率？

7. 說明，貶值為何有利出口，但不利進口。

富國、窮國與經濟成長

15.1　富裕國家與貧窮國家

何謂「富裕」？這是個不容易回答的問題。無論是物質充裕或精神充裕，都可宣稱是富裕。既然如此，則如何界定富裕國家或貧窮國家？觀察一些所得達到某個水準的國家，都有下面的共同特徵：其人民有健康的身體、較長的壽命，由於可以輕易地維持溫飽，所以在有生之年可以追求自己的理想和體驗不同的文化，以充實精神生活。相對地，落後地區的人，每日只能汲汲於維持生存。

當今全球各國生活水平差距很大。聯合國開發總署公布的**人類發展指數**（Human Development Index）以三個指標衡量：出生時的預期壽命、平均受教育年限和人均國民所得，劃分極高人類發展指數國家（包括挪威、瑞士、冰島、瑞典、美、英、法、德、荷蘭、紐澳，日本、新加坡、香港、韓國、台灣等）、高人類發展指數國家（包括古巴、伊朗、墨西哥、烏克蘭、秘魯、巴西、中國大陸、黎巴嫩、約旦等）、中人類發展指數國家（包括摩洛哥、印度、不丹、孟加拉、寮國、柬埔寨、敘利亞等）和低人類發展指數國家（包括烏干達、象牙海岸、馬達加斯加、阿富汗、海地等）。國際貨幣基金組織認為人均名目 GDP（以 2021 年為例）達 20,000 美元可做為一個進

入經濟發達國家的門檻。

　　各國之間何以呈現如此大的差異，是個有趣且具挑戰的問題。對人類各地呈現的不同成長之謎，有多種解釋，下面提出其中兩個：經濟地理的觀點和制度因素的觀點。

經濟地理的觀點

　　經濟地理學者強調先天地理因素的影響，認為大自然不公平地對待各地區的人民。經濟史學家藍迪斯（Davis Landes）在其書中提到經濟學家蓋爾伯斯（John Kenneth Galbraith）的觀察：在地球赤道上下 1,000 哩的熱帶、亞熱帶地區內，除了香港與新加坡，沒有任何一個經濟發達國家。因為：第一、熱帶地區氣候太熱，工作耗費大量體力，人們無法持續工作，停工時間長；到下午要休息（以冷氣降溫成本太高）。這使得他們的每人年平均工作時間比溫帶低，影響到勞動生產力。第二、熱帶不利於農業發展。許多熱帶地區（如印尼的爪哇、東非）雨水不穩定，有時整年乾旱，土地先受到太陽無情的曝曬，接著又被暴雨沖刷，使得土壤流失，耕地只能維持兩、三年，農民須不斷遷移，找尋新土地。大自然使得他們難以發展農業，更遑論進入到工業經濟。[1] 氣溫高容易孳生細菌和昆蟲，許多傳染病的媒介，如蚊子、蒼蠅、軟體動物等在熱帶容易繁殖，許多寄生蟲衍生的疾病如蝸牛熱（一種吸血蟲病）、錐蟲病（導致昏睡病）等在熱帶相當普遍；天氣熱，也使食物容易腐爛，影響飲食健康。另外，大多數熱帶地區到夜間氣溫仍高，影響植物的光合作用，導致其食物生產力低落。前面的種種因素使得許多熱帶地區的勞動人口壽命縮短，在相當低的

1　請注意，人們的生產演進是從農業到工業，再到服務業，所以才將之稱為第一級、第二級、第三級產業。根據經驗，目前除了中東國家（因為有石油）之外，鮮少有經濟發展跳過農業，直接從工業或服務業起飛的例子。

所得中又要負擔高比率的醫療支出。這些因素使得熱帶地區的經濟落入：低所得→低生產力→低所得……的惡性循環中。[2]

嚴寒也使得經濟活動受阻礙，如東歐的冬季天寒地凍，而西歐一年四季都可種植小麥、雜糧，得以發展出農耕與畜牧業，這也對照了地理因素的影響力。地理因素的兩個例外是香港和新加坡。它們都是熱帶國家（很巧的是，也都以華人為主的國家），但何以能躋入高所得國家的行列呢？實際上，它們都是最近才興起的城邦經濟體，專注於製造與服務業，不需與低生產力的農業或傳染病搏鬥。

如前所述，熱帶國家的發展受到天然地理因素的侷限，則**溫帶國家**是否一定就呈現高成長呢？這可不一定，觀察北非、中東、南半球的阿根廷、智利，和一些中、南歐國家，都處於溫帶，但都不是富裕國家。可見經濟地理的觀點並不圓滿。這使得研究者改以社會、文化等制度因素來解釋。

制度因素的觀點

何謂制度？經濟史學者諾斯（Douglas North）認為，一個制度包括影響其成員行為的正式規則（formal rules），如法律；非正式的規範限制（informal constraints），如習俗、文化與宗教，和前兩項目的執行特質。制度顯示於一個社會的國家治理精神、文化習俗、法律、宗教、道德觀等內容及其影響程度。如果將一個社會的運作視為其民眾參與的賽局，則制度就是其**賽局規則**（rules of game）。[3] 諾斯和托瑪士（R. P.

> • 制度
> 一個制度包括影響其成員行為的正式規則，如法律；非正式的規範限制，如習俗、文化與宗教，和前兩項目的執行特質。制度經由影響個人的目標和限制條件來影響經濟成長。

2　Davis Landes (1999), *The Wealth and Poverty of Nations*。中譯本《新國富論》（台北：時報文化出版公司）。

3　Douglas C. North 為 1996 年諾貝爾經濟學獎得主。參考著作見劉瑞華譯（1990）《制度、制度變遷與經濟成就》（台北：時報文化出版公司）。

Thomas）指出，一個國家或地區能有顯著經濟成長的主觀因素是：當地人有努力改善生活的意願，但這個意願在很大程度上又受到制度因素的激勵和約束。[4] 制度經由影響個人的目標和限制條件來影響經濟成長。下面以文化、宗教和法律政治三方面來說明制度的角色。

一、文化因素

　　首先說明文化因素。文化是人們的態度、價值觀與習俗結合的表現。它經由影響個人的特質，如誠信、節約、工作意願和對新人、事的開放程度等來影響經濟的表現。先就對事物的開放程度而言，一般而言，先進西方國家的人民對一切持追求真相或真理的態度。日本思想家小室直樹指出：西方數學「非對即錯」的邏輯思辯精神，在猶太教教義中就已經存在。[5] 以色列人甚至與神爭論，偶爾神辯輸了，還要讓步。他提到，以色列人在脫離埃及的過程中，不斷地與神爭議，抱怨神未給予適當的支援和協助，而神也適時地回應，給予麵包、飲水、做出「紅海奇蹟」等。當耶和華頒布「十誡」（一種神與人之間的契約）之後，以色列人卻繼續膜拜其他的神祇，這觸怒了耶和華，要毀滅以色列人，先知摩西就去說服耶和華，出現「先知與神」爭論的局面（當然最後摩西辯論贏了，才會有現今的基督教、伊斯蘭教等天啟宗教）。

　　這敘述的重點是：即使是神（或上天）的命令，其正確性也可藉由爭論來釐清。而爭論的目的就是釐清對錯。世俗人只要有道理，就可能讓神聽從。這種「對、錯」的二分辯證精神延續在現今的西方律法、契約上。這種精實的態度讓西方建立了許多有效率的經濟組織和運作規則，足以讓市場運作發揮其

4　Douglas C. North and Robert Paul Thomas (1973), *The Rise of The Western World* (The Cambridge University Press).

5　小室直樹（2002）《給討厭數學的人》第 1 章（台北：晨星出版有限公司）。

效能，形成現今的富裕局面。反觀中國，人們看待事情的對錯慣常採取含混的態度，或將結果歸於天意或是君王的旨意（朕即是天），對新事物多採取排斥的態度。這種缺乏理性主義的態度，使得中國即使在宋、明、清朝繁榮一時，卻無法更上層樓。另一種文明，伊斯蘭文化也呈現相同的偏差。它將一切歸於真主的旨意，使得穆斯林對西方的新知識和技能，多持否定的態度。

　　藍迪斯以機械時鐘的使用為例，顯示不同的文明態度導致的進步落差。機械時鐘約在 13 世紀末出現於義大利和英格蘭。由於有精確性（以小時、分、秒計），它的出現讓人們可以輕易地協調各種生產的分工、交貨、交易時間等，進而脫離了農業時代的「在季節內做完事情即可」的態度，進入精細的分配工作，出現「以單位時間計算產出」的生產效率觀念。中世紀之後，各西方城市都設有鐘樓，定時敲鐘，使居民生活有了次序感與節奏感（明顯地有利於團體生產）。而中國則視時間與其相關的知識為皇家的機密，以黃曆記載依據節氣應該做的事情，時間單位是以兩小時來計算（即現今命理用的子時、丑時等），這使得經濟活動缺乏節奏感（試想：若你要結婚，告知對方將於上午 9 到 11 點之間來迎娶，對方能接受嗎？）。即使後來西方機械時鐘被引進，當時中國人也將之視為玩具而已，不懂得推動到全國來使用。這種對新事物的忽略態度當然無法提高經濟成長。伊斯蘭文化也一樣，他們只用時鐘來提醒民眾祈禱時間，而非安排公共次序。神聖羅馬帝國派駐伊斯蘭文化的君士坦丁堡大使寫道：「如果建立起公眾時鐘，他們認為，負責呼報祈禱的人和古代流傳下來的儀式權威便會消失」。[6]

6　同註 2，頁 70。

二、宗教因素

宗教構成文化重要的一環，其對經濟成長的影響於近代受
到矚目。它是透過宗教文化來影響人們的儲蓄、工作的態度等
行為。這方面最常被提到的是**馬克斯・韋伯**（Max Weber）於
1905 年提出的「新教倫理」。[7] 韋伯指出：新教倫理（Protes-
tant ethics）是資本主義的基本精神，他從喀爾文教義（Calvin-
ism）的上帝預選說（predestination）出發，認為唯有透過獲取
世俗的事業成就，才能獲得「自己是上帝所挑人選」的自信。
接著他透過基督新教的禁慾主義強調「辛勤工作和無愧私德累
積財富，以榮耀上帝」的精神。兩者結合就是主張：人們在世
間應努力地工作、累積財富，以證實自己是上帝託管其財富的
人選。既然擁有的財富不屬於個人，就不應任意浪費，應該禁
慾、節制消費。這使社會得以累積資本，保持長期的經濟成
長，呈現資本主義欣欣向榮的一面。

哈佛大學歷史學家佛格森（Niall Ferguson）以北美的美國
和加拿大（新教精神的代表）與歐洲區在 1975 至 2000 年間的
經濟表現，來驗證韋伯的觀點。在 1950 年代，歐洲的生產力
成長甚至高於美國的水平，之後歐洲區的所得年成長率維持在
1.3%，而美國卻高達 5%。長期的成長率差異，使得現在美國
成為世界第一大經濟體。他認為這差異主要源自兩地人們工作
的**勤奮程度**，他先列舉一些比較的數據來彰顯這點（各相關數
據沿用的期間不同，但因為是長期指標，故具參考性）。[8]

表 15-1 的數據顯示，歐洲人與美國人的勤奮程度有相當

7　馬克斯・韋伯（1905），*The Protestant Ethic and the Spirit of Capi-
talism*。中譯本《新教倫理與基督教精神》（台北：左岸文化出版
社）。

8　Niall Ferguson (2004), "Economics, Religion and The Decline of Europe."
The institution of Economic Affair (Blackwell Publishing), 16 June.

大的差異。他再比較兩地人們對宗教的態度。以赴教堂次數
爲例，西歐人有 48% 從不上教堂，東歐（希臘東正教區）爲
44%，而英國、德國、荷蘭等國每月赴教堂一次的人口比率甚
至少於十分之一。北美區（美國和加拿大）則相反，高達 47%
的人每月至少赴教堂一次。在其他表現方面，如對上帝的信仰
比率，北美人也比歐洲人高出 30%。由此，佛格森認爲北美地
區的人民因爲維持新教精神，所以有高度的工作熱誠。接著，
他檢驗韋伯的另一個觀點：各國儲蓄率的表現。他失望地發
現，美國的儲蓄率相當低，其經濟成長是由高的消費率來維持
的。[9] 這與韋伯的論點相違背，「努力工作以創造財富，節約消
費以累積資本」的說法，只有前句話適用於現代，而後一句話
並不適用。佛格森繼而指出，勤奮工作的美德並不一定限於新
教精神。許多國家的人民，如東亞諸國的泰國、香港、台灣、
中國大陸等，人們的工作時數都高於前述的歐美國家，它們的
宗教信仰差異很大，經濟成長率也不同，可見新教精神並非經
濟成長的唯一因素。

▼表 15-1　歐洲區與美國的勞動比較

	平均年失業率	勞動參與率[a]	罷工日數／每千人[b]	1999 年每個勞工年平均工作時數
歐洲區	9.2%	44%（德）39%（法）	80-271	1,976
美國	4.6%	41%-49%	50	1,535

資料來源：整理自佛格森（2004）。

a：觀察期間為 1973-1998 年。

b：歐洲各國的情況不同，這數據涵蓋 1992-2001 年間，西班牙高達 271，荷蘭、義大利、法國則介於 80-120。

9　在美國消費支出（包括各種家庭貸款）占 GDP 的比率爲 70%，
　　而個人的儲蓄率只有 4%。

　　哈佛大學經濟學家貝羅（Robert Barro）和麥克萊理（Rachel McCleary）以全球經濟數據來驗證宗教對經濟成長的影響。[10] 他們選取一些代表各國經濟成長的變數，包括個人所得成長率、國民擁有高中以上教育的人數比率、預期壽命和開放程度（以出口加進口額占國內生產總額的比率為代表）。至於宗教的影響，以下面幾個要素顯示：調查對象的宗教信仰態度（這以他們對天堂與地獄的相信程度表示），每月參與宗教聚會的次數。其分析涵蓋了印度教、猶太教、伊斯蘭教、天主教、新教和其他宗教的四十一個國家。下面是一些他們發現的結果：

- 在參與宗教聚會的次數固定的前提之下，提升人們對宗教信仰的程度——對天堂、地獄和死後世界存在的相信——能提高經濟成長率。因為這些信念能抑制人們以不義的方式取得財富（如簽訂不實契約、仿冒、製作瑕疵品等），這使得市場交易成本下降。另外，也約制人們做非生產性的詐欺行為，轉向正面的生產經濟行為。這些都提升市場運作的效率，使經濟成長。

- 在宗教信仰程度固定的前提之下，人們每月參與聚會的次數愈多，經濟成長率愈低。這是因為：隨著經濟成長，參與聚會的機會成本愈高（主要是時間成本），這導致經濟成長率降低。

　　請注意前面兩個結論並不衝突。人們參與聚會次數多寡，最終是反映到人們在宗教的信仰程度上。所以，在不損及信仰程度的前提下，「參與次數增多，使經濟成長率下降」的結論只是彰顯了經濟因素的影響力。[11] 另外，他

10　Barro, R. and R. McCleary (2003), "Religion and Economic Growth.", *Quarterly Journal of Economics.*

11　讀者不妨以伊斯蘭教一天祈禱七次為例來思考。一旦祈禱鐘聲響起，人們紛紛放棄手中的工作，俯身祈禱，這不免影響經濟活動的步調。

們在取得上述結論時，已經將各國的差異因素，如國家宗教的存在（宗教具獨占性），或存在多種宗教（使得宗教之間要相互競爭、提供更多的服務）等去除，所以其結論具有普遍性。

- 宗教的「善惡」觀念對經濟成長的影響力量不對等。其遏止惡行（透過害怕下地獄的觀念）對經濟成長率的貢獻，大於其鼓勵善行（能去西方極樂世界或上天堂）對經濟成長的貢獻。

三、法律和政治制度因素

最後，要說明法律和政治制度對經濟成長的影響。政治的穩定性和法律對私有財產的保護程度，深切地影響人們對各種生產要素，包括資本設備、教育和土地等進行長期投資的意願，而長期的經濟成長就是依賴這些累積的社會資本而來。美國的麥漢尼教授（Paul Mahoney）比較從 1960 至 1990 年間採取歐陸法系（civil law system）和習慣法系（common law system）兩種不同法律體系國家的經濟成長情形。[12] 前者包括歐洲大陸及其過去的殖民地國家，計有法、德、義大利、希臘、巴西、瑞典、墨西哥等國；後者包括英國及其殖民地國家，有英國、美國、加拿大、澳洲、印度等國。他發現，在採取習慣法系的國家，法官判決時，個人有自主性，不容易受政府立法和執行單位的影響，進而形成一種約制政府部門干擾的力量，使得社會在契約的履行與財產權的保障方面，有高度的穩定性。這種制度機制使其人民願意進行長期性的投資，如興建改善水土的設施、簽定長期買賣契約等，活絡了經濟活動，並隨著時

---

12 習慣（或普通）法系形成於 12 至 13 世紀，其特徵是：法官根據當地的社會風俗、習慣、道德觀念和一般常理來做出判決，因為其「法律」內容無須經過立法機關立法而成，所以又稱為「不成文法」。歐陸法系的精神是：由國家頒布法典，嘗試列出各種法律分支的規範，因此歐陸法系又稱「成文法」。台灣採取歐陸法系。

間演進，使經濟保持長期成長。而採取歐陸法系的國家因為容易出現無法預期的政治變動，故對人民私有產權的保護力量微弱，導致人民投資資產的意願相對薄弱。根據他的估計，在1960-1990年間，採習慣法系的國家，人均所得成長率比採歐陸法系的，高出二十個百分點。[13]

　　政治制度對經濟成長的影響更是無庸置疑。以中國大陸和東歐諸國為例，它們都於20世紀初採共產主義模式，積極地泯滅了個人改善生活的誘因和動力，使民眾居於貧困的生活狀況。但它們相繼於1979年和1989年進行經濟改革，採行市場經濟的模式之後，立即使經濟有了顯著的成長。[14]

　　前面的敘述顯示，一國的經濟成長似乎無一定的規律可循，或者說，根本沒有一套標準可以保證一個國家的經濟成長。我們或許可用發展經濟學家沙克斯（Sachs）的觀點為結論。他指出，富裕國家具有的資本主義社會特徵是：(1) 國家權力受法律規範的限制，使市場能發揮其活力；(2) 社會有高的流動性，使人力和實物資本能被配置於最有效的地方；(3) 經濟流轉（economic circulation）透過市場制度受到合理的規範（使政商勾結、獨占企業統治等受到約制）。[15] 經由掌握這三點，或許有助於我們理解：何以有些地區能順利地進入富裕國家的境界，而一些國家卻不能。

---

13 Mahoney, Paul G. (2001), "The Common Law of Economic Growth: Hayek Might Be Right.", *Journal of Legal Studies*, 30, no. 3: 503-525.

14 以中國大陸為例，從1979-2004年每年的成長率高達8%，這等於在二十五年內，所得增加四倍。

15 沙克斯（2003），〈經濟發展的新社會學〉，《為什麼文化很重要》，頁43（台北：聯經文化出版公司）。

15.2　衡量經濟成長

　　一般是以經濟成長率衡量經濟成長。在比較不同國家的經濟成長率時，要注意一點：通常低所得的國家容易有高的成長率，因為它們的所得處於低水平，只要稍微提升，就呈現高的成長率；而高所得國家的成長率低（因為基底數大），但其所得增加的絕對值通常也大。譬如，中國大陸人均所得為 2,000 美元，只要人均所得增加 200 美元，就有 10% 的成長率，而美國的人均所得為 39,000 美元，只要有 3% 的成長率，人均所得就增加 1,170 美元。所以，單純比較成長率無法顯示兩國人民生活水準提升的程度。

決定經濟成長的要素分析

　　國家的經濟成長是個長期的現象。透過經濟成長，人民才有機會享受到生活水準的提高（至於經濟成長的果實如何分享，涉及到所得分配的問題），故經濟成長通常以每人實質國民總產出的成長率來顯示。在進行分析時，將每人實質國民總產出以下面公式表示：

$$\frac{國民實質總產出}{勞動人口數} = (\frac{國民實質總產出}{就業人口數}) \times (\frac{就業人口數}{勞動人口數})$$
$$= 勞動平均生產力 \times 勞動參與率$$

　　經濟學分析非常重視上式右方第一項，勞動平均生產力的大小，下面將說明之。至於勞動參與率，它受到民眾參與工作的意願、人口總數等影響，這與社會、文化因素有關（如回教基本教義派國家，女性鮮少外出工作，其勞動參與率就低），所以經濟學較少討論。

　　在勞動平均生產力方面，它受到三個因素的影響：

一、人力資本的水準

這取決於一個國家的教育和技術水準。顯示於工程師的人數，設計師、員工的技術水準、銀行人員的服務素質等。這方面的提升，唯有透過教育、訓練和在職工作經驗累積，來逐步建立。高素質的就業者能創造出高附加價值的產品和服務，提升全民的生活水準。

二、實物資本的數量和水準

現代生產只靠人力資本是不夠的，在共產體制之下的東歐和俄羅斯，其人民的教育水準很高，但卻無法呈現高的經濟成長。因為，現代生產需要實物資本來搭配（如運用電腦製作系統，以網路做全球化生產管理等），才能快速地提升產出量。以農業為例，在 1830 年，農民用大鐮刀一天可收割 3 英畝地的小麥，現今用農業機械，一天可收割 100 英畝地的小麥，這種差距完全受到生產工具的影響。

一國的實物資本不是一朝一夕得來的，唯有透過全民的儲蓄和投資逐漸累積起來。日本於二次大戰後初期，每年所得有 40% 被儲蓄，因為人民的節制消費（少買消費品），將儲蓄金額引入資本市場，企業能以低的資金成本進行投資，逐步建立起雄厚的資本財，成為世界第三大經濟體。

三、創新能力

這包括發展和運用新的生產技術和新的管理、組織模式，以提升勞動的生產力。人類經歷過三次科技革命：1876 年的第一次產業革命（發明蒸汽機、得以機械動力替代畜牧動力）；20 世紀初的電力革命（發明內燃機、電力系統，有了航空器、發電機等）；和近代的數位革命（發明電腦、微晶片等）。每個階段都對人類的生活水準有重大的貢獻。研發、生產、運輸與通訊系統的全面發展，使產品種類大增，市場範圍也擴大，目前人類生活水準的提升，可說是拜科技之賜。

15.3　台灣近代經濟成長

　　台灣在日據時代被定位爲「日本工業，台灣農業」，亦即由台灣供應糧食或原料給日本，並作爲日本工業製品的銷售市場，故它是殖民地的經濟型態。國民政府遷台之後，優先恢復電力、肥料及紡織工業，並於 1953 年提出第一期的四年經濟計畫，開始了台灣工業發展的過程，使國民所得持續提升至今，使我們與香港、新加坡和韓國並列入爲亞洲四小龍，躋身爲新興工業國家的一員，下面簡要說明台灣經濟發展的過程和促進成長的經濟因素。

- 台灣的經濟發展階段
學者將台灣近代的經濟發展分爲四個階段：第一次進口替代階段；出口擴張階段；第二次進口替代與出口擴張時期；以及產業自由化和升級時期。

台灣經濟發展的過程

　　一般研究將台灣的經濟發展過程，依據成效分爲三到四個階段，這裡採取的是王春源（1995）和于宗先（1994, 1995）的觀點，表 15-2 顯示台灣經濟發展的過程和特徵。[16]

▼表 15-2　　台灣經濟成長四階段分析

1953-1960	第一次進口替代階段
1961-1972	出口擴張階段
1973-1984	第二次進口替代與出口擴張時期
1980-1995	產業自由化與升級時期

一、1953-1960 年：第一次進口替代階段（求生存期）

　　這時期缺乏天然資源、資本和生產技術，亦缺乏外匯，只有充沛的普通勞動力。於是政府決定先發展小資本規模、且低技術層次的勞動密集產業，藉以生產國內所需的物品，並節省進口所需的外匯。發展項目包括水泥、食油、紡織、玻璃、塑膠原料及製品、自行車等產業。稱爲進口替代階段。這個發展

---

16 王春源〈台灣產業結構變動之回顧、省思與展望〉，于宗先〈台灣工業發展的回顧與展望〉，《台灣經濟月刊》，1995 年 10 月，第 226 期。

策略持續到 1960 代為止。

在這階段，政府以保護關稅、管制貨品進口、複式匯率等方式來降低消費品的進口。[17] 另外，自 1951 年開始，每年接受 1 億元的美援，使國家能進口生產設備和無法自製的物品。其成效是：GDP 增加了五倍，勞動密集的消費品產業快速發展，使製造業的年平均成長率高達 13.1%。到 1960 年，工業產值占 GDP 的比重已和農業的比重約略相等，分別為 28.54%、26.87%，但就業仍以農業為首位，其就業比重為 46.5%，亦即，當時大多數人仍從事農業的生產。

二、1961-1972 年：出口擴張階段（復原期）

由於台灣市場購買力有限，前述勞動密集產業的發展受到銷售市場的侷限，無法繼續擴張，且農業部門仍有潛在的失業人口，無法由工業部門吸收。為解決這問題，政府決定鼓勵這些勞動密集的產品外銷，外銷市場的開拓可使前述的勞動密集產業享受到規模經濟，並提升生產技術、累積資本、擴大工業的就業人數，這就是出口擴展的階段。

這階段政府的重要措施有：頒布獎勵投資條例（1960）、設置加工出口區（1966）。其成果如下：這時期的 GDP 年增率為 10.24%，工業年平均成長率為 17.3%，到這期末，工業產值占 GDP 的比重已遠超過農業的比重（分別為 41.65.%、12.21%），就業人數亦達到兩者相當的地步（約為 32%）。由於所得快速增加，整體的投資和儲蓄金額大幅提高，政府預算亦由赤字轉為盈餘，對外貿易由入超轉為出超。

---

17 複式匯率是一國有兩種匯率。對進口消費財或一般人民出國、所需購買的外匯採用較高的匯率，以節制其消費；而進口生產設備需買外匯則適用較低的匯率，以減輕廠商的成本負擔。

三、1973-1984 年：第二次進口替代與出口擴張階段（起飛期）

　　由於獎勵投資條例吸引外國進入投資，加上國內的高儲蓄率，國內資本得以逐漸累積，更幸運的是，這時期全球呈現繁榮的國際貿易，我國得以藉機進入國際市場。於是鋼鐵工業、人纖和塑膠的石化業等興起。這些屬於能源密集的工業，其生產的是重化工業的進口替代品，足以支持建立合乎規模經濟的中間原料和組件產業。在這期間，政府推動十大建設（1973），建立中鋼廠、造船廠等，使重工業加速發展，並推動技術密集產業的發展，如電子、資訊、電機工業等，鼓勵這些工業產品出口到國外，稱為出口擴張的時期。

　　這段期間發展的成果是：工業部門的產值占 GDP 的比重升達 45.75%，就業比重亦達 42.5%，而農業則急遽萎縮（其 GDP 的比重為 7.68%，就業比重為 19.5%）。農業部門的萎縮是源自政府鼓勵工業發展的結果：在前述的發展過程中，農產品價格被壓低，使工業產品的價格相對偏高，以吸引資源轉為工業生產之用。經過前面數十年的變革，農業部門逐漸被擠壓，其分量漸減。有鑑於此，政府遂提出方案以提升農業的生產力，包括加強農業科技的發展、促進農業機械化，並設置糧食平準基金和實施農產品保證價格等。

四、1980-1995 年：產業自由化與升級時期（調整期）

　　前述出口擴張的結果使貿易激增，貿易金額從 1979 年的 77.8 百萬美元，到 1980 年一躍為 311.2 百萬美元。這使得貿易對手國要求我國開放市場，包括降低進口關稅、取消保護工業措施等；另外，一些發展中國家，如馬來西亞、泰國、中國大陸、巴西等亦以充沛的勞動，蠶食我國的勞動密集產業，這使輿論和學界體認到，要提升國內廠商的技術和研發能力，唯一的辦法是讓企業面對國際市場的競爭，這些力量推動了產業的自由化。

　　政府於 1984 年倡導經濟自由化、國際化。在相關的措施方面有：讓台幣對美元升值，這使得台幣與美元的兌換率由 1986 年的 39.9：1 上升到 1990 年的 27.1：1，以反映台灣經濟的實力。又於 1991 年頒布「促進產業升級方案」，以替代到期的獎勵投資方案，自此政府不再對個別產業進行免稅、鼓勵等干預，而是普遍獎勵研究和發明；同時，為了能及時加入國際貿易組織，也大幅調降限制進口的措施，以符合國際的標準。

台灣經濟成長的動力因素分析

　　前面提到一個國家的經濟成長，主要反應在勞動者的實質產出量的增加，經濟學分析下面三個因素個別的貢獻：勞動的數量增加、資本數量的增加，和技術水準的進步。其中前兩項屬於數量的變動，如人口增加或引進外勞屬於勞動供給的增加，儲蓄或外國的貸款可使資本累積。至於技術水準的進步，則涵蓋人力素質的提高、各種創新的貢獻、採用更先進的生產設備使生產效率提高等。

　　依據史邦強等（1996）的分析，台灣從 1951 到 1990 年間的國內生產毛額，平均每年以 8.1% 的速度成長。[18] 各經濟因素的貢獻比率如表 15-3 所示。

▼表 15-3　各經濟因素的貢獻比率

勞動力增加之貢獻	固定資本形成的貢獻	技術進步的貢獻
21%	41%	38%

　　其中勞動力增加的貢獻最低，因為它只顯示勞動人口數量增加的貢獻；資本累積的貢獻高達 41%；而教育、學習效果

---

18 史邦強、許嘉棟、徐茂炫（1996），《台灣經濟奇蹟的原動力》，中央研究院經濟研究叢書。

等導致的生產力提高屬於「技術進步」項下，其貢獻比率高達38%，構成這項因素的又分為教育、外國技術、生產要素的重配置和公共基礎建設四項，分述如下：

- 首先是教育水準的提高，對經濟成長的貢獻。台灣在這段期間，一方面提高基本教育年限，廣設學校，大幅提高就學人數，並維持教學品質；一方面以經濟誘因吸引留學生回國。這些都提升了勞動的平均生產力。據估計，這方面對成長率的貢獻平均為 9%。

- 其次，台灣也引進外國的技術，包括進口資本財、進口中間財和外人的直接投資。這三者中，進口中間財對經濟成長的貢獻最大。廠商將進口的中間財予以加工，提升其產品的附加價值，如進口微電腦晶片，裝入工具機使其功能增大；另外，廠商透過逆向工程將進口的資本財拆解，學習到其製作技術或研創出更高功能的產品。據估計，外國的技術對經濟成長的貢獻平均達 10%。

- 再者是生產要素的重配置。先分析人口流動的影響。在經濟發展的過程中，農村勞動人口移到工業是自然之事，這可看成是社會組織的自然演變。由於勞動人口從農業移到工業部門就業，而在工業的勞動生產力較高，故可觀察到，即使勞動人口總數不變，勞動的生產力亦得以提升。據估計，這方面對經濟成長率的貢獻約為 9%。另一項生產要素的移轉是資本。這是資本由生產力（利潤率）低的部門移到高的部門，通常發生於非農業部門之間（如資本由勞動密集的紡織業轉到電子業），這方面對經濟成長率的貢獻約為 7%。

- 最後是政府公共基礎建設之貢獻。前面曾提及，一些有自然獨占和外部性的商品和服務，如道路、水電、健康醫療等，需要政府生產或調整市場決定的數量。根據研究，台灣是經濟發展帶動政府的支出和收入，非政府主動以公共支出來提升經濟成長，故而政府公共基礎建設對經濟成長率的平均貢獻只有 13%。

■ 思考題

1. 扼要說明，國家經濟發展的經濟地理說的要點。

2. 扼要說明，國家經濟發展的制度因素說的要點。

   舉一個文化差異影響經濟發展的例子（如印度文化和儒家文化）。

   舉一個宗教因素影響經濟發展的例子。

   舉一個法律與政治因素影響經濟發展的例子。

3. 舉一個你觀察到的制度因素（文化、宗教等），說明它如何影響人的行為，進而影響到經濟成長？

4. 簡要說明，台灣 1953-1995 年間四個經濟發展階段的重點和政府扮演的角色。

國家圖書館出版品預行編目資料

基礎經濟學：思惟與運用／羅台雄著. －－五
版. －－臺北市：五南圖書出版股份有限公
司, 2023.05
面； 公分
ISBN 978-626-366-068-7（平裝）

1.CST: 經濟學

550   112006351

1MCB

基礎經濟學：思惟與運用

作 者	羅台雄
發 行 人	楊榮川
總 經 理	楊士清
總 編 輯	楊秀麗
主 編	侯家嵐
責 任 編 輯	侯家嵐
文 字 校 對	許宸瑞
封 面 設 計	姚孝慈

出 版 者 ─ 五南圖書出版股份有限公司
地   址：106台北市大安區和平東路二段339號4樓
電   話：(02)2705-5066   傳   真：(02)2706-6100
網   址：https://www.wunan.com.tw
電子郵件：wunan@wunan.com.tw
劃撥帳號：01068953
戶   名：五南圖書出版股份有限公司
法律顧問 林勝安律師
出版日期 2007年 3 月初版一刷
          2009年 6 月二版一刷
          2011年10月三版一刷
          2015年10月四版一刷
          2019年 3 月四版二刷
          2023年 5 月五版一刷
定   價 新臺幣400元

經典永恆・名著常在

五十週年的獻禮——經典名著文庫

五南，五十年了，半個世紀，人生旅程的一大半，走過來了。

思索著，邁向百年的未來歷程，能為知識界、文化學術界作些什麼？

在速食文化的生態下，有什麼值得讓人雋永品味的？

歷代經典・當今名著，經過時間的洗禮，千錘百鍊，流傳至今，光芒耀人；

不僅使我們能領悟前人的智慧，同時也增深加廣我們思考的深度與視野。

我們決心投入巨資，有計畫的系統梳選，成立「經典名著文庫」，

希望收入古今中外思想性的、充滿睿智與獨見的經典、名著。

這是一項理想性的、永續性的巨大出版工程。

不在意讀者的眾寡，只考慮它的學術價值，力求完整展現先哲思想的軌跡；

為知識界開啟一片智慧之窗，營造一座百花綻放的世界文明公園，

任君遨遊、取菁吸蜜、嘉惠學子！